Heike Dorsch
Blauwasserleben

PIPER

Zu diesem Buch

Mit neunzehn Jahren lernt Heike Dorsch während eines Aus-
landssemesters in Schweden den drei Jahre älteren Studenten
Stefan Ramin kennen. Beide fühlen sich zueinander hingezo-
gen, beide träumen davon, die Welt zu entdecken. Vierzehn
Jahre später machen sie ihren Traum wahr: Sie werfen ihr
Erspartes zusammen, kaufen im türkischen Marmaris einen
14-Meter-Aluminium-Katamaran und brechen auf, um vom
Mittelmeer aus die Welt zu umsegeln. Gemeinsam meistern sie
Sturmnächte und Langfahrten auf dem Atlantik und werden
Zeuge der Tsunami-Katastrophe im Indischen Ozean, der sie
durch einen glücklichen Zufall entkommen. Auf den Marquesas-Inseln im Südpazifik haben sie das erste Mal das Gefühl,
angekommen zu sein. Doch ausgerechnet hier findet ihr Glück
sein brutales Ende …

Heike Dorsch, geboren 1974 in Würzburg, ist Diplom-Betriebs-
wirtin und arbeitete als Produktmanagerin für internationale
Unternehmen, bevor sie 2004 nach Asien auswanderte. Nach
einer Ausbildung zur Yogalehrerin unterrichtete sie in Shanghai
und Singapur Hatha Yoga und engagierte sich für Bildungspro-
jekte. 2008 ließ sie erneut alles hinter sich, um mit ihrer Jugend-
liebe Stefan Ramin als Blauwassersegler die Welt zu bereisen.

Heike Dorsch
mit Regina Carstensen

Blauwasserleben

Eine Weltumsegelung, die zum Albtraum wurde

Mit 58 Farbfotos, einer Karte und einer Illustration

Piper München Zürich

Mehr über unsere Autoren und Bücher:
www.piper.de

Deutsche Übersetzung des Artikels »The Last Sail of the Adventure Seekers«:
Monika Baark

Hinweis zu den Bildrechten:

Der Verlag hat sich redlich bemüht, für alle Abbildungen den entsprechenden Rechtsinhaber zu ermitteln. Rechtsinhaber, die nicht ausfindig gemacht werden konnten, bitten wir um Nachricht an den Verlag.

MIX
Papier aus verantwortungsvollen Quellen
FSC® C083411

Erweiterte Taschenbuchausgabe
August 2014
© 2012 Piper Verlag GmbH, München,
erschienen im Verlagsprogramm Malik
© des Artikels »The Last Sail of the Adventure Seekers«
(Ausgabe 02/2014 der amerikanischen GQ): James Vlahos
Innenteilfotos: Heike Dorsch, mit Ausnahme der Tafeln 1 (Inga Schladetzky),
4 u./5 u. (Klaus Andrews)
Karte und Illustrationen: Eckehard Radehose, Schliersee
Hintergrundrecherchen: Joseph Jaffé
Satz: Satz für Satz. Barbara Reischmann, Leutkirch
Gesetzt aus der Minion Pro
Druck und Bindung: CPI books GmbH, Leck
Printed in Germany   ISBN 978-3-492-30522-8

für Stefan
für mich
für uns

Alle Schilderungen in diesem Buch basieren auf subjektiven Erinnerungen. Die Dialoge geben nicht wortwörtlich, sondern sinngemäß vergangene Gespräche wieder. Die meisten Namen und die Merkmale einzelner Personen wurden zum Schutz ihrer Privatsphäre geändert.

Inhalt

Warum ich dieses Buch schreibe **9**

Todesangst **12**

Leben auf der Überholspur **18**

Von Schülern und Idolen **31**

Dem Tsunami entkommen **44**

Baju – our baby is born **54**

Das Meer wird unser Zuhause **64**

Tausche Nähmaschine gegen Früchte **73**

Happy Birthday unter Palmen **88**

Willkommen an Bord – Segeln mit Chartergästen **100**

Amerikanische Supermärkte und kubanische Peso-Pizzen **109**

Über und unter Wasser in Belize **127**

Warten am Río Dulce **138**

Ein Segelloft im Dschungel **154**

Das Tor zum Pazifik **161**

Ka'oha nui – »Hallo« auf Marquesanisch **174**

Endstation Paradies **189**

Das Meer ist meine Rettung **201**

Wo sind meine Schuhe? **207**

»Schlafen kannst du, wenn du tot bist« **217**

Sechs Monate später – die Gegenüberstellung **228**

Dank **250**

Glossar **252**

Nachwort **258**

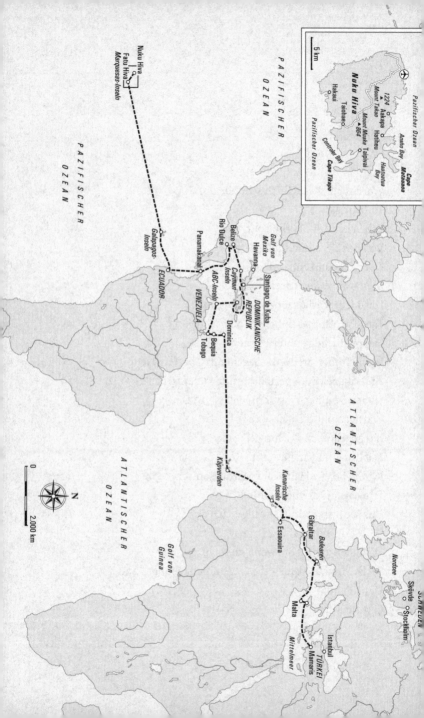

Warum ich dieses Buch schreibe

Im Jahr 2004 ließ ich zum ersten Mal alles hinter mir. Ich folgte Stefan, meiner großen Liebe, nach Singapur, mit dem Plan, so bald wie möglich gemeinsam in See zu stechen. Unser Ziel? Ganz einfach: ein Leben auf dem Meer und an den schönsten Küsten der Welt; das Blauwasserleben, von dem wir schon so lange geträumt hatten.

Zehn Jahre zuvor hatte ich Stefan während eines Auslandssemesters in Schweden kennengelernt. Schnell wurden wir ein Paar. Er, der leidenschaftliche Segler aus Norddeutschland, der sechs Jahre zuvor, mit sechzehn, vom Vater sein erstes Boot geschenkt bekommen hatte, und ich, die zwanzigjährige Estenfelderin, die zwar mit ihren Eltern den einen oder anderen Urlaub am Meer verbracht hatte, als befahrbares Gewässer aber eher den Main als die Ozeane der Welt im Blick hatte. Doch Stefan steckte mich auf Anhieb mit seiner Begeisterung für den Wassersport an – wie er jeden mit seiner Begeisterung anstecken konnte. Bald schon waren wir unzertrennlich, trotz der Entfernungen, die unsere unterschiedlichen Karrierewege mit sich brachten. Als »Business-Nomaden« würde man uns heute wohl bezeichnen, das »Hundert-Prozent-aus-dem-Koffer-Konzept« nannte Stefan es.

Als wir 2004 endlich gemeinsam an einem Ort lebten, unternahmen Stefan und ich fast jedes Wochenende Reisen durch Südostasien. Kambodscha, Laos, Thailand, Myanmar. Das hieß für Stefan oft, freitags nach der Arbeit direkt zum Flughafen, das Jackett wurde im Büro gelassen, die Anzughose in der Flughafentoilette gegen Shorts getauscht, und das nächste Abenteuer konnte beginnen. Meine Kamera glühte, alles hielten wir fest, um es mit Freunden und Familie in der Ferne zu teilen. Sonntagnacht kamen wir dann sehr spät zurück, manchmal erst Montagmorgen, und Stefan musste direkt ins Büro düsen, gerade noch rechtzeitig zum ersten Meeting.

Im Jahr 2008 war es dann so weit: der zweite große Aufbruch, mit dem unser Traum vom Leben auf den Ozeanen wahr wurde. Weil wir auf unserer Weltumsegelung den Kontakt zu Freunden und Familie um keinen Preis verlieren wollten, beschlossen wir, in einem Internetlogbuch von unseren Erlebnissen zu berichten. Was uns am meisten überraschte: Von Tag zu Tag wuchs die Zahl der Leser, die durch Zufall auf unser Abenteuer aufmerksam wurden. Bald schon bekamen wir E-Mails von Menschen, die wir gar nicht kannten, die sich dafür bedankten, dass sie an unserem Traum so lebhaft teilhaben konnten.

Die Idee, ein Buch über unsere Reisen zu schreiben, reicht fast genauso lang zurück wie unsere Idee, ein Boot zu unserem Zuhause zu machen. Je öfter wir darüber nachdachten, was wir später einmal tun wollten, desto klarer wurde uns, dass wir Diavorträge über unsere Abenteuer halten würden – waren wir doch beide begeisterte Fotografen, und Stefan liebte nichts mehr, als Geschichten zu erzählen. Und natürlich verschlangen wir auf unserer Reise die Berichte anderer Segler. Auf langen Segelpassagen unter sternenklarem Himmel diskutierten wir, wie unser »Projekt Buch« Gestalt annehmen könnte. Auf jeden Fall wollten wir uns Zeit damit lassen und so viele schöne Fotos und Geschichten sammeln wie möglich. Aber die Idee war geboren und wuchs langsam in unseren Köpfen heran, wie zuvor der Traum von unserem Blauwasserleben.

Mit Stefans Ermordung auf der Südseeinsel Nuku Hiva am 9. Oktober 2011 hat dieser Traum ein jähes Ende gefunden. Die genauen Umstände seines Todes sind heute, da ich diese Zeilen schreibe, noch immer nicht geklärt. Ich selbst konnte mich aus den Fängen jenes Mannes befreien, mit dem Stefan kurz vor seinem Tod zur gemeinsamen Jagd im Dschungel verschwand und der jetzt des Mordes an ihm, des versuchten Mordes an mir und der sexuellen Belästigung angeklagt ist. Im April 2012 fanden auf Nuku Hiva eine Gegenüberstellung mit Henri Arihano Haiti, dem mutmaßlichen Mörder, und eine Rekonstruktion des Geschehens statt, die ihn dazu bringen sollten, die ganze Wahrheit zu sagen. Auch davon werde ich in diesem Buch berichten, von meinen Gefühlen bei der Rückkehr nach Nuku Hiva und der Wiederbegegnung mit Henri Arihano Haiti.

Heute verspüre ich den Wunsch und die Kraft, unsere ganze Geschichte zu erzählen. Für Stefan, für mich und zur Erinnerung an unsere gemeinsame Zeit. Um etwas in den Händen zu halten, aber auch, um loslassen zu können. Je mehr Menschen ich diese furchtbare, unfassbare Geschichte erzähle, desto realer wird sie für mich. Ich schreibe unser Buch jetzt allein, denn wir haben unsere Träume eigentlich immer verwirklicht, und ich weiß, dass Stefan dies hundertprozentig unterstützt hätte.

Nun breche ich erneut auf in einen neuen Lebensabschnitt. Zum ersten Mal ohne Stefan, in eine Zukunft, von der ich noch nicht weiß, was ich von ihr erwarten kann und was sie bringen wird. Zum ersten Mal habe ich keine Pläne. Dieses Buch gibt mir Halt, und ich hoffe, dass es allen, die Stefan kannten, Familie, Freunden, Bekannten, Geschäftkollegen, Logbuchlesern, und auch denjenigen, die ihn nicht kannten, ermöglicht, an unseren Reisen teilzuhaben und Stefan für immer als den besonderen Menschen in Erinnerung zu behalten, der er war.

Estenfeld bei Würzburg,
im Juli 2012

Todesangst

Ich habe ihn nicht kommen hören. Lautlos ist er in unserem Beiboot vom Strand zu unserem Katamaran *Baju* gepaddelt.

»Heike«, ruft er.

Ich blicke mich um und sehe Arihano, den Mann, mit dem Stefan wenige Stunden zuvor auf Ziegenjagd gegangen ist. Ich hätte mitgehen sollen, aber ich war zu müde, wollte lieber auf der *Baju* bleiben. Yoga machen. In Ruhe auf das Wasser schauen und baden gehen.

»Was ist los? Wieso bist du hier?«, frage ich erstaunt in einer Mischung aus Französisch und Englisch. Etwas ist nicht in Ordnung, das spüre ich.

»Stefan«, sagt Arihano.

»Was ist mit Stefan?«

»Verletzt … Unfall … Wald.«

Der Marquesaner stößt jedes Wort einzeln auf Französisch heraus.

In meinem Kopf entsteht sofort ein schreckliches Bild. Stefan liegt irgendwo hilflos da draußen im Wald. Er blutet, er muss ins Krankenhaus – und wir befinden uns am Ende der Welt.

»Stefan muss in ein Hospital – willst du mir das sagen?« Verwirrt schaue ich Arihano an.

Er nickt: »Ich habe Stefan den Berg heruntergetragen, aber jetzt müssen wir ihn gemeinsam ins Boot hieven.«

Alles erscheint mir einleuchtend. Stefan muss in der Nähe des Strands liegen, bis dahin hat Arihano es allein geschafft. Jetzt braucht er meine Unterstützung. Ich denke nach: In Taiohae, der Hauptstadt von Nuku Hiva, gibt es eine Klinik, gemeinsam werden wir es mit dem Boot dorthin schaffen.

Ich muss Stefan helfen. Ich bin völlig auf den Mann konzentriert, mit dem ich seit siebzehn Jahren zusammen bin. Seit dreieinhalb Jahren segeln wir um die Welt. Seit einigen Wochen sind wir in Französisch-Polynesien, auf der Marquesas-Insel Nuku Hiva. In der Südsee. Im Paradies. Eigentlich.

Ich will wissen, wie es Stefan geht, und frage: »Ist er schwer verletzt? Blutet er? Ist er gestürzt? Was ist überhaupt passiert?«

Antworten auf meine Fragen erhalte ich nicht, was ich auf die Sprachbarriere schiebe. In meinem Kopf läuft ein Notfallprogramm ab. Etwas weiter von unserem Schiff entfernt liegt die *Aquamante*. Die Yacht gehört Daphne und Vries, einem holländischen Paar, das Stefan und ich drei Monate zuvor auf den Galapagosinseln kennengelernt hatten. Kurz überlege ich, ob ich sie um Unterstützung bitten soll. Nein, ich verwerfe den Gedanken. Stefan befindet sich am Strand, Arihano und ich schaffen das ohne die anderen. Ihnen alles zu erklären hätte nur kostbare Minuten gekostet.

»Ich hole eine Taschenlampe«, sage ich. Eigentlich sollte ich auch Verbandszeug mitnehmen, aber es geht alles so schnell, dass ich den Gedanken, kaum dass ich ihn gedacht habe, auch schon wieder vergesse.

»Und zieh Schuhe an!« Schuhe? Wie kommt Arihano denn darauf? Sicher: Bestimmt kann man besser am Strand einen Menschen tragen, wenn man Schuhe anhat. Also streife ich mir rasch meine Crocs über.

Ich steige zu Arihano ins Dinghi, lasse den Außenbordmotor herunter, den Stefan hochgeklappt haben musste, als er das kleine Boot auf den Strand zog. Dreimal ziehe ich am Starter, der Motor springt jedoch nicht an. Innerlich verfluche ich Stefan, hoch und heilig hatte er mir versprochen, sich um den Vergaser zu kümmern.

»Du musst wieder paddeln«, sage ich zu Arihano. Eigentümlicherweise beruhigt mich die Feststellung, dass der Motor nicht funktioniert. Arihano hatte sich also nicht an unser Boot herangeschlichen.

Der Mann sitzt ausdruckslos im Boot und rudert in einem gleichmäßigen Rhythmus. Der Strand liegt im Dunkeln, doch im Mondschein zeichnen sich die Umrisse der Bäume ab. Es ist still, außer den Geräuschen, die das Paddel macht, wenn es ins Wasser gleitet.

Hat Stefan große Schmerzen? Ist er bewusstlos? Ist das der Grund, warum ich kein Stöhnen höre?

Ich kann nicht wirklich klar denken.

Am Strand angelangt, will Arihano das Beiboot hoch an Land ziehen.

»Lass doch!«, fahre ich ihn an. »Das Dinghi ist schwer, und wir bekommen es mit Stefan nicht mehr gut ins Wasser. Wir brauchen ja nicht lange, bis dahin ist das Boot sicher.«

Der Mann ignoriert meine Worte – wohl weil er nur jedes zweite davon verstanden hat – und zieht am Dinghi, bis es kaum noch von Wasser umgeben ist. Hektisch leuchte ich mit meiner Taschenlampe den Strand ab, das Licht reicht bis zum Ende der Bucht, hundert Meter weit. Der Dschungel reicht bis an den Strand heran. Fragend blicke ich Arihano an.

»Da lang«, sagt er und zeigt mit der Hand in den Wald. Bevor er mit mir die Richtung einschlägt, in die er gewiesen hat, holt er seinen Rucksack aus dem Beiboot. Wieso schleppt er den mit sich herum? Wir wollen einen schwer verletzten Menschen tragen, da stören die Sachen doch nur. Und wieso waren die überhaupt im Boot, hätte er sie nicht bei Stefan lassen sollen? Die Überlegungen, die ich anstelle, denke ich nicht zu Ende. Hätte ich es nur getan.

Zwischen dichtem Gebüsch schlängelt sich ein schmaler Pfad. Der Weg ist mir fremd. Stefan und ich haben ihn nie benutzt, wenn wir vom Strand aus die Insel erkundeten. Wir laufen. Immer tiefer in den Dschungel hinein. Hatte Arihano nicht gesagt, er hätte Stefan fast zum Strand getragen? Nur gut, dass er das Dinghi so weit hochgezogen hat. Wenn wir noch länger laufen müssen und dieselbe Strecke mit Stefan zurück, wird mit Sicherheit in der Zwischenzeit die Flut kommen. Im nächsten Moment ärgere ich mich, dass wir das Beiboot vorhin nicht an einen Baum festgebunden haben …

»L'eau, l'eau – Wasser, Wasser«, sage ich immer wieder zu Arihano und versuche, ihm mit Gesten begreiflich zu machen, dass wir das Dinghi verlieren, wenn das Wasser steigt.

Wieder reagiert er nicht auf meine Bemerkung, streckt nur erneut seine Hand aus: »Weiter.«

Vermutlich sind wir gleich da, versuche ich mich zu beruhigen. Sonst wäre mein Begleiter umgekehrt und hätte das Boot richtig vertäut. Bestimmt.

Nach ungefähr einer Viertelstunde landen wir in einer Art Sackgasse, der ebenerdige Pfad endet abrupt.

Arihano nimmt mir die Taschenlampe aus der Hand und sucht hektisch die Umgebung ab, ohne einen Plan, wie mir scheint. Komisch.

»Gib mir die Lampe zurück«, sage ich fast ein wenig wütend und greife nach der Taschenlampe.

Widerstandslos überreicht mir Arihano die Lampe, danach stellt er seinen Rucksack auf dem Boden ab. Das Gewehr trägt er noch in seiner Hand.

»Wo ist Stefan?« Ich bin bis aufs Äußerste angespannt, meine Stimme, ich merke es selbst, wird immer schriller.

»Ich weiß nicht mehr, wo ich ihn abgelegt habe.«

Ich glaube, mich verhört zu haben.

»Wo ist Stefan?«, wiederhole ich und schaue meinen Begleiter zornig an.

Auch er wiederholt, was er zuvor sagte: »Ich weiß nicht mehr, wo ich ihn abgelegt habe.«

Also habe ich mich nicht verhört. Wie in Trance schaue ich mich um. Es ist dunkel, ich bin mitten im Urwald. Stefan ist nirgendwo zu sehen oder zu hören. Plötzlich bricht es aus mir heraus, meine ganze aufgestaute Wut, und ich schreie ihn auf Englisch an: »Du Idiot! Wie blöd bist du eigentlich, dass du nicht mehr weißt, wo du Stefan abgelegt hast? Das kann doch nicht wahr sein!«

Der Marquesaner schaut mich befremdet an. Ich weiß nicht, wie viel er verstanden hat, aber es ist ihm anzusehen, dass er mit einem solchen emotionalen Ausbruch meinerseits nicht gerechnet hat. Er verteidigt sich: »Aber ich habe ihm die Flasche Rum dagelassen – gegen die Schmerzen.«

Bei dem Wort »Schmerzen« zucke ich zusammen. Wie wild leuchte ich mit der Taschenlampe in der Gegend herum, brülle Stefans Namen, wieder und wieder. Ich habe Angst, dass er verblutet, dass er die Qualen nicht mehr aushalten kann, nur weil der Mann vor mir nicht weiß, wo er ihn zurückgelassen hat. Wie kann das sein? Er muss doch jeden Pfad auf dieser kleinen Insel kennen.

Der Mann, der mir immer unheimlicher wird, zeigt keine Reaktion. Er steht einfach nur da, hält auch nicht nach einem anderen Weg Ausschau. Schließlich wühlt er in seinem Rucksack herum, blickt auf sein Mobiltelefon und schüttelt den Kopf.

Aufgebracht sage ich: »Ich werde jetzt Freunde holen, einen Suchtrupp organisieren und danach der Polizei Bescheid geben.« Während ich rede, drehe ich mich um und will den Pfad, den wir gekommen waren, wieder zurückrennen. Im Laufen schreie ich: »Stefan!« Ich weiß nicht mehr, wie viele Male.

Auf einer kleinen Lichtung bleibe ich atemlos stehen. Halt, denke ich, bist du überhaupt auf dem richtigen Weg? In meiner Verzweiflung entschließe ich mich, hier auf Arihano zu warten. Ich will keine Zeit verlieren, nur weil ich mich nicht in der Gegend auskenne und mich im Dschungel verirre.

Kurz danach taucht Arihano hinter mir aus der Dunkelheit auf. Er blickt mich kaum an, streift mich mit seinen Augen nur, bevor er ein weiteres Mal seinen Rucksack abstellt und darin herumkramt. Erneut holt er sein Handy heraus.

»Gibt es auf dieser Lichtung vielleicht Empfang?«, frage ich hoffnungsvoll. »Wenn ja, lass uns bitte die Gendarmerie anrufen.«

Arihano steckt das Mobiltelefon wieder ein. Ich fasse es nicht. Was geht in diesem Mann vor?

In meiner Erregung entscheide ich, allein weiterzugehen. Im nächsten Moment drehe ich mich, wie aus einer Vorahnung heraus, noch einmal zu ihm um, obwohl ich nichts mehr mit ihm zu tun haben will – und blicke in einen Gewehrlauf. Er ist ganz nah.

Den nächsten Satz, den Arihano sagt, verstehe ich sehr deutlich: »Du stirbst jetzt.«

Leben auf der Überholspur

Stefan und ich begegneten uns das erste Mal 1994 in der schwedischen Universitätsstadt Skövde. Als BWL-Studentin an der Hochschule Coburg hatte ich ein Erasmus-Auslandsstipendium bekommen. Eigentlich wäre ich gern nach England gegangen, aber es gab nur noch einen freien Platz in Schweden. Schweden, warum nicht?, dachte ich und packte meine Sachen. Hauptsache weg. Aus Coburg. Heute liegt die Stadt mitten in Deutschland, damals, knapp fünf Jahre nach dem Mauerfall, merkte man ihr immer noch an, dass sie einst an der Grenze zur DDR lag, also am Rande der Welt.

Ich war zwanzig und wollte mehr sehen als die alte bayerische Garnisonsstadt. Andere Menschen, andere Kulturen. Zwei Wochen nach meiner Ankunft in Skörde trafen die letzten Auslandsstipendiaten ein, eine Truppe von der Fachhochschule Wedel. Zuerst hatte ich nur sein Auto gesehen – einen klapprigen, quietschgelben VW-Bus, der mir gefiel. Dann das Kennzeichen »PI« für Pinneberg, ein kleine Stadt im Süden Schleswig-Holsteins, nahe bei Hamburg. Der Fahrer des Busses war seiner Kleidung nach alles andere als ein Hingucker. Enge Jeans, rot-schwarz kariertes Holzfällerhemd. Doch die Augen, wunderschön, lebhaft, lustig, jedenfalls soweit ich das von meinem Beobachtungsposten beurteilen konnte: Ich stand im ersten Stock im Studentenhaus. Neben dem Fahrer machte ich noch eine Frau und zwei andere Jungs aus.

Die vier blödelten vor dem Eingang des Studentenhauses herum. Janine, Udo, Chris und Stefan. Erstaunlich: Durch die Fensterscheibe hindurch war zu spüren, dass der Fahrer des hippen Busses besonders war. Ein Charakter. Er war da – präsent. Und das Schicksal wollte es, dass er sein Zimmer auf meinem Stockwerk bezog, nur zwei Türen weiter.

Was das studentische Leben betraf, konnte von Integration in diesen Tagen keine Rede sein. Wir Deutschen hockten unentwegt zusammen, nach den Vorlesungen versammelten wir uns im Aufenthaltsraum des Studentenhauses, um uns *Schwarzwaldklinik* mit schwedischen Untertiteln anzuschauen. Das war unsere Methode, die Sprache unseres Gastlands zu lernen. Stefan, das war nicht zu übersehen, blühte in der Gemeinschaft auf. Er war das erste Mal sein eigener Herr – an der FH Wedel wollte er einen Abschluss als Wirtschaftsingenieur machen, wohnte aber weiterhin bei seinen Eltern in einem kleinen Dorf im Kreis Pinneberg.

In unserem schwedischen Domizil herrschte Chaos pur. In den verrauchten Zimmern türmten sich schmutzige Klamotten, in der Küche stapelten sich die dreckigen Töpfe. Umso überraschter war ich, als mich Stefan eines Nachmittags zum Abendessen auf sein Zimmer einlud: »Heute Abend werde ich für dich kochen. Ich hoffe, du kommst.« Natürlich nahm ich die Einladung an.

Es war der 3. Oktober. Der Tisch war hübsch gedeckt – er stand allerdings in meinem Zimmer, seines hätte einer Generalüberholung bedurft –, Kerzen waren aufgestellt, und es gab einen Tortelliniauflauf nach dem Rezept seines Freundes Udo. Nach dem Essen landeten wir auf dem Bett, angekleidet, eine Couch gab es in unseren Zimmern nicht, und die ganze Nacht erzählte Stefan davon, wie er eines Tages um die Welt segeln würde. Schon als kleiner Junge habe er von nichts anderem geträumt.

»Bist du nicht in Heidelberg zur Welt gekommen?«, fragte ich nach. »Das liegt ja nicht gerade am Meer.«

»Stimmt, aber alle Ferien verbrachte ich als Kind auf einem Boot. Katamarane zu bauen und zu segeln ist die große Leidenschaft meines Vaters. Als meine Eltern dann in den Norden zogen, konnten wir endlich auch am Wochenende ans Meer. «

»Und dein Vater hat dir beigebracht, wie man ein solches Schiff steuert?« Ich stützte meinen Kopf auf meine Hand, um Stefans Gesicht besser beobachten zu können.

»Ja, und wie man Wind und Wetter richtig einschätzt. Obwohl die Ostsee natürlich nicht zu vergleichen ist mit dem Atlantik oder dem Pazifik. Sie ist dagegen nur eine große Badewanne. Aber hey, könntest du dir eigentlich auch vorstellen, die Welt zu umsegeln?«

»Mmmh«, sagte ich nach einer Weile. »Ich hab immer mal wieder daran gedacht, eines Tages auszuwandern, zum Beispiel nach Neuseeland, um als Schafzüchterin zu arbeiten. Aber eine Weltumsegelung, warum eigentlich nicht?«

Mit diesen Worten begann unser Traum von einer gemeinsamen Weltumsegelung, den wir immer farbiger ausmalten, noch bevor wir uns das erste Mal geküsst hatten.

Eines Abends saßen wir mal wieder zusammen in meinem Studentenzimmer. Ich hatte Glühwein zubereitet und Schokoladenkekse auf einem Teller ausgebreitet. Vor uns lag »der Kotler«, das Marketing-Grundlagenbuch eines amerikanischen Wirtschaftswissenschaftlers. Eigentlich wollten wir gemeinsam büffeln, aber Stefan schweifte ab und begann vom Meer zu erzählen, von der Gischt auf der Haut beim Segeln, wie es sei, den Wind zu fühlen und unter vollen Segeln über die Wellen zu gleiten. Sein Gesicht hatte einen ganz anderen Ausdruck angenommen. Er sah aus, als sei er völlig im Einklang mit sich selbst.

Stefan redete vom Fischefangen und davon, wie wunderbar es sei, ganz einfach zu leben, sich von den Früchten der Ozeane zu ernähren. Plötzlich hielt er inne: »Du kommst doch mit, oder?«

»Sicher«, antwortete ich. »Hauptsache, es ist nicht kalt, wo wir hinsegeln.«

»Nein, im Gegenteil, wir werden auf der Barfußroute unterwegs sein!«

»Barfußroute?«

»Es wird immer so warm sein, dass man keine Schuhe braucht.«

»Du machst Witze?«

»Nein. Schau in Seglerbüchern nach, wenn du mir nicht glaubst. Die Barfußroute führt zu einem großen Teil durch tropische Gebiete. Du kannst dort auch die ganze Zeit im Bikini herumlaufen.«

»Schöne Vorstellung.«

»Finde ich auch!«

Nun war Stefan in seinem Element. Er nahm ein Blatt Papier, auf dem wir eigentlich unsere Marketinglektionen aufzeichnen wollten, und fing an, die ITC, die Innertropische Konvergenzzone, aufzumalen. Ich bekam an diesem Abend meine erste private Vorlesung zum Thema Passatwinde – und alle Marketingstrategien waren für die nächsten Stunden vergessen.

Kurz vor Weihnachten war für mich das Studium in Schweden vorbei. Das Semester endete zwar erst im Januar, aber ich musste in Coburg zwei wichtige Prüfungen absolvieren. Bei unserem Abschied waren Stefan und ich traurig. Wir wussten nicht, ob und wie genau es mit uns weitergehen würde. Stefan wollte in Wedel studieren, ich plante, im März 1995 für ein halbes Jahr nach Amerika zu gehen, um in Washington bei einem großen deutschen Mischkonzern ein Praktikum zu machen. Es war schon alles organisiert, sogar eine Bleibe hatte ich für die sechs Monate gefunden. Ich war mir nicht sicher, ob unsere junge Liebe die Entfernung überstehen würde. Bis ich an einem Januarmorgen in Estenfeld einen DIN-A4-Umschlag in meinem Briefkasten entdeckte. An der Handschrift erkannte ich, er war von Stefan. Ich rannte in mein Zimmer, um alleine mit dem Kuvert zu sein. Es war der erste Brief von Stefan. Mein Herz klopfte wie wild, als ich ihn öffnete. Langsam und vorsichtig zog ich ein großes Foto hervor. Es zeigte Stefan, der, Oberkörper frei und die Hände über den Kopf gestreckt, lächelnd im Sand lag. Das Bild musste im vergangenen Sommer in Dänemark aufgenommen worden sein – Stefan hatte mir von der Reise an die Nordsee erzählt. Außer Sand, diesem extrem gut aussehenden Mann und einem kornblumenblauen Himmel war nichts weiter auf dem Foto zu sehen. Wäre ich nicht bereits in ihn verliebt gewesen, ich hätte mich spätestens beim Anblick dieses Fotos in ihn verknallt. Jetzt erst entdeckte ich die vielen kleinen aufgeklebten Fotoherzen, die den Himmel zierten. War darin nicht mein Gesicht zu sehen? Ich lächelte auf diesen Herzbildern ebenfalls! Wie hatte er das hinbekommen? So verblüfft, wie ich war, so warm war das Gefühl, das sich in mir ausbreitete. Zärtlich strich ich mit meinen Fingern über das Bild. Dem Foto lag noch etwas bei; ein Gedicht, das er selbst verfasst hatte. Es endete mit den Worten: *Ich bin glücklich, Dich zu lieben!*

Von da an waren wir unzertrennlich, auch wenn wir weiterhin unsere eigenen Pläne verfolgten. Für Februar und März hatte Stefan einen sechswöchigen Windsurftrip mit einem Freund verabredet, zusammen wollten sie an die andalusische Küste, nach Tarifa. Für mich begann ab März das sechsmonatige Praktikum in den USA. Kurz bevor Stefan nach Spanien aufbrach, kam er mit seinem quietschgelben VW-Bus, den er »Joshuaeii« getauft hatte, nach Würzburg. Es war mein 20. Geburtstag, und er überreichte mir mit seinem umwerfenden Lachen einen riesigen Strauß rosafarbener Tulpen, einen Geburtstagskuchen und ein Kopfkissen mit aufgedruckten Fotos von ihm in Herzform. Drei Wochen hatten wir uns nicht gesehen, und wir wussten, dass wir nun eine sehr lange Zeit überbrücken mussten, bis wir uns das nächste Mal wiedersehen würden. Wir genossen jede Minute zusammen.

Trotz der räumlichen Trennung fühlten wir uns innerlich stets nahe, und jung, wie wir waren, genossen wir sogar die die Möglichkeit, uns unabhängig vom anderen selbst zu finden. Bei der großen Entfernung blieben natürlich auch Eifersuchtsattacken nicht aus. In dem Heimatdorf von Stefan war es die Exfreundin, die mich beunruhigte, und als ich ihm von tollen Poolpartys erzählte, war er auch nicht gerade begeistert. Einmal sagte er bei einem unserer transatlantischen Telefonate: »Du triffst so viele interessante Leute, das gefällt mir gar nicht …« Daraufhin führten wir ein langes Gespräch, in dem wir uns gegenseitig unserer Treue versicherten. Es wäre ein teures Gespräch geworden, aber als hätte jemand bei der Telefongesellschaft ein weiches Herz gehabt, wurde es nie von meinem Konto abgebucht.

Nach meiner Rückkehr aus den USA war Stefan drauf und dran, seine Diplomarbeit in der Dependance eines großen Ölkonzerns in Hamburg zu schreiben. Aber ich hielt dagegen: »Du kannst dir doch aussuchen, in welcher Firma du deine Arbeit schreibst. Warum kommst du nicht nach Coburg? Hier gibt es auch interessante Unternehmen.«

Schließlich schrieb er seine Diplomarbeit bei einem Coburger Zuliefererbetrieb für die Autoindustrie – und er zog bei mir in mein achtzehn Quadratmeter großes Studentenwohnheimzimmer ein. Höchst inoffiziell natürlich. Meine Zimmernachbarn wussten über unsere »wilde Ehe« Bescheid, doch der Hausmeister durfte davon nichts erfahren. Auf diesen achtzehn Quadratmetern lebten wir äußerst spartanisch: ein Schrank, ein Stuhl, ein Schreibtisch, ein Einzelbett, in dem wir jede Nacht zu zweit lagen und das uns tagsüber als Couch diente.

Da wir beide einen starken Charakter hatten, kam es öfter zum Streit. Beide wollten wir immer recht haben, selten Kompromisse eingehen und nur unseren Standpunkt akzeptieren. Doch so leidenschaftlich wir stritten, so emotional waren unsere Versöhnungen. Vielleicht fanden wir diese so schön, dass wir uns extra stritten? Wie auch immer: Es ging in unserer Beziehung häufig auf und ab, sodass eine Freundin einmal zu mir sagte: »Heike, dieses ständige Hin und Her, ist das nicht anstrengend?« Aber Stefan und ich empfanden es gar nicht so. Die offenen

Auseinandersetzungen waren Teil unserer Beziehung, von Anfang an. Nur so war es möglich, auf engstem Raum auszukommen und auch eigenen Gedanken nachgehen zu können.

Trotz einer eher durchschnittlichen Note für seine Diplomarbeit erhielt Stefan einen Job bei einer angesehenen Unternehmensberatung in Hamburg. Und da ich nun meinerseits eine Diplomarbeit zu schreiben hatte und flexibel war, entschied ich mich ebenfalls für die Hansestadt.

»Wie wollen wir wohnen, wenn ich nach Hamburg ziehe?«, fragte ich Stefan.

Da er jetzt ein Gehalt bezog, entschied er: »Wir nehmen uns eine Wohnung.«

Zum ersten Mal hatten wir Platz, aber unsere neue Bleibe lag in Norderstedt, am Rande der Stadt. Ein völliger Fehlgriff. Es war der falsche Ort, die falsche Wohnung, die falschen Nachbarn, Typ Cluburlauber. Hinzu kam: Stefan war als Unternehmensberater ständig unterwegs, fünf Tage die Woche, meistens in Frankreich, und ich saß in Norderstedt herum, weit weg von Hamburgs Innenstadt. Ich war 22, kannte niemanden in meiner Umgebung, war einsam. Aber auch diese Zeit überstanden wir in dem Wissen, dass dies nur eine Durchgangsstation zu einem ganz anderen Leben war.

Kaum hielt ich mein Diplom in der Hand, kam auch schon ein Traineeangebot von einem namhaften Einzelhandelsunternehmen in London. London! Nicht mehr das spießige Norderstedt. Sofort sagte ich zu.

»Aber wir haben doch gerade diese Wohnung hier eingerichtet«, sagte Stefan leicht pikiert, als ich ihm klarmachte, dass wir bald wieder in verschiedenen Ländern leben würden. Erst später schrieb er mir: »Du bist eine Frau, die mir zeigt, dass nicht alles nach meiner Nase läuft, und ich bin vielleicht das erste Mal in meinem Leben bereit, Kompromisse einzugehen.«

»Du bist doch eh die meiste Zeit in Paris«, konterte ich. »Denk daran, was wir gewinnen: Wir können zwischen diesen beiden Superstädten ständig hin- und herpendeln.«

Und genau das taten wir dann auch. Vorher löste Stefan die Norderstedter Wohnung auf. Er war der Ansicht, dass er keine feste Bleibe bräuchte, während der Arbeitstage würde er sowieso in Hotels übernachten, und am Wochenende käme er zu mir nach London.

An unseren gemeinsamen Wochenenden fuhren wir jetzt mit »Joshuaeii« nach Südengland, und in den Ferien nach Schottland. Zwei Wochen hatten wir dort nonstop Regen, aber das war uns egal.

Während in den Nächten der Regen auf »Joshuaeii« prasselte, kuschelten wir uns in die Schlafsäcke. Stefan hatte zwei organisiert, die man mit einem Reißverschluss verknüpfen konnte, sodass man in einem einzigen großen Schlafsack lag und er meine eiskalten Füße wärmen konnte.

Am nächsten Morgen schien dann meist die Sonne. Trotzdem war es kalt und das Wasser in den zahlreichen Seen noch viel kälter. Eines Morgens zog Stefan sich aus uns lief ins Wasser. Ich streckte vorsichtig meinen Zeh hinein und rief: »Ieeehh, viel zu kalt!«

»Ich sage nur Patagonien«, bemerkte Stefan ironisch. »Wenn du da entlangsegeln willst, musst du das aushalten können. Also rein mit dir.«

Stefan schaffte es immer wieder, mich anzutreiben, mich an meine Grenzen zu bringen. Dafür liebte ich ihn. Ich zog mich aus und nahm mich zusammen. Ich wusch sogar meine Haare in diesem eiskalten See. Mein Kopf war hinterher so kalt, dass es fast schon wehtat. Stefan schwamm zu mir und gab mir einen Kuss.

»Ich wusste doch, auf dich ist Verlass. Patagonien oder Tropen. Zusammen schaffen wir alles.«

»Willst du wirklich noch immer um die Welt segeln?«, fragte ich Stefan an einem regnerischen Abend, eng lagen wir beieinander, durch die Moore peitschte der Wind.

»Klar«, sagte er. »Aber nur, wenn du mitkommst. Bist du noch dabei?«

»Na klar!« Ich kuschelte mich näher an Stefan heran.

»Wichtig ist der finanzielle Grundstock. Wir brauchen gute Jobs, und natürlich müssen wir sparen. Einige Weltumsegler leben von der Hand in den Mund, aber das ist nicht mein Ding. Brauchen wir ein neues Segel oder einen neuen Motor, müssen wir uns das leisten können. Und selbstverständlich muss das Boot unverwechselbar sein. Mit so einem weißen Joghurtbecher zieh ich nicht los.«

Stefans Augen leuchteten, er schien schon alles genau vor sich zu sehen. »Joghurtbecher« waren für ihn jene Boote, die vor weißem Plastik nur so strotzten.

»Aber das heißt nicht, dass wir bis dahin überhaupt nicht mehr verreisen können, oder?«

»Ach was. Nur halt Low Budget. Wir können wie immer in günstigen Hostels absteigen, es sei denn, du bist durch deinen neuen Job auf den Geschmack gekommen, nur in Edelhotels abzusteigen und in Nobelrestaurants zu essen …«

Stefan musste jedes Mal lachen, wenn er sah, wie ich morgens elegante Nylonstrümpfe über meine Beine streifte, ein gut geschnittenes Kostüm anzog und in meine Businessschuhe stieg. Die perfekt gestylte Marketingfrau eben.

Dabei war es bei ihm im Job nicht anders. Im Anzug nahm man ihm sofort ab, dass er ein Powertyp war, ganz der erfolgreiche Geschäftsmann. Keiner hätte erraten können, dass er schon damals vom Ausstieg träumte, wo er doch die Karriereleiter gerade erst richtig hinaufzusteigen begann.

Seinen Arbeitskollegen gegenüber hatte er jedoch nie einen Hehl daraus gemacht, dass er einmal um die Welt segeln wollte. Doch diese winkten dann ab: »Ach, wenn du erst auf den Geschmack kommst, viel Geld zu verdienen, und ein tolles Haus und ein noch tolleres Auto hast, vergisst du schnell, dass du einmal etwas anderes wolltest.« Doch da irrten sie.

»Du weißt genau, dass ich am liebsten nur mit einem Rucksack unterwegs bin. Das wird sich nicht ändern«, antwortete ich.

»Sicher?«

»Sicher.«

»Dann sollten wir anfangen, ein paar Sachen in Angriff zu nehmen.«

»Zum Beispiel?«

»Wir können Deutsch, damit kommen wir bei einer Weltumsegelung aber nicht weit. Wir beide sprechen Englisch, ich dazu Französisch. Aber unsere Route wird lange Zeit durch Mittel- und Südamerika führen. Einer von uns müsste Spanisch sprechen können.«

»Du meinst, ich soll mich darum kümmern?«

»Na ja, das wäre nicht die schlechteste Idee.«

Mein Traineeprogramm in London war vorbei, und mein Arbeitgeber schickte mich als Nächstes für kurze Zeit nach Essen. In internationalen Projektteams bereiteten wir dort die Eröffnung von drei Filialen vor. Das Unternehmen wollte in Deutschland eine Filialkette aufbauen, und ich sollte eine Verkaufsfläche betreuen, »Store-Management« nannte man das und meinte damit die Personalführung von zwanzig Leuten und das operative Management des Ladens. Das war eine Menge Verantwortung für eine Vierundzwanzigjährige, zumal viel Geld in die Eröffnungen der Deutschlandgeschäfte gepumpt wurde.

In den ersten drei Monaten wohnte ich in einem Hotel, denn es war klar, dass Essen nur eine vorübergehende Station war. Stefan und ich führten in dieser Zeit nicht nur eine Wochenendbeziehung, sondern auch eine Hotelliaison – wie ein Paar, das sich nur heimlich treffen konnte.

»Was ist denn das für eine Beziehung, die wir führen?«, fragte ich Stefan eines Tages.

»Eine Beziehung wie unser Leben. Immer auf der Überholspur!«, entgegnete er.

Stefan arbeitete inzwischen als selbstständiger Berater für einen Elektrokonzern im niederländischen Eindhoven. Er mietete sich in der Nähe des Unternehmens ein Haus, gemeinsam mit zwei anderen Mitarbeitern und nannte es sein »Big-Brother-House«. Damals, 1998, wurde im Fernsehen zum ersten Mal die Realityshow *Big Brother* ausgestrahlt, in der Menschen für mehrere Monate in einem Gebäude zusammenlebten, Wettbewerbe und Spiele veranstalteten, bis einer nach dem anderen aus der WG ausschied – in der Sendung wurden die Regeln von der Produktionsfirma vorgegeben, bei Stefan war es ein globaler Konzern, der seine Leute immer wieder in die Welt hinausschickte, um bestimmte Aufgaben zu lösen.

Aus meinem einjährigen Traineeprogramm wurde schließlich eine drei Jahre währende Tätigkeit, am Ende arbeitete ich als Einkäuferin in Köln. Stefan hatte unterdessen gemeinsam mit einem befreundeten Kollegen ein Projekt konzipiert, das von seinem Arbeitgeber genehmigt wurde und ihn nach Barcelona verschlagen sollte, wo er – anders als gewöhnlich – vor Ort arbeiten würde.

Ich war auf Anhieb begeistert von der Idee, ihm nach Barcelona zu folgen. Auf diesem Wege würde ich endlich auch richtig Spanisch lernen können, wie wir es als Vorbereitung für unsere Weltumsegelung geplant hatten.

Bevor wir nach Barcelona aufbrachen, mieteten wir einen Katamaran für unsere erste gemeinsame Segeltour in Südfrankreich, zusammen mit sechs Freunden. Es war das erste Mal, dass ich hinter dem Steuer eines Schiffs stand.

Schnell zeigte sich, dass eine Woche Segeln für mich war wie drei Wochen Urlaub. Unglaublich, was das Meer für einen Erholungsfaktor hatte. Vielleicht lag es auch daran, dass man den ganzen Tag draußen war, den ganzen Tag nichts tun musste, aber alles möglich war.

Einmal segelten wir ziemlich hoch am Wind. Stefan meinte nur, mit einem eigenen Schiff würde man das nicht tun, weil es das Material zu sehr beanspruchen würde. Aber wir genossen dieses abenteuerhafte Unternehmen voll und ganz. Mit einer Sicherheitsleine gewappnet standen wir beide ganz vorne auf dem Netz, eingehakt am Vorstag, dem Draht, der sich zwischen Bug und Mast spannte. Ein Freund steuerte den Katamaran, und wir rockten die Wellen. Das Schiff hob sich, dann sprang man in die Luft, und wenn der Katamaran wieder auf das Meer aufknallte, landete man selber auf dem Netz; die Gischt spritzte nur so. Es war für Sekunden ein freier Fall, total gigantisch. Stefan schrie vor Begeisterung und sprang in die Luft, so hoch, dass ich dachte, er stürzt vornüber ins Meer.

Doch es passierten uns auch Missgeschicke. Eine Leine verhedderte sich im Motor, und wir konnten nur einseitig den Motor starten. Schon trieben wir auf Klippen zu. Stefan sprang sofort ins Wasser und versuchte, das Boot mit beiden Händen abzuhalten, was ihm tatsächlich auch gelang. Einmal, bei hohem Seegang, stand er hinter dem Steuer, von oben bis unten in Segelsachen gekleidet. Ich dachte nur: Stefan und der Himmel, Stefan und das Meer. Sie gehören zusammen. Nicht im Geringsten zweifelte ich daran, dass wir eines Tages ein eigenes Boot haben und auf dem Globus ein Land nach dem anderen kennenlernen würden.

Kurz darauf kündigte ich meinen Job und meine Wohnung in Köln gleich mit.

Erneut brach ich meine Zelte ab. Als ich in Barcelona ankam, konnte ich mit meinen rudimentären Spanischkenntnissen nicht viel anfangen, zu groß war der Unterschied zwischen meinem Lehrbuchspanisch und dem Katalan der Einheimischen. Eine Arbeit fand ich nicht, wie ich es insgeheim gehofft hatte. Wir holten erneut »Joshuaeii« aus Deutschland, um die Region rund um Barcelona erkunden zu können, doch eines Tages blieb unser alter VW-Bus mitten auf einer riesigen Straßenkreuzung stehen. Inzwischen war er über und über mit Blumen bemalt, ein echter Hippie-Bus eben. Ein reicher Katalane kaufte ihn uns ab, für jede Blüte gab es hundert Peso. Er wollte mit dem Bus seinen Garten schmücken, in einer der besten Wohngegenden Barcelonas. Ein schöneres Ende konnten wir uns für unser knallgelbes Gefährt nicht vorstellen.

Nachdem Stefans Projekt in Barcelona beendet war, kehrte er nach Eindhoven zurück. Ich fand ebenfalls schnell wieder einen Job als Produktmanagerin bei einem englischen Healthcare-Konzern in Hamburg, der unter anderem ein berühmt-berüchtigtes Antipickelmittel vertrieb.

Stefan und ich waren jetzt wieder das typische *Double-income-no-kids*-Paar. Stefan reiste fast jedes Wochenende aus Eindhoven an und lebte mit mir in meiner kleinen Hamburger Wohnung. Wir fuhren dann meist zum Windsurfen und Kiten an die Nordsee. Nichts machte uns glücklicher, als immer wieder ans Meer zu kommen. Und das ging von Hamburg aus wunderbar. Unsere Windsurfbretter und Kites verstauten wir in und auf »Joshuaeii II«. Nachdem »Joshuaeii I« in den Ruhestand gegangen war, hatten wir uns einen neuen VW-Bus, einen T4, zugelegt, weil wir auf ein fahrbares Zuhause mit eingebautem Bett und Kochnische nicht verzichten wollten. Statt knallgelb trug »Joshuaeii II« weiß mit orangefarbenen Rallystreifen.

Inzwischen hielten wir auch konsequenter nach einem Boot Ausschau. Wir hatten ziemlich genaue Vorstellungen davon, wie unser Schiff aussehen sollte. Ein Katamaran, nicht unter vierzehn Meter lang. Er sollte nicht aus Plastik sein, kein stinknormaler Joghurtbecher, wie sie in jeder Lagune herumliegen. Zuletzt hatten wir eine Segeltour in Griechenland sowie eine um Mallorca herum gemacht. Aluminium war Stefans bevorzugtes Material, weil es robust war und problemlos fünfzehn, zwanzig Jahre auf dem Meer überstehen konnte.

Von Schülern und Idolen

Ich lag im Bett und schaute Stefan zu, wie er sich geschickt eine Krawatte umband.

»Wie sehen deine Pläne für heute aus?«, fragte er, während er sein Werk im Spiegel begutachtete.

»Vormittags Yoga, und danach will ich mich bei einer indischen Organisation vorstellen, die soziale Projekte an Ausländer vergibt.«

Stefan und ich lebten seit einem Monat in der Orchard Road, mitten im Zentrum der Millionenmetropole Singapur. 2004, genau an meinem 30. Geburtstag, war ich in dem kleinsten Staat Südostasiens aufgewacht, nicht mit einem Koffer, aber mehr als zwei waren es auch nicht. Meinen Job hatte ich längst gekündigt.

Unser Serviceapartment war möbliert, klein, mit einer hübschen Küchenzeile, auf dem Dach des Gebäudes befand sich ein Swimmingpool. Tag und Nacht lief die Klimaanlage, da die Luftfeuchtigkeit so hoch war und alles schnell zu schimmeln anfing. Fenster konnten wir nicht aufmachen.

»Vergiss nicht, heute Abend ist im Indochine das Essen mit meinem neuen Boss und seiner Frau. Sind echt nett, die beiden, wird bestimmt lustig.«

»Ja, ich freue mich drauf!«

»Was sagtest du, welche Organisation du aufsuchen willst?«

»Sie heißt SINDA, ich habe sie im Internet gefunden. Sie unterstützt indische Familien.«

»Du musst immer was machen, freue dich doch mal, einfach nichts tun zu müssen. Na, egal, ich muss los.« Stefan drückte mir einen Kuss auf den Mund. Beim Hinausgehen drehte er sich noch einmal um und rief mir zu: »20 Uhr. Indochine. Kennwort: ›Frachter‹.«

Im nächsten Moment war ich alleine. Ich musste grinsen, er und sein Kennwort. Alle kannten das Kennwort. Ein geheimes war es schon lange nicht mehr. Er sagte es immer, wenn wir mit anderen Leuten verabredet waren.

Es fiel mir tatsächlich schwer, nicht zu arbeiten. Ich hatte klasse Kollegen gehabt, und mein Job hatte mir Spaß gemacht. Nicht zu vergessen die positiven Feedbacks meiner Chefs. Einen Alltag ohne Beschäftigung konnte ich mir nicht vorstellen. Aber da ich mich kannte, wusste ich, dass ich mich schnell an die veränderte Situation anpassen würde.

Mein Vorstellungsgespräch bei SINDA verlief erfolgreich. Ich konnte ein paar Stunden im Büro mithelfen, dazu sollte ich indische Kinder zu Hause besuchen und in Englisch unterrichten – in Singapur ist Englisch Amtssprache. Ich war begeistert über diese Aussicht. Das erste Mal in meinem Leben, dass ich mich sozial engagieren konnte.

Nach dem Termin bei SINDA schlenderte ich durch den Stadtteil Little India, in dem die Organisation ihr Büro hatte. Ich hatte das Gefühl, in Indien zu sein und nicht in Singapur, dazu trugen die Düfte bei, die bunten Farben und die Menschen.

Ein paar Tage später schickte man mich zu einem Sozialbau neben einem der größten Shopping-Center in Singapur, »Great World City« genannt. Überall hing Wäsche, alle Fenster standen offen, was wohl bedeutete, dass die Wohnungen keine Klimaanlagen hatten.

Eine Mitarbeiterin hatte mir einen Zettel in die Hand gedrückt, auf dem der Name der Familie stand, die ich aufsuchen sollte, sowie die genaue Wohnungsnummer.

Nachdem ich den Komplex betreten hatte, blickte ich zuerst auf unglaublich viele Postfächer. Daneben hingen Plakate mit allen möglichen Verhaltensregeln, so zum Beispiel, dass man keinen Abfall aus dem Fenster werfen oder sich die Hände vor dem Essen waschen soll. Alles war sehr sauber und doch ganz anders als in unserem Serviceapartment, wo mich der Concierge jedes Mal mit Namen begrüßte, mir die Einkaufstaschen abnahm und den Fahrstuhl rief.

Ich war gespannt auf meine erste Schülerin Nyhati, der ich gleich begegnen würde. Wie sah die Zehnjährige aus? Wie würde sie auf mich reagieren? Wie sollte ich mit ihrer Mutter, die angeblich gar kein Englisch konnte, kommunizieren?

Im zehnten Stock stieg ich aus und lief den langen Flur entlang, auf der Suche nach der Wohnung Nummer 2 A, dort sollte Nyhati zu Hause sein. Tatsächlich standen auch alle Türen wegen der Hitze offen, in jedes Wohnzimmer konnte ich reinblicken, einzig versperrt durch Gitterstäbe, sodass man nicht eintreten konnte.

Nach einer Weile fand ich die Wohnung und klingelte. Eine kleine, etwas rundliche Frau mit dickem schwarzem Haar, das zu einem Knoten zusammengebunden war, näherte sich und lächelte mich durch die Gitterstäbe schüchtern an. »Heike?«, fragte sie.

Ich nickte, begrüßte sie und sagte, dass ich von SINDA käme. Die Frau öffnete das Gitter und ließ mich ein. Auch hier stand ich sofort im Wohnzimmer, direkt vor einer Couch. Viel Platz gab es hier nicht. Die Frau rief ihre Tochter, und Nyhati, die wie eine jüngere Ausgabe ihrer Mutter aussah, kam aus einem Nebenraum, dem Schlafzimmer, wie ich später erfuhr, das sich Mutter und Tocher teilten.

Nyhatis Mutter bat mich, auf der Couch Platz zu nehmen, und stellte mir ein Glas Wasser auf einen Beitisch. Ihre Tochter traute sich nicht, sich neben mir niederzulassen. Erst als ich Kinderbücher aus meiner Tasche holte, wurde sie neugierig. Ich konnte ihr Verhalten nachvollziehen, denn auch ich war nervös. Doch nachdem ich angefangen hatte, die englischen Bücher vorzulesen, wurde Nyhati immer zutraulicher. Als ich sie mit einbezog und Fragen stellte, merkte ich, dass ihr Englisch schon ganz gut war. Nach einer Weile verschwand die Mutter in der

Küche und ließ uns alleine. Sie hatte wohl gemerkt, dass sie mir vertrauen konnte.

Die Stunde war schnell um. Danach besuchte ich Nyhati zweimal die Woche und lernte intensiv mit ihr, oft blieb ich länger als die sechzig Minuten. Von Mal zu Mal traute sich das Mädchen mehr zu und fing auch an, von ihrem Leben zu erzählen. Oft musste ich sie bremsen, weil wir ja Grammatik und Vokabeln lernen sollten, damit ihre Schulnoten besser wurden. Es war schön, zu sehen, wie Nyhati Fortschritte machte. Einmal lud ich sie zum Schwimmen im Pool zu uns ins Serviceapartment ein. Aber die Mutter lehnte ab; das sei zu gefährlich, ihre Tochter könne nicht schwimmen. Schade, dachte ich, und nahm mir vor, irgendwann einmal das Projekt »Schwimmkurs« bei SINDA anzusprechen.

Das schüchterne, aber freudige Lächeln von Nyhati, das ich jedes Mal erblickte, wenn ich an der Gittertür von Wohnung 2 A stand, werde ich nie vergessen.

»Ich habe den Katamaran von Wolfgang Hausner gesehen! Vom Flugzeug aus, ganz bestimmt! Er liegt in Borneo.« Stefan war gerade erst von einer Dienstreise in Manila zurückgekehrt und kam in heller Aufregung in unser Apartment gestürmt.

»Wie kannst du von einem kleinen Flugzeugfenster aus erkennen, dass es das Boot von Hausner war?« Ich konnte mir nicht vorstellen, wie er das Schiff seines Segelidols aus einer solchen Höhe erkannt haben wollte.

»Es war Hausner, ganz sicher. Sein Katamaran ist ein *Open Bridge*. Er ist aus Holz und hat keinen Aufbau. Marke Eigenbau. Hausner ankert vor Kota Kinabalu. Jede Wette!«

Den Ausgang meiner Wetten mit Stefan kannte ich. Ich verlor praktisch immer.

Wolfgang Hausner war Stefans großes Vorbild, sämtliche Bücher hatte er von ihm gelesen. Als junger Mann war Hausner von Wien aus aufgebrochen, ohne nennenswerten Geldbesitz, um Australien frei und ungebunden zu erleben. Mit 24 Jahren baute er sich einen achtzehn Meter langen Katamaran, die *Taboo*. Er hatte nicht die geringste Ahnung vom Segeln und Navigieren, eignete sich aber nach und nach alles an.

Mit der *Taboo* umsegelte er die Welt, er war der Erste, der es mit einem Katamaran einhand schaffte – damals waren noch viel weniger Segler unterwegs. Dann, sieben Jahre später, strandete er mit seinem Schiff auf einem unverzeichneten Papua-Neuguinea. Hausner hatte so viel Spaß am Segeln gefunden, dass er sich sofort die *Taboo II* baute. Heute steuert er die *Taboo III*, immer noch auf der Suche nach Abenteuern. Hausner und seine Südseegeschichten, davon konnte Stefan nicht genug bekommen. Von den Abenteuern eines raubeinigen Mannes, von der großen Herzlichkeit der Einheimischen und von einem Leben in freier Liebe.

Während ich weiter unser Abendessen zubereitete, blätterte Stefan in der letzten *Yacht*-Ausgabe, einem Segelmagazin, das ein Freund, der bei uns zu Besuch war, liegen gelassen hatte.

»Da gab's doch diese Anzeige …«, murmelte Stefan vor sich hin.

»Was für eine Anzeige?«

»Ah, hier ist es, 110 Euro pro Tag pro Mann. Das müssen wir machen.« Hausner hatte doch tatsächlich in dem Heft inseriert – er bot Chartertrips an für Leute, die mit ihm segeln wollen.

Über eine österreichische Agentur, die in dem Inserat angegeben war, buchten wir eine von seinen Chartertouren. Es war das erste Mal, dass Stefan sich um die Organisation einer unserer Reisen kümmerte. Und es wurde der teuerste Urlaub, den wir je gemacht haben. Aber auch einer der schönsten.

Wir flogen zunächst nach Kota Kinabalu, Hauptstadt von Borneo. Stefan hatte ohne Probleme Urlaub bekommen, und ich genoss sowieso mein neues Leben, war glücklich, nicht mehr als Produktmanagerin arbeiten zu müssen, sondern Kinder unterrichten zu dürfen. Ich tat etwas zutiefst Sinnvolles und hatte gerade erst in einem neu eröffneten Yogastudio einen Kurs bei dem indischen Lehrer Dr. Kajal Pandit genommen und eine ungeahnte innere Ruhe in mir entdeckt.

Wolfgang Hausner holte uns vom Flughafen Kota Kinabalu mit einem uralten Pkw ab. Wie viele Fotos hatte mir Stefan nicht schon von diesem Skipper gezeigt – er war damals an die sechzig –, und sie hatten kein falsches Bild vermittelt. Er sah genauso aus wie auf den Fotos: groß, drahtig, extrem sportlich, graue Haare, ein kräftiger Schnauzer. Ein Mann mit einer großen Ausstrahlung, einem warmen Lachen, eher unauffällig gekleidet, keiner, der meinte, etwas darstellen zu müssen.

Kräftig schüttelte er uns die Hand und lotste uns zielstrebig aus dem Flughafengebäude in Richtung Auto.

Stefan sagte ungewöhnlich wenig, die Begegnung mit seinem Idol hatte ihn anscheinend sprachlos gemacht. Ich musste schmunzeln.

»Bevor wir aufs Boot fahren«, erklärte Hausner, »muss ich kurz noch nach Hause, um mich von meiner Tochter zu verabschieden. Gerti, meine Frau, ist gerade in einem Aschram in Indien, da kümmere ich mich allein um Vaitea. Sie ist sechzehn, da kann man eine Menge Unsinn anstellen, aber sie ist sehr vernünftig.« Er zwinkerte uns zu, und vom ersten Moment an war es, als würden wir uns schon ewig kennen. »Außerdem brauche ich noch einige Sachen für den Katamaran.«

»Segelt noch jemand mit?«, fragte Stefan, der seine Sprache wiedergefunden hatte.

Hausner nickte, während er sich ans Steuer setzte. »Ein Fotograf und Journalist. Walter heißt der. Er will für die *Yacht* einen Artikel über mich schreiben.«

»Ich dachte immer, du lebst auf den Philippinen? Wieso Kota Kinabalu?« Unter Seglern duzt man sich, egal wie jung oder alt man ist.

Hausner stieß einen tiefen Seufzer aus und sagte: »Lieber wäre ich ausschließlich auf dem Wasser. Zwischen vier Wänden halte ich es nie lange aus. Aber noch brauchen wir eine feste Bleibe, weil Vaitea ihre Schule auf Borneo beenden soll.«

Während wir weiterfuhren und ich die vielen Menschen auf der Straße betrachtete, dachte ich daran, ob Stefan und ich nach unserem Leben auf den Ozeanen auch nicht mehr in der Lage wären, irgendwo sesshaft zu werden. Doch im Grunde war es müßig, sich zu diesem Zeitpunkt den Kopf darüber zu zerbrechen – wir besaßen schließlich noch nicht einmal ein eigenes Schiff.

Eine halbe Stunde später erreichten wir die Wohnung Hausners. Vaitea saß an einem Tisch in der Wohnküche vor einem aufgeschlagenen Buch. Ihre braunen Haare waren zu einem Pferdeschwanz gebunden. Mit ihren sechzehn Jahren war sie eine hübsche junge Frau.

»Hallo«, begrüßte sie uns.

»Hey, das ist meine Freundin Heike, und ich bin der Stefan.« Stefan antwortete für uns beide.

Eine Weile musterte sie uns mit ihren lebhaften hellen Augen, während Wolfgang die Dinge zusammensuchte, die er am Flughafen erwähnt hatte, tiefgefrorene Joghurtkulturen, Schmierkäse, ein paar Kabel, Werkzeug.

»Wieso macht ihr eigentlich eine Tour mit meinem Vater?«, fragte schließlich Vaitea.

»Heike und ich wollen irgendwann auch mal auf einem Katamaran um die Welt segeln, wie dein Vater«, erklärte Stefan. »Bestimmt können wir eine Menge von ihm lernen.«

Vaitea verdrehte die Augen, als sie das hörte. »Und habt ihr auch an eure Rente gedacht?« Stefan und ich sahen uns verdutzt an.

»Rente?«, fragte ich nach. Welches sechzehnjährige Mädchen denkt an so etwas?

»Ja, Rente, Rentenversicherung. Oder sind das Fremdwörter für euch?«

»Eigentlich nicht«, bemerkte Stefan. »Aber daran können wir denken, wenn wir älter sind.«

37

»Kenne ich. Typisch.« Dabei blickte sie streng in Richtung ihres Vaters.

Es lag auf der Hand, dass Vaiteas Leben mit ihren Eltern auf dem Meer nicht immer einfach gewesen war, vielleicht auch nicht für ihre Mutter.

»Auf geht's«, sagte in diesem Moment Hausner und erlaubte es uns damit, uns vor der sich anbahnenden Diskussion mit Vaitea davonzustehlen.

Bereits am ersten Abend auf der *Taboo III* erzählte uns Wolfgang die verrücktesten Geschichten, etwa die, wie er in Australien nicht das geringste Geld hatte und auf Kängurujagd ging, Salzwasserkrokodile schoss, um die Häute zu verkaufen, und in einem Goldbergwerk schuftete, um das Geld für sein erstes selbst gebautes Segelbot zu verdienen. Er berichtete alles in einem ruhigen Ton, nie trumpfte er mit seinen Geschichten auf. Alles hatte Hand und Fuß. Ja, wir mussten ihn regelrecht löchern, um mehr Abenteuer von ihm zu hören.

»Und wie hast du dich auf deiner Weltumsegelung versorgt?«, fragte Stefan. Walter hatte sich schon schlafen gelegt.

»Ich hatte nie das Geld, um in einen Supermarkt zu gehen und 600 Dollar zu zahlen, um für die nächsten Südseemonate versorgt zu sein. Solltet ihr das Geld haben, kann ich euch nur zu den Supermärkten in Panama raten, denn danach wird alles verdammt teuer. Da könnt ihr locker das Vierfache für ein Pfund Vollkornmehl bezahlen.« In den nächsten zweieinhalb Wochen sollten wir noch viele weitere Tipps von Hauser zu hören bekommen, die uns später alle nützlich waren.

»Aber bestimmt hast du auf den Pazifikinseln keine Kängurus gejagt. Bist du da Vegetarier geworden?«

Hausner musste lächeln: »Ich esse jetzt sehr wenig Fleisch und habe immer Fische harpuniert. Auf den Marquesas bin ich auf Ziegenjagd gegangen, nachdem wir uns Ciguatera eine Art Fischvergiftung geholt hatten …«

»Du hast Ziegen geschossen?«, fragten Stefan und ich unisono.

»Die Tiere laufen dort frei herum und gehören niemandem. Ich bin einfach losgegangen, und wenn ich eine Ziege im Visier hatte … Gegrillt oder lange eingekocht schmecken sie wunderbar.«

Das war also die Freiheit des Mannes, von der Hausner in seinem ersten Buch gesprochen hatte – losziehen und Ziegen schießen. Und genauso musste es Stefan empfunden haben, denn er sagte mit seltsamem Glanz in den Augen: »Das will ich auch machen. Das ist mein Ding.«

Von Kota Kinabalu segelten wir mit der *Taboo III* hinüber zu den Philippinen. Die Rollen an Bord waren klar verteilt: Stefan durfte alles, die Segel hissen, sich stundenlang ans Steuer stellen, Nachtwachen übernehmen. Bei mir lag die Sache anders: Ich durfte ein einziges Mal kurz das Steuer halten. Mehr nicht. Dabei war ich längst nicht mehr unerfahren, was das Segeln betraf. In den drei Jahren in Hamburg hatte ich nach und nach alle notwendigen Segelscheine gemacht, den A-Schein auf der Alster, dann den SKS-Schein, den Sportküstenschifferschein, bei dem ich eine Woche lang auf der Ostsee mit einem kleinen Team segelte. Stefan war nicht dabei, was gut war – Partner sind nicht immer die besten Pädagogen. Hinzu kam, dass Stefan sich noch nie mit Segeltheorie beschäftigt hatte. Von klein auf wusste er, was auf einem Segelschiff zu tun war, und sammelte Erfahrungen. Segeln war ihm in die Wiege gelegt worden.

Hausner war weder Partner noch Pädagoge – und er schien felsenfest davon überzeugt zu sein, dass Frauen mit Segeln nichts am Hut haben konnten. Vielleicht vertrat er diese Ansicht, weil er die meiste Zeit allein über die Weltmeere gesegelt war. Ein Mann, der jahrelang ohne einen Mitmenschen an Bord lebt, wird einfach anders. Das ließ sich für mich auch an der Einrichtung der *Taboo III* ablesen. Zwar funktionierte alles perfekt,

aber es war auch alles sehr spartanisch. Stefan und ich hingegen hatten uns gemeinsam ausgemalt, dass unser Boot eher »gehoben« ausgestattet sein sollte, nicht allzu schlicht. Außerdem
sollte unsere Kabine kein dunkles Holz haben, die Kissen sollten
alle hell und farbenfroh sein.

Vor den Philippinen lernten wir, nachts ohne Licht zu segeln – diese Gegend war bekannt für ihre Pirateriegefahr. Hausner hatte für alle Fälle ein Gewehr an Bord, eine M16, ein
amerikanisches Modell, vorrangig benutzt von den US-Streit-
kräften.

Er zeigte es uns, und ich fragte ihn: »Hast du die schon mal
benutzt?«

»Ja, das habe ich«, bemerkte Wolfgang ausdruckslos. »Wenn
ich es nicht getan hätte, stünde ich heute nicht vor euch.« Mehr
sagte er nicht, und es war klar, dass er auch nicht mehr dazu sagen wollte.

In der Kabine hatte ich ein Foto entdeckt, das den indischen
Guru Sathya Sai Baba abbildete. Diesen Mann kannte ich aus
Erzählungen meines Yogalehrers in Singapur. Sathya Sai Baba
galt als Reinkarnation eines Heiligen, der in der Lage war,
schwere Krankheiten zu heilen und Menschen zu einem sinn-
stiftenden Leben zu bewegen. Hausner hatte wohl meinen Blick
bemerkt, denn einige Tage nachdem er uns das Gewehr gezeigt
hatte, erzählte er mir, im Aschram des Baba gewesen zu sein.

Vielleicht hatte Hausner nach dem Waffenerlebnis, so überlegte ich, nach Vergebung gesucht. Vielleicht war er nicht mit
sich im Reinen gewesen. Aber letztlich war das nur eine Vermutung, ein Zusammentragen von Bruchstücken. Stefan wollte
von diesem »dunklen« Geheimnis Hausners nichts wissen. Das
Treffen mit ihm hatte Hausner ungemein beeindruckt und seine
ganze Lebenseinstellung verändert.

In den zweieinhalb Wochen mit Hausner erlebten wir, was es
mit dem Fahrtensegeln wirklich auf sich hat. Abends machten
wir am Strand Lagerfeuer, tauschten mit den einheimischen Fischern unsere Konserven gegen Schalentiere, Red Snapper oder

Papageienfische. Manchmal wechselte auch ein Messer seinen Besitzer und hin und wieder auch Alkohol.

Hausner gab uns einen weiteren wichtigen Tipp: »Gebt den Einheimischen nie zu viel Alkohol. Die Fischer kippen sich den sofort hinter die Binde, und dann kehren sie betrunken zurück und wollen mehr. Das kann lästig werden.« Er zeigte uns, wie man Joghurt selbst zubereitet, Brot backt und verschiedene Sorten von Kokosnüssen aufschlägt. Die Schale ließ sich am besten mit einer Machete aufmachen, und Hausner wusste genau, wo man hineinzuschlagen hatte, damit man nicht zu viel von der kostbaren Flüssigkeit verlor.

Vor den Philippinen sprangen wir an dem einen oder anderen Riff von der *Taboo III* ins Wasser, um zu tauchen. Dazu hatten wir uns extra eine neue Ausrüstung gekauft, mit einem Tauchcomputer, den wir am Arm trugen, wenn wir in die Tiefe hinabglitten. Der Tauchcomputer zeigte an, wie lange wir unter Wasser bleiben konnten, wie tief wir waren, welche Wassertemperatur herrschte und wie schnell wir auftauchen durften. Er war kein Spielzeug, sondern ein wichtiges Hilfsmittel. Hausner hatte nicht einmal einen Neoprenanzug, wenn er mit uns tauchte. Sonst war er technisch hochgerüstet, aber bei diesem Sport reichte ihm einzig ein alter Atemregler, und die Pressluftflasche machte er mit einer einfachen Leine am Körper fest.

»Und ihr wollt wirklich um die Welt segeln?«, fragte Hausner eines Abends am Lagerfeuer. Die frisch gefangenen Fische hingen über der Glut, und wir konnten es kaum erwarten, sie zu essen.

»Unbedingt«, sagte ich, und Stefan nickte bestätigend.

»Fühlt ihr euch vertraut genug mit den Ozeanen? Habt ihr keine Angst vor starken Stürmen? Wisst ihr, wie man abwettert?«

»Segeln ist heute ganz anders, nicht zu vergleichen mit der Zeit, als du zum ersten Mal mit einem Katamaran losgezogen bist«, antwortete Stefan. »Gerade bei langen Strecken hattest du keine Wetterinformationen, damals gab es kein GPS. Sextanten haben heute ausgedient, stattdessen benutzt man Computerbordprogramme, um nicht auf ein Riff aufzulaufen. Die Segelei ist nicht mehr eine solche Kunst wie einst. Man muss aber technisch versiert sein.«

»Da hast du vermutlich recht«, konstatierte Hausner. »Trotzdem, bei allen technischen Raffinessen muss dir klar sein, dass es immer wieder unerwartete Situationen gibt.«

»Wer sich davon abschrecken lässt, sollte nicht segeln«, bemerkte ich, während ich die fertig gegrillten Fische auf Tellern verteilte. Hungrig stürzten wir uns darauf, und mit einem Mal waren alle Gedanken an gefährliche Stürme wie weggeblasen.

Nach einer Woche erreichten wir die Insel Palawan auf den Philippinen. In der Bucht vor dem Hauptdorf Puerto Princesa – einem Ort mitten im Nirgendwo – warfen wir den Anker. Die Zollstelle war in einem Hinterhof untergebracht. Der Zollbeamte inspizierte ausgiebig unsere Pässe und setzte mit einem Knall einen Stempel in unsere Dokumente. Mit der Hand schrieb er darunter: »Einreise mit dem Segelboot.« Es fühlte sich besonders an, dieses Prozedere, und dieses besondere Gefühl sollte uns immer wieder begegnen, auch wenn wir später noch zahllose solcher Stempel in unsere Ausweise bekamen.

Während wir unsere Pässe in Empfang nahmen, hörten wir, wie Hausner sich mit einem Mann laut stritt. Wahrscheinlich ging es um die Deklarationsgebühren. Der Mann trug keine Uniform, seinem Verhalten nach war er dennoch ein Offizieller.

»Was ist, wenn der mit seinen Leuten aufs Boot will?«, flüsterte mir Stefan zu. »Wolfgang hat die Waffe, die er uns gezeigt hat, einfach im Kleiderschrank herumstehen. Ich hab keine Ahnung, ob die legal ist.«

»Wir müssen ihn warnen«, sagte ich ebenso naiv wie bestimmt.

Stefan gab Hausner so beiläufig wie möglich auf Deutsch zu verstehen: »Da steht noch was im Kleiderschrank ...«

Der Österreicher ließ sich von der Bemerkung nicht im Geringsten beeindrucken, er stritt weiter lautstark über den Preis. Als von einer Summe gesprochen wurde, die für ihn akzeptabel war, wurde er augenblicklich ruhiger, bezahlte und sagte: »Kommt, wir können jetzt gehen.« Draußen erklärte er: »Ihr macht das zum ersten Mal mit, aber ich bin schon dreißig Jahre dabei. Die Beamten auf den Philippinen sind so was von bestechlich, da muss man harte Bandagen fahren.« Mit vergnügtem Gesicht schritt er neben uns her, und wir hatten wieder einmal eine Lektion in Sachen Fahrtensegeln gelernt.

Dem Tsunami entkommen

Unser Taxi fuhr auf einer kleinen Straße, die sich durch Khao Lak schlängelte. Schließlich hielten wir vor einer der günstigeren Unterkünfte, die weit oben in der Bucht lagen, nicht direkt am Strand, wo sich die teuren Hotels und Bars befanden. Wir waren nach Thailand geflogen, weil die Similian Islands vor Khao Lak unter Tauchern als Hotspot gehandelt wurden. Kristallklares Wasser. Riesige Korallenblöcke. Leopardenhaie. Davon hatte man uns vorgeschwärmt. Und weil Stefan bald für ein neues Projekt in Shanghai arbeiten sollte, schien es nahezuliegen, Weihnachten 2004 nicht bei unseren Familien im kalten Deutschland zu verbringen. Beginnen wollten wir mit einer Tauchsafari in Thailand.

Unseren ersten Tauchkurs hatten wir vor Ewigkeiten in der Türkei absolviert, und mit jedem Tauchgang wuchs unsere Begeisterung für die Unterwasserwelt. An die Korallenriffs, die wir ein halbes Jahr zuvor von Wolfgang Hausners Katamaran aus ertaucht hatten, erinnerten wir uns noch lebhaft. Doch die Weihnachtstage in Khao Lak sollten aus einem ganz anderen Grund unvergesslich bleiben.

Am Vortag unserer Tauchsafari, dem 25. Dezember, begaben wir uns zur Tauchschule, stellten uns der Crew vor und klärten ab, dass wir alle Sachen, die wir während unserer fünftägigen Safari nicht mit aufs Boot nehmen wollten, in der Schule einlagern konnten. Später schrieben wir bei einem Sundowner am Strand eine SMS an Freunde, Geschwister und Eltern: »Wir sitzen mit Cocktails in den Händen und den Füßen im Sand von Khao Lak (hundert Kilometer nördlich von Phuket).

Morgen gehen wir auf Tauchsafari. Fröhliche X-mas, Heike &
Stefan.«

Ganz selten teilten wir auf unseren Reisen mit, was wir für
den nächsten Tag planten. Warum wir es dieses Mal machten –
ich weiß es nicht. Zurück in unserer Backpackerherberge gingen wir früh schlafen, denn am nächsten Tag sollten alle Teilnehmer der Tour um sieben Uhr morgens im Tauchboot sitzen.

Das Boot war zweistöckig, zehn Leute passten darauf, statt Ein-
zelbetten hatte man ein großes Matratzenlager auf dem Ober-
deck ausgelegt. Es gab eine Toilette und einen Duschschlauch
an Deck. Der meiste Platz wurde von den Tauchutensilien be-
ansprucht.

Unsere Fahrt zu den Similian Islands zog sich einen halben
Tag hin. Die Sonne strahlte vom Himmel, das Wasser changierte
in türkisfarbenen Tönen. Irgendwann schaute Stefan irritiert
aufs Wasser.

»Was ist?«, fragte ich beunruhigt.

»Komisch«, antwortete er. »Da kommen Wellen vom Land.
Seit wann kommen Wellen vom Land? Das habe ich noch nie
gesehen.« Dann wandte er sich an den Bootsführer und deutete
mit der Hand Richtung Küste: »Käpt'n, das sind doch Rückwellen – was haben die zu bedeuten?«

Der Kapitän schaute nach hinten: »Ja, stimmt, das ist seltsam.«

Das Schauspiel schien ihn aber nicht weiter zu verunsichern,
denn er nahm keine Funkverbindung auf. In seiner ruhigen Art
setzte er seinen Kurs fort.

Wir zogen unsere Neoprenanzüge an, bauten die Ausrüstung
auf, testeten die Atemregler und sprangen über Bord. Doch unter Wasser erwartete uns die nächste Überraschung. Das sollte
der Top-Tauchspot sein, an den es alle Welt zog? Die Korallen
waren umgeknickt, die Riffs voll mit Sand, kein einziger Fisch
weit und breit. Hatten wir zu viel erwartet? Nein, das konnte es
nicht sein. Uns war klar, da stimmte etwas nicht.

Als wir wieder auftauchten, blickten wir in enttäuschte Gesichter. Das war nicht die Tauchsafari, die sich alle vorgestellt

hatten. Mehrere Boote lagen in der Nähe, und als wir uns nach den möglichen Gründen für das Trauerspiel unter Wasser erkundigten, vernahmen wir die ersten bruchstückhaften Nachrichten von dem, was geschehen war:

»Eine große Welle hat ein Fischerboot versenkt.«

»Auf den Inseln ist alles verwüstet. Die Häuser sind zusammengebrochen, da ist nur noch Müll und Dreck zurückgeblieben.«

»Es hat wohl auch einen Toten gegeben.«

Wenn eine große Welle über die Similan Islands gegangen war und alles mitgezogen hatte, erklärte dies, warum der Meeresgrund aufgewirbelt war. Inzwischen war auch der Funkkontakt abgebrochen. Es wurde von Stunde zu Stunde unheimlicher.

»Am besten wir warten mit dem nächsten Tauchgang«, sagte der Leiter der Tauchsafari. »Bald hat sich das Meer bestimmt wieder beruhigt, und wir können mehr sehen.«

Aber am Abend hatte sich nichts geändert. Erneut schwamm nicht ein einziger Fisch um uns herum.

Als alle auf dem Matratzenfeld lagen, startete der Kapitän den Motor.

»Warum schmeißen Sie den Motor an?«, fragte Stefan.

»Uns wurde gesagt, dass sämtliche Tauchboote zusammenkommen sollen«, erwiderte der Kapitän.

»Und aus welchem Grund?«

Der Mann zuckte mit den Achseln. »Es wurden keine Gründe genannt.«

Am nächsten Morgen – alle Tauchboote hatten sich in einer Bucht der Similian Islands versammelt – hieß es auf einmal: »Es ist etwas Schlimmes passiert, etwas ganz Furchtbares, wir müssen zurück an die Küste von Khao Lak.«

»Wieso«, protestierten die meisten, »wir wollen weitertauchen. Was soll denn schon geschehen sein, dass wir unsere Safari nicht fortsetzen können? Sieht doch alles ganz friedlich aus.«

Die Mitarbeiter der verschiedenen Tauchschulen gaben keine näheren Auskünfte, so sehr wir sie bedrängten. Und sie ließen sich auch nicht erweichen, von ihrem Vorhaben Abstand zu nehmen, die Rückreise anzutreten. Geschlossen fuhren die Boote zur Festlandküste zurück, genau 24 Stunden nachdem wir sie verlassen hatten. 24 Stunden, in denen unsere Eltern gedacht hatten, wir wären tot.

In den Nachrichten, die in Deutschland von der »Todeswelle« verbreitet wurden, hieß es, alle Tauchboote seien verschollen. Und wir hatten kurz zuvor die SMS verschickt, dass wir auf Tauchsafari gehen würden. Zu Hause hatte man schon Kerzen für uns angezündet. Doch davon wussten wir nichts. Es lag nur etwas in der Luft, das war das Einzige, was wir spürten, denn wir konnten keine Nachrichten empfangen.

Das änderte sich erst, als wir die Hälfte der Strecke geschafft hatten. Plötzlich hatte jeder auf unserem Tauchschiff wieder Handyempfang. Auf Stefans Mobiltelefon – meines hatte ich nicht dabei – waren unzählige SMS, stets mit demselben Inhalt: »Wo seid ihr? Meldet euch bitte!« Eine Kurzmitteilung war darunter, die sich jedoch von den anderen unterschied. Sie war von der thailändischen Regierung, beinhaltete eine Notfallnummer und informierte darüber, dass alle Handynetze für kostenlose Gespräche freigeschaltet seien.

»Wieso können wir kostenlos telefonieren?« Ich verstand das alles nicht.

Stefan kam nicht mehr dazu, eine Antwort zu geben, denn er hatte bereits seinen Bruder Simon am Telefon. »Was ist denn los?«, fragte Stefan. »Bei den vielen SMS, die wir bekommen haben, könnte man denken, die Welt steht kopf.«

Simon stieß einen Freudenschrei aus, als er Stefans Stimme hörte, so laut, dass Stefan das Telefon von seinem Ohr weghalten musste. Nach und nach verstanden wir, warum er so außer sich war. Von Simon erfuhren wir, was sich am vergangenen Tag in Thailand und in mehreren anderen asiatischen Ländern ereignet hatte. Von jemandem, der in Deutschland lebte, obwohl

47

wir vor Ort waren. Absurder konnte es kaum sein. Was er erzählte, vermochten wir anfangs kaum zu glauben: »Nahe der
Insel Sumatra hat ein Seebeben eine gigantische Flutwelle ausgelöst«, berichtete Simon, »die über alles in dieser Region hin-
wegfegte. Es soll die schlimmste Tsunamikatastrophe in der
Geschichte der Menschheit sein. Khao Lak hat es dabei besonders erwischt. Häuser und Hotels sind eingebrochen, als wären
sie aus Pappe. Berge von Leichen wurden im Fernsehen gezeigt,
und nachdem wir eure SMS erhalten haben, dachten wir natürlich, dass ihr … Es war entsetzlich. Die ganze Nacht haben wir
vor dem Bildschirm gehockt und uns all die Bilder angeschaut,
die nonstop ausgestrahlt wurden, in der Hoffnung, wir könnten
euch entdecken …« Simons Stimme stockte immer wieder, dann
fuhr er heiser fort. »Als wir dann nichts von euch hörten, nahmen wir an, dass ihr nicht mehr am Leben seid … «

»Wir sind nicht tot«, sagte Stefan. In seinen Augen spiegelte
sich der Schrecken, den seine Eltern und sein Bruder erlebt
haben mussten, als sie von den Ausmaßen des Unglücks in
Khao Lak hörten.

Wie musste es meinen Eltern ergangen sein?

»Stefan, ich muss meine Eltern anrufen«, flüsterte ich ihm
zu, obwohl ich immer noch nicht wirklich begreifen konnte,
was sich an der Küste abgespielt haben musste – außer den selt-
samen Rückwellen und der tristen Unterwasserwelt hatten wir
keine Anzeichen für eine derartige Katastrophe gesehen.

Stefan beendete das Gespräch, sagte, dass er sich wieder melden würde.

Meine Mutter bekam kein Wort heraus, als sie meine Stimme
hörte. Sie stand noch unter Schock, so sehr hatte sie alles mit-
genommen. Deshalb drückte sie den Hörer meinem Bruder
Thomas in die Hand, der direkt neben ihr gestanden haben
musste, denn ich hörte ihn sofort: »Heike, bist du es wirklich?«
Als Thomas begriff, dass keine Tote mit ihm sprach, sagte er:
»Macht, dass ihr da schnellstmöglich rauskommt. Es droht
Seuchengefahr.«

Weil wir noch immer nichts vom Ausmaß des Unglücks gesehen hatten, wurden wir das Gefühl nicht los, man würde in Deutschland wohl übertreiben. Noch immer hatten wir nichts Ungewöhnliches gesehen, außer einigen lose umhertreibenden Ästen und Holzlatten.

Unsere Einschätzung änderte sich aber radikal, als wir die Küste erreichten. Die Besatzungsmitglieder der Tauchboote fingen an, mit langen Stöcken durchs Wasser zu fahren. Überall schwammen Matratzen herum, zerfetzte Palmblätter, Schubladen, Stuhlbeine, Hüttendächer, Autoschrott, Plastikteile in allen Farben. Uns umgab ein gigantisches Müllfeld. Stumm betrachteten wir das, was augenfällig nicht mehr unter »normal« verbucht werden konnte. Hier war einmal ein ganzes Dorf gewesen, das durch die Gewalt des Wassers verwüstet, zerstört und in seine Einzelteile aufgelöst worden war.

»Was suchen die Tauchcrews denn?«, fragte ich, unser Schweigen durchbrechend.

Stefan brachte nur ein Wort heraus: »Leichen.«

Überhaupt war nun keinem mehr an Bord nach Reden, keiner wusste, was er sagen sollte. Kurz zuvor war alles in Ordnung gewesen, wir wähnten uns in einem Taucherparadies – und nun setzten sich die Besatzungsmitglieder auf einmal an die Reling und fingen an zu weinen. Sie hatten erfahren, dass Tauchlehrer und Freunde aus ihrer Crew, die an Land geblieben waren, nicht mehr lebten.

Das Grauen wurde, als wir die Küste erreichten, unerträglich. Wir kehrten in eine Welt zurück, die sich in kürzester Zeit in ein einziges Chaos verwandelt hatte. Schiffe lagen wie gestrandete Wale meterweit im Landesinnern. Wo früher Gebäude gestanden hatten, waren nur noch Mauerreste übrig. »Stefan, lass uns Wasser und Bananen vom Bordproviant einstecken«, sagte ich, bevor wir aus dem Boot kletterten. »Wer weiß, was uns erwartet.«

Während wir zurück zur Tauchbasis und dem nahe gelegenen Hostel gingen – beide Einrichtungen lagen hoch oben in der

Bucht und waren nicht verwüstet worden –, sahen wir an den Straßenrändern die Leichenberge, von denen Simon gesprochen hatte. Überdeckt mit Tüchern. Unsere Unterkunft hatte dennoch geschlossen: Der Inhaber der Herberge hatte seine beiden Töchter verloren. Wir machten uns auf den Weg zur Tauchstation, wo wir unsere Rucksäcke deponiert hatten. Die Station war geöffnet, aber es herrschte ein Durcheinander, dass wir nur rasch unser Gepäck nahmen und weiterzogen.

Nun standen wir da, mitten auf einer Straße, und wussten nicht, wohin. Leute traten auf uns zu, als sie bemerkten, dass Stefan ein Handy besaß. Sie baten darum, telefonieren zu dürfen. Stefan nickte, meinte nur, man solle sich möglichst kurz halten, denn es gäbe ja keinen Strom, er könne das Handy nirgends aufladen und der Akku sei schon so gut wie leer. Von den Leuten erfuhren wir, dass die Welle nur eine Stunde nach dem Auslaufen unseres Tauchboots über die Küste gerollt war. Uns zitterten die Knie, als wir das hörten. Jetzt verstanden wir auch die Rückwellen, die wir auf dem offenen Meer gesehen hatten. Die Welle war unter uns hindurchgetaucht, und da der Meeresboden unter unserem Boot besonders tief war, hatten wir das Ansteigen des Meeresspiegels überhaupt nicht bemerkt.

Immer wieder begegneten wir Menschen, die sich gerade noch hatten retten können, auf Dächer, Autos oder Baumwipfel, und hörten von anderen, denen es nicht gelungen war. Fast jede Familie trauerte um einen Menschen, mindestens. In den Tempeln, so hieß es, würden viele noch nicht identifizierte Tote liegen. Es hingen Listen mit den Namen derjenigen aus, die vermisst wurden. Wir sahen zwei Teenager mit vom Weinen aufgedunsenen Gesichtern, die von Tempel zu Tempel zogen, auf der Suche nach ihrer Mutter. Auch traf ich auf eine Frau aus Frankfurt. Jedes Jahr, so erzählte sie, käme sie nach Khao Lak zum Tauchen, und das schon seit zehn Jahren. Jedes Mal sei sie mit ihrem Mann und sechzehn gemeinsamen Freunden hierhergekommen. Keinen Einzigen aus dieser Gruppe hätte sie bislang ausfindig machen können, auch ihren Ehemann nicht.

Als sie die Welle sah, sei sie davongerannt, wäre aber in der Panik in einen Wasserlauf gefallen. Die Welle wäre dann über sie hinweggegangen. Schließlich hätte sie ein Thailänder aus dem Wasser gerettet.

Noch Wochen später musste ich immer wieder an diese Frau denken. Sie hatte sehr viel Glück gehabt, ihre Freunde nicht. Nun zog auch sie wie die beiden Mädchen von Tempel zu Tempel, um sich die Leichen anzusehen. Sich die Not fremder Menschen anzuhören, ein offenes Ohr für ihre Schicksale zu haben, das war im Moment das Einzige, womit wir helfen konnten.

Die Frau aus Frankfurt und die Mädchen hatten die wertvollsten Menschen ihres Lebens verloren. Uns hingegen fehlte rein gar nichts. Wir waren nicht verletzt, wir hatten unseren Rucksack, unsere Pässe, unser Geld. Wir kamen nicht mal auf die Idee, Letzteres zu verteilen, so überfordert waren wir von dem, was um uns herum passierte.

Am Abend zeigte man uns ein Haus, in dem wir übernachten konnten. Dieses Gebäude lag unterhalb der Straße, im Gebiet der Verwüstungen. Es war umgeben von Trümmern, erstaunlich, dass es überhaupt noch stand. Die Toilette konnte nicht benutzt werden, es gab kein fließend Wasser, Strom sowieso nicht.

Überwältigt von den Bildern in meinem Kopf, kamen mir die Tränen. Ein junger Mann sprang von seiner Bettstatt auf, nahm meine Hand, führte mich zu seiner Matratze und sagte: »Leg dich da hin.« Als ich mich ausgestreckt hatte, berichtete er mir, dass er 24 Stunden lang Leichen auf Lkws geladen hätte.

»Wusstest du denn, dass sie wirklich tot waren?« Durch seine offenen Worte hatte ich mich wieder fassen können.

»Ja«, behauptete der junge Mann. »Ein Arzt hat sie sich angeschaut. Er entschied, ob man noch Hilfe leisten oder nur noch den Tod feststellen konnte.«

Es beschämte mich, dass er sein Bett für mich geräumt hatte. Ich hatte nicht unentwegt Leichen auf Lkws gehievt, und deshalb sagte ich: »Nein, das geht nicht. Du bist viel erschöpfter als ich, leg dich bitte wieder in dein Bett.« Aber er bestand darauf, dass ich dort blieb, wo ich war. Er selbst legte sich auf den Boden.

Schlaf fand ich in dieser Nacht kaum. Immer wieder lauschte ich angestrengt auf die Wellen, die gegen die Felsen klatschten. Jeden Moment dachte ich: Jetzt kommt die nächste Welle. Sie wird höher sein als die vorherige. Ich will nicht sterben. Erneut kamen mir die Tränen. Aber sie flossen nicht nur bei mir. Viele andere Menschen, die mit uns in dem Raum untergebracht waren, weinten ebenfalls.

Stefan und ich überlegten, in Thailand zu bleiben und den Menschen hier zu helfen. Aber solange der Akku noch durchhielt, kamen immer wieder Anrufe von unseren Familien: »Verlasst bitte das Land! Wir wollen euch in die Arme schließen!« Keiner von uns beiden hatte den Drang, nach Deutschland zu fliegen, aber wir hatten das Gefühl, dass unsere Familien uns brauchten. Und nach den Stunden des Bangens war das verständlich. Somit war unsere Entscheidung gefallen.

Obwohl unzählige Menschen obdachlos geworden waren und alles verloren hatten, ließ man niemanden im Stich. Selbst wir wurden von einem Thailänder gefragt, ob er uns irgendwo hinbringen könne. Wir sagten ihm, dass wir nach Phuket wollten, zum Flughafen. Er fuhr uns einfach hin. Knapp neunzig Kilometer, ohne das Geld anzunehmen, das wir ihm geben wollten. Das wäre, als würde ein Bayer im eigenen Pkw einen Touristen von München nach Ingoldstadt fahren. Einfach so.

Auf dem Phuket Airport suchten wir den Schalter der deutschen Fluggesellschaft auf, an die sich laut der Deutschen Botschaft in Thailand alle deutschen Touristen wenden sollten. Dort aber sagte man uns: »Wir können nichts für Sie tun, Sie haben keine Tickets von unserer Fluggesellschaft. Außerdem werden die Verletzten zuerst ausgeflogen. Sie sehen ja, was hier los ist.«

Es war wirklich ein einziges Wirrwarr, durch die großen Fenster der Abflughalle sahen wir ankommende Krankenwagen und Menschen, die aus ihnen auf Tragen herausgeschoben wurden.

»Es scheint, dass Singapur von der Welle verschont wurde«, sagte Stefan, nachdem er sich weiter umgehört hatte. »Das Beste wird sein, dort hinzufliegen.« Zwar hatten wir unsere Wohnung untervermietet, aber wir konnten mit Sicherheit bei Tom und Carla unterkommen, australischen Freunden, die seit einem Jahr in dem Stadtstaat lebten; Tom war ein Kollege von Stefan. Eine andere Idee hatten wir nicht, und zwei Tickets nach Singapur konnten wir für den nächsten Tag erstehen. Es war aussichtslos, für die Nacht eine Unterkunft zu finden, und so beschlossen wir, auf dem Flughafen zu übernachten.

Bevor es dunkel wurde, suchten wir den Strand von Phuket auf. Dort war die Zerstörung groß, aber lange nicht so gewaltig wie in Khao Lak. Die Bucht dieses Ferienorts war eng, sodass sich die Welle zu einer Höhe von zehn Metern auftürmen konnte. In Phuket war dagegen alles weitläufiger. Zugleich lagen hier viele Hotels direkt am Strand, die ihr Restaurant im Keller hatten. Es war gerade Frühstückszeit gewesen, als die Flutwelle heranrollte. Das Wasser überflutete die unteren Geschosse; die wenigsten Menschen kamen lebend aus ihnen heraus.

Gleichzeitig musste das Leben für alle anderen weitergehen. Wir entdeckten kleine Stände, an denen Obst und Wasser verkauft wurde. Überall lagen Kleiderberge herum, von denen sich jeder nehmen konnte, was er brauchte. Von einer Szene machte Stefan sogar ein Foto. Ein Ehepaar lag am Strand in Liegestühlen, der Mann hatte einen typischen Bierbauch, die Körper der beiden glänzten durch die Sonnencreme, mit der sie sich eingeschmiert hatten. Der Sonnenschirm war aufgespannt. Sie machten einen entspannten Eindruck, während hinter ihnen, auf der Küstenstraße, Wagen mit Leichen vorbeifuhren. »Die stehen unter Schock, die haben die Schotten dichtgemacht«, sagte Stefan leise, damit der Wind seine Worte nicht zu ihnen hinübertrug. »Auf so einen Schock reagiert eben jeder Mensch anders.«

Baju - our baby is born

»Das Schiff ist verkauft.« Stefan löste seinen Blick vom Bildschirm und drehte sich zu mir um, seine Stimme klang bedrückt. Ich lag auf dem Sofa und las eines der Segelabenteuer aus unserer Bibliothek.

»Von welchem Schiff redest du?« Soweit ich wusste, hatten wir gerade kein besonderes Boot ins Auge gefasst. Zwar durchstöberte Stefan Tag für Tag Internet- und Maklerseiten, auf denen Katamarane angeboten wurden, aber bislang hatte sich meines Wissens nichts Passendes gefunden. Jedenfalls dachte ich das bis zu diesem Moment.

»Seit einem halben Jahr schon lässt mich dieser Katamaran nicht los. Jetzt hat er einen neuen Besitzer gefunden. Wir müssen wieder von vorne anfangen.« Vollkommen starr saß Stefan vor seinem Laptop. »Heike, hast du gehört, das Boot ist verkauft?«

»Warum hast du so lange gewartet? Wir hätten es uns doch schon längst angucken können?« Stefan antwortete nicht, aber im Grunde wusste ich es selbst, warum er den Bootskauf nicht forciert hatte: Wir fühlten uns in Singapur inzwischen wohl, ohne dass wir aufs Reisen verzichteten. Fast jede Woche flogen wir mit unserer Lieblingsairline AirAsia, einer Low-Buget-Fluggesellschaft, irgendwohin. Einmal rief ich Stefan in seinem Büro an: »Hab gerade für fünfzehn Euro einen Flug hin und zurück nach Kuching gebucht – wo liegt das eigentlich genau?«

»Im Norden der Insel Borneo, im malaysischen Teil.«

Zwei Tage waren wir im Dschungel unterwegs gewesen, hatten einen Nationalpark besucht und dort in einer einfachen

Hütte übernachtet. Schlangen und Skorpione inklusive. Meist ging es von der malaysischen Grenzstadt Johor Bahru am Freitagabend spät los, am Sonntagabend kamen wir mit der letzten Maschine zurück. Manchmal auch erst ganz früh am Montag.

»Zeig mir mal die Bilder von dem Boot«, sagte ich zu Stefan, der immer noch niedergeschlagen auf den Bildschirm schaute. »Wenn du schon so lange mit dem Gedanken gespielt hast, es zu kaufen, dann will ich es wenigstens mal sehen.«

Stefan druckte mir einige Fotos aus. Es gefiel mir, vierzehn Meter lang, Aluminium, keine Luxusausstattung – zu viele Katamarane waren mit einem Equipment ausgestattet, das wir gar nicht haben wollten. Wir wollten ein Basisschiff und es mit Sachen aufrüsten, die uns wichtig waren. Wir wollten ein »No-Nonsense«-Boot. Sogar der Preis hätte gestimmt. Alles schien perfekt zu sein. Schließlich sagte ich: »Ruf doch trotzdem mal an.«

»Was soll das nützen? Auf der Maklerseite steht eindeutig ›sold‹.«

»Wenn du der Meinung bist, dass es *das* Boot ist, wirst du dich doch nicht von einem Wort wie ›verkauft‹ abschrecken lassen.«

Als hätte er Bleisäcke an den Armen, so langsam wählte Stefan die Nummer einer Maklerin. Nach einem kurzen Gespräch notierte er sich etwas auf einem Zettel und sagte: »Der Eigner heißt Antoine, bislang wurde offenbar noch kein Kaufvertrag unterschrieben. Antoine ist Franzose, hält sich aber in der Türkei auf, der Katamaran liegt nämlich in einer Marina bei Marmaris. Die Maklerin hat mir seine Telefonnummer gegeben.«

»Dann steht ja nichts mehr im Wege, Kontakt zu Antoine aufzunehmen!« Ich ließ nicht locker.

»Heute schaffe ich das nicht mehr.« Bedrückt ging Stefan ins Bett.

Die nächsten Tage trug Stefan den Zettel mit der Nummer des Eigners immer bei sich, aber er fürchtete sich zu sehr vor der Nachricht, dass das Schiff verkauft sein könnte. Als er sich schließlich zu dem Anruf durchringen konnte, erfuhr er, dass der Katamaran einem Italiener zugesprochen worden sei, bislang allerdings nur per Handschlag. Stefan redete lange mit Antoine, und schließlich gelang ihm, was nur einem Menschen wie ihm gelingen konnte: Er überredete den Eigner, den endgültigen Verkauf noch nicht zu tätigen, und versicherte, dass er in die Türkei fliegen würde, sobald seine Arbeit es ihm erlaube. Ohne dass sich Antoine ein Bild von Stefan hatte machen können oder Geld geflossen wäre, sagte er: »Okay, ich werde warten.« Bevor sie auflegten, wurde dann doch noch ein fester Termin ausgemacht, das letzte Märzwochenende 2007.

»Wie hast du das nur wieder hinbekommen?«, fragte ich.

Stefan grinste breit und durchschritt pfeifend unsere Wohnung.

Für den Kauf des Katamarans blieben nur zwei Tage, Samstag und Sonntag, länger konnte Stefan seiner Arbeit nicht fernbleiben. »Wie auch immer«, sagte er frohen Mutes, »an diesem Wochenende wird so oder so die Entscheidung fallen.«

Ich flog einen Tag früher in den Südwesten der Türkei – ein Schiff, auf dem ich leben und segeln sollte, das wollte ich mit eigenen Augen sehen. Aber nicht nur das: Für den Freitag hatte ich noch einen externen Gutachter organisiert, der den Katamaran unter die Lupe nehmen sollte. Das Boot lag in der Marina an Land, und der Motor war komplett auseinandergenommen. Trotz dieser Widrigkeiten hatte der Experte keine Mängel am Boot feststellen können.

In der Pension, in der ich übernachten wollte, war ich mit der Maklerin verabredet. Eine Türkin, die aus Istanbul angereist war, sehr weiblich, sehr schick. Als ich mich ihr vorstellte, sah sie mich von oben bis unten an, dann sagte sie: »Sie sind aber jung.« Der Satz war ihr unabsichtlich herausgerutscht, das konnte ich an ihrem Gesicht ablesen. Sie war völlig überrascht.

Ich passte wohl nicht in ihr Bild von Leuten, die Boote in dieser Preisklasse erwarben.

Zusammen stiegen wir in ihr Auto, und nach einer halben Stunde Fahrt erreichten wir die Marina. Antoine machte auf Anhieb einen sympathischen Eindruck, groß, schlank, dunkelhaarig, braun gebrannt – ein typischer Segler, der die Ruhe weg hatte. Vielleicht knapp zehn Jahre älter als Stefan. Das Boot sah so schön aus wie auf den Fotos – offen und hell. Augenblicklich rief ich Stefan an: »Super, das Boot müssen wir morgen kaufen!« Nicht, dass Antoine schon davon wusste. Doch ich hoffte, er würde auf unserer Seite sein.

Stefan war genauso begeistert wie ich, als er den Katamaran das erste Mal sah. »Schlaft eine Nacht auf dem Boot, dann wisst ihr, ob ihr euch auf ihm wohlfühlt.« Das Angebot von Antoine nahmen wir an – und alles passte.

Wir kauften das Schiff einen Tag nach Stefans 36. Geburtstag; am 25. März unterschrieben wir den Vertrag in einem Café in Marmaris. Einzige Bedingung, die wir an Antoine stellten: ein einwöchiges Probesegeln. Keiner kauft ein Schiff, ohne damit auf dem Wasser gewesen sein. Wieso wir den Katamaran schließlich bekamen? Der Italiener, der zuerst die Absicht hatte, das Boot zu erwerben, wollte es nur im Mittelmeer fahren und auch einiges an der Struktur verändern, wie etwa einen zweiten Motor einbauen. Doch für Antoine war dieses Boot, genau so wie es war, ein Lebenstraum gewesen. Viele Jahre war er um die Welt gesegelt, bis er sich diesen Katamaran in Australien baute, zusammen mit einem Designer names Owen Easton. Während er an dem Schiff bastelte, gingen seine Kinder zum ersten Mal in eine richtige Schule. Als der fertige Katamaran zu Wasser gelassen wurde, waren die Kinder im Teenageralter, wollten ihre festen Freunde um sich haben und in ihrem Heimatland Frankreich zur Schule gehen. Nach einer kurzen Segelzeit sah Antoine ein, dass er den Katamaran aufgeben musste.

Er muss gespürt haben, dass mit uns sein Traum weiterleben würde, der Italiener hätte ihn nur zerstört.

»Und nun?«, fragte Stefan, nachdem er den Kaufvertrag in Händen hielt. »Die ganze Welt muss doch erfahren, dass wir jetzt ein Boot haben.«

»Na ja, vielleicht nicht die ganze Welt, aber unsere Freunde schon.«

Wir schrieben in einem Internet-Café eine E-Mail mit der Betreffzeile: »*Our baby is born!*« Das war unsere Antwort auf all die vielen Geburtsanzeigen, die wir in letzter Zeit von unseren Freunden erhalten hatten. Sascha war zur Welt gekommen, Anna-Maria, Jan-Philip, soundso viele Zentimeter groß, soundso viel Gramm schwer. Alle, die uns lange nicht gesprochen hatten, würden angesichts der Betreffzeile denken, nun würde es wohl nichts mit unserer Weltumsegelung, jetzt, wo unser Kind da sei. Bis sie lasen, dass unser Baby vierzehn Meter lang war, sieben Meter breit und neun Tonnen schwer.

Die nächsten Wochen waren wir – frischgebackenen Eltern nicht unähnlich – vollauf beschäftigt. Statt Windelalarm und durchwachten Nächten hatten wir es jedoch mit anderen Problemen zu tun: Haufenweise Papiere mussten unterschrieben und Flaggenzertifikate ausgestellt werden. Antoine hatte uns auch erzählt, dass man bald die Marina schließen würde. Das hieß, wir mussten für unser »Baby« eine neue Unterkunft finden. Möglichst wieder im Mittelmeerraum.

Doch die wichtigste Überlegung war: Wann sollte es überhaupt losgehen? Wie konnte Stefan schnellstmöglich seinen Job zu einem guten Ende bringen? Alle in der Firma wussten – und glaubten – inzwischen, dass er nicht erst als Rentner zu seiner Weltumsegelung aufbrechen würde. Aber sie wussten auch, dass er niemals begonnene oder angeleierte Projekte von heute auf morgen hinschmeißen würde. Manche meinten, nachdem sie von dem Bootskauf erfuhren, Stefan würde auf dem Meer nicht glücklich werden, er bräuchte die Anerkennung in seinem

Job, von der er immer so viel bekommen hatte. Niemals würde er auf Dauer das Leben eines Seglers führen können.

Doch wer das behauptete, der kannte Stefan nicht. Der hatte nicht verstanden, wie wir uns in den vergangenen Jahren genau auf diesen Moment vorbereitet hatten. Er hätte in seiner Ein-Mann-Beratung schon längst zehn weitere Leute anstellen können. Das hätte mehr Gewinn bedeutet – aber genau das wollte er nicht. Seine Mitarbeiter wären von ihm abhängig gewesen, und niemals hätte er seine Mitarbeiter hängen lassen können. Aussteigen wäre dann unmöglich gewesen. Also blieb er bei seiner One-Man-Show, die für uns das Sprungbrett ins Blauwasserleben war.

Dennoch sollte gut ein weiteres Jahr ins Land gehen, bis wir endlich aufbrechen konnten. Zunächst lebten wir eine Zeit lang im indonesischen Surabaya, anschließend in Bangkok.

Während unserer Aufenthalte in Thailand und Indonesien kümmerte ich mich um alles, was für die Weltumsegelung notwendig war. Ich surfte im Internet nach passenden Bootsversicherungen, auch nach den besten Möglichkeiten einer Krankenversicherung für Stefan und mich. Brauchten wir auch eine Skipperhaftpflicht? Tausend Dinge waren zu beachten und zu überlegen. Saßen wir abends beim Essen zusammen, erhielt Stefan eine Zusammenfassung meiner Tätigkeiten, und gemeinsam wurden Entscheidungen gefällt, wie es weitergehen sollte. Das alles war ein umfassendes »Management-Projekt«. Monate war ich damit beschäftigt. Hätte ich gearbeitet, wir hätten das alles nie so schnell geregelt bekommen.

Das erste Probesegeln im Juni, also ganze zwei Monate nach dem Bootskauf, fühlte sich ein bisschen unheimlich an. Wir waren froh, nun endlich unser eigenes Boot zu besitzen. aber wir hatten auch eine gehörige Portion Respekt vor dem, was vor uns lag.

»Meinst du, wir kriegen das hin?«, fragte Stefan, nachdem er den Katamaran zum ersten Mal alleine in einen fremden Hafen manövriert hatte. Es war eine Zitterpartie gewesen. »Noch sind Antoine und seine Frau Carla da, aber nach dieser Woche sind wir auf uns allein gestellt.«

Zum ersten Mal hörte ich aus Stefans Stimme eine leise Unsicherheit. Wir lagen abends in unserer Kabine, und meine Aufgabe schien es zu sein, seine Bedenken zu zerstreuen, auch wenn ich sie im Grunde genommen teilte. »Du hast die Katamarane, die wir gemietet haben, doch auch gut im Griff gehabt. Warum sollte das jetzt anders sein?«, beruhigte ich ihn.

»Vergiss nicht den Unterschied – zu all den gemieteten Booten gab es eine Gebrauchsanweisung mitgeliefert. Dies hier ist ein selbst gebauter Katamaran, da kann man nicht einfach in einem Handbuch nachschlagen, etwa wenn der Motor ausfällt.« Es war wie eine Prophezeiung, denn Motorprobleme sollten uns später tatsächlich auf harte Proben stellen.

»Aber es ist genau das Schiff, das wir wollten.«

»Das stimmt«, seufzte Stefan.

Jetzt lagen wir nur noch still in der Dunkelheit und teilten unser mulmiges Gefühl. Bei unseren Touren zuvor waren immer mehrere Leute an Bord gewesen, nun hatten wir uns bewusst entschieden, alleine über den Atlantik zu segeln. Auch hatten wir noch nie auf uns allein gestellt gefunkt. Aber bisher hatten wir noch immer alles schnell und problemlos gelernt.

Aus Stefans Richtung drangen tiefe Atemzüge zu mir hinüber. Er war eingeschlafen. So schlimm konnte seine Verunsicherung nicht gewesen sein, was auch mich beruhigt einschlafen ließ.

Am nächsten Tag schienen alle Bedenken vergessen zu sein, Stefans Augen blitzten wieder, als er am Steuer stand. Am Ende des Probesegelns konnten wir es kaum noch erwarten, alles hinter uns zu lassen.

»Wie wollen wir unser Baby eigentlich nennen? Den alten Namen können wir nicht benutzen.« Antoine und Carla hatten den Katamaran *OSÉ* getauft. Aber *OSÉ* gefiel uns gar nicht. Je länger wir darüber nachdachten, umso weniger. Es war ein französisches Wort und bedeutete »kühn«, »waghalsig« – aber in unseren Ohren war es nicht klangvoll genug.

»Hast du eine Idee?«, fragte ich Stefan.

»*High Tide*.«

»Flut? Das finde ich blöd. Klingt außerdem ziemlich angeberisch. Wenn du einem Surfer in Kalifornien einen Spitznamen geben willst, dann kannst du ihn *High Tide* nennen, aber ein Boot ...«

»Fällt dir etwas Besseres ein?« Stefan klang leicht verschnupft.

Tagelang schrieben wir Listen, fanden Namen und verwarfen sie wieder.

»Was hältst du von *Baju* – das stammt aus dem Sanskrit und heißt Windgott.«

»Na klar, jetzt musst du mit deiner Yoga-Schiene kommen ...« Inzwischen war ich ausgebildete Yogalehrerin, das US-Zertifikat hatte ich in Shanghai gemacht.

»Hast du ein Problem damit?« Jetzt war ich leicht verschnupft.

»Okay, schon gut. Du hast ja recht – und wenn ich mir den Schriftzug so auf dem Katamaran vorstelle, könnte ich mich sogar damit anfreunden.«

Später stellte sich heraus, dass der Windgott, an den ich in diesem Moment gedacht hatte, nicht *Baju*, sondern *Vaju* heißt. Aber da hatten wir uns schon längst in den Namen *Baju* verliebt, der in großen blauen Lettern auf dem Bug unseres Katamarans so wunderbar freundlich und verspielt aussah.

Und dann war der Tag da, auf den wir seit unserem Kennenlernen in Schweden gewartet hatten. Ende 2007 brachen wir endgültig unsere Zelte ab, nach vier Jahren in Fernost. In Singapur hatten wie noch einen letzten Gesundheitscheck durchlaufen, inklusive Zahn-, Augen- und Hautarztbesuchen. Ich bekam neue Zahnfüllungen und legte mir einen Vorrat an Ersatzbrillen zu. Stefan ließ sich zwei Leberflecke entfernen, eine Präventionsmaßnahme gegen Hautkrebs.

Unsere Bordapotheke stellte ich nach einer Liste zusammen, die ich im Internet gefunden hatte: Desinfektionsmittel, starke Schmerztabletten, verschiedenste Antibiotika, diverse Pflaster, darunter welche für Verbrennungen, aber auch Leukostrips und Klammerpflaster. Letztere konnten wir – nachdem wir den Nachweis erbracht hatten, dass wir Bootsbesitzer waren – in Marmaris in einer speziellen Apotheke für Krankenhausmaterialien kaufen. In Deutschland wäre dazu ein Arztausweis erforderlich gewesen.

Da es nachts lausig kalt war, schliefen wir mit Mützen und Wärmflaschen auf dem Boot. Unser Katamaran lag jetzt in seiner neuen Heimat, in der Yachtmarin. Ich hatte die Sofabezüge in Pastellfarben bespannt und freute mich, dass die knallbunten Plastikteller, die ich noch in Asien gekauft hatte, perfekt zu den genähten Bezügen passten. Einem Seglertipp folgend, wollten wir unseren ersten Großeinkauf in einem günstigen Supermarkt auf Rhodos machen.

Noch in Surabaya hatte ich für die *Baju* eine Internetseite entworfen und mit Unterstützung von Stefans Bruder eingerichtet. Unsere Freunde und Familie sollten mithilfe unseres Internetlogbuchs immer über den Verlauf unserer Reise informiert werden. Außerdem hatte uns Wolfgang Hausners Idee, Chartertouren anzubieten, gefallen. Für uns war dies das ideale Konzept, um während der ersten Jahre auf dem Wasser finanziell unabhängig zu bleiben.

Unseren Chartergästen hatten wir einiges zu bieten: neun Schlafplätze, zwei Bäder, einen Salon, eine offene Küche und eine Kommunikations-Elektronik-Ecke (über eine Kurzwellen-radioanlage wollten wir jederzeit per E-Mail erreichbar sein). Dazu eine riesige Deckfläche, ein großes Netz zum Sonnen-baden, Lesen, Fischen und Schlafen unterm Sternenhimmel. Stehhöhe zwei Meter bis 2,40 Meter. Speedrekord bei neunzehn Knoten (also ziemlich flott). Notfunksender. Viel Technik: GPS, Radar, elektronische Kartennavigation. Der Autopilot, den wir »Günther« getauft hatten, und sein Kamerad »Max«, der Wind-generator, der Strom erzeugte, sowie mehrere Solarpaneele. Auf diese Weise konnten die Batterien für Kameras oder Computer unkompliziert neu aufgeladen werden. Für die Sportler unter unseren Gästen – und natürlich für uns selbst – gab es Surf-bretter, Windsurf- und Kiteausrüstung, Schnorchel, Flossen, Masken, ein Kajak, Angelgeräte, Fahrräder fürs Land, Jonglier-bälle und eine Kletterausrüstung. Später kamen noch eine Slag-line und zwei SUPs, Stand Up Paddle Boards, hinzu. Und nicht zu vergessen: *Baby Baju*, unser Dinghi.

Ganz objektiv betrachtet, hatten wir nie das hübscheste Boot in der Bucht, denn wir hatten kein weiß glänzendes Ausstel-lungsschiff. Aber das Unsrige hatte den Vorteil, dass es keine Lackfassade gab, die für Kratzer anfällig gewesen wäre und mögliche Besucher abgeschreckt hätte. Auch konnten wir uns ganz dem Segeln, Sport und ausgedehnten Landgängen wid-men und mussten nicht die Hälfte des Tages das Deck polieren.

Das Meer wird unser Zuhause

»*Baju* schwimmt!«, notierte Stefan am 15. April 2008 in unser Logbuch, »N 36°49.214' E 28°18.425'«. Wasser plätscherte an den Rümpfen, und durch die leichten Bewegungen schaukelte der Katamaran. Die *Baju* war unser neues Zuhause geworden.

Am 24. Mai schrieb ich:

»24 Tage sind wir jetzt schon unterwegs, zuerst an der türkischen Küste, nun zwischen den Griechischen Inseln. Es ist 7 Uhr, die Sonne lacht mir ins Gesicht. Es war eine ungewöhnlich ruhige Nacht ohne Sturm, ohne Regen, ohne Fallböen, und so haben wir satte 11 Stunden durchgeschlafen. Ich bin nicht einmal aufgewacht und habe nach dem Anker gesehen.

Die Möwen kreischen, das Land leuchtet goldgelb und die weißen Häuschen – es sind genau zwei – strahlen in der Sonne. Ziegenglocken und Meckern sind zu hören, ohne das ich eine Ziege sehen könnte. Stefan schläft noch, und ich schenke mir eine erste Tasse Kaffee ein – so hatte ich mir das Leben unter Segeln vorgestellt! Nur ein anderer Segler ankert neben uns in der großen Bucht, die Wellen plätschern am Ufer vor sich hin, *Baju* hängt fest am Anker. Einen Morgen ohne Stress und zur Abwechslung ganz alleine – das gab es bis jetzt noch gar nicht. Entweder waren Freunde/Gäste an Bord oder wir segelten schon früh los, um noch bei Tag das nächste Ziel zu erreichen. Einfach nur dasitzen und den Gedanken freien Lauf lassen, die Stille und den Kaffee genießen. Herrlich, einfach schön! Das war die letzten Wochen nicht so. ›Aller Anfang ist schwer‹, viele

Dinge mussten wir lernen, einige Sachen sind kaputtgegangen, und neue Projekte wollten angefangen werden. Die To-do-Liste ist noch genauso lang wie im Februar. Im Buchladen findet man Bücher mit Titeln wie *Wir reparieren uns um die Welt* – ganz so schlimm war es, beziehungsweise wird es hoffentlich bei uns dann doch nicht.«

Zu den wenigen Dingen, die wir noch nicht installiert hatten, gehörte unser Bord-E-Mail. Deswegen konnten wir zu diesem Zeitpunkt keine Wetternachrichten empfangen. Stefans Bruder schickte uns täglich Informationen per SMS, die etwa so lauteten: »Dreißig Knoten aus Ost, ideal für euch zum Losfahren.« Oder: »Die nächsten Tage sehr lau, wenn ihr nicht bald losschippert, schafft ihr es nie rechtzeitig nach Malta.« Auf Malta wollten wir sechs Freunde abholen, die einen Törn gebucht hatten.

Unseren ersten richtig heftigen Sturm erlebten wir auf dem Weg von Santorin nach Malta. Der Meltemi, der Sommerwind in der Ägäis, fing praktisch von einer Sekunde auf die andere an, uns um die Ohren zu pfeifen. Die bunten Wäschefähnchen, die überall auf unserem Boot an Leinen wehten – ein tibetischer Mönch hätte *Baju* für einen schwimmenden Tempel halten können –, mussten eingeholt werden. Unseren Windgenerator mussten wir ausstellen, weil er sich anhörte, als würde ein Hubschrauber auf unserem Sonnendach landen.

Vorsorglich hatten wir die Ankerkette so gesteckt, dass sie fünfmal länger als die Wassertiefe war, wodurch der Anker besser hielt. Auf den Nachbarschiffen wurde erst zur Nacht hin hektisch mehr Kette gegeben. Dennoch war an ein entspanntes Schlafen auch bei uns an Bord nicht zu denken.

Am nächsten Tag schien alles wieder windstill zu sein, aber das war nur die sprichwörtliche Ruhe vor dem gewaltigen Sturm. Das Mittelmeer war sogar so glatt, dass es keinen Sinn machte, die Segel zu setzen. Also starteten wir den Motor. Da wir noch nicht hinreichend geschult im Umgang mit dem elektronischen Seekartenprogramm waren, wussten wir nicht genau, welches Gebiet wir gerade durchfuhren. Plötzlich näherte sich ein Schnellboot der griechischen Küstenwache in größter Geschwindigkeit der *Baju*. Im ersten Moment waren wir erschrocken. Hatten wir etwas falsch gemacht? Da unser Motor zu laut dröhnte, konnten wir uns nicht über unser eingebautes UKW-Seefunkgerät verständigen. Blitzschnell holte ich das Handfunkgerät aus dem Rumpf des Katamarans hervor. Kanal 20, gab man uns zu verstehen. Nachdem wir den Kanal eingestellt hatten, hieß es: »Sie befinden sich in einem U-Boot-Schießgebiet. Auf Kurs 270° müssen Sie dieses schnellstmöglichst verlassen.« Doch »schnellstmöglichst« war so eine Sache. Wie sollten wir das bewerkstelligen? Dass wir bei diesen Witterungsbedingungen, ohne Wind und unter Motor, höchstens fünf Knoten zurücklegen konnten, wussten die Beamten der Küstenwache anscheinend nicht. Wir hatten kein Schnellboot wie sie. Die griechische Mannschaft begriff jedoch schnell, dass wir kein Wettrennen mit ihrem Schiff veranstalten konnten.

Wie gefährlich die Situation war, wurde uns bewusst, als das Schiff der Küstenwache in den nächsten zwei Stunden nicht von unserer Seite wich. Wahrscheinlich nutzten die Jungs unser gemächliches Tempo, um einmal in Ruhe auf dem offenen Meer zu frühstücken. Wir hatten ein anderes Szenario vor Augen: *Baju* vor Kreta von zwei U-Booten versenkt, Mannschaft geborgen. Hoffentlich.

In der folgenden Nacht frischte der Wind erneut auf. Wir hatten das Großsegel geborgen, den Genuabaum mit einer gerefften, also einer reduzierten Segelfläche gesetzt. Und plötzlich war die Windblase da. Nirgendwo war Land in Sicht. Um mich herum eine niedrige Decke schwarzer Wolken, die uns zu erdrücken schien. Ich stand an Bord, die Rettungsweste angelegt, und blickte gebannt auf die Wellen. Schlagartig waren sie auf zwei bis drei Meter angewachsen, wurden aber nach und nach vier bis fünf Meter hoch. Respekt einflößend. Unser Segel war mittlerweile nur noch so groß wie ein Taschentuch, um so wenig Angriffsfläche wie möglich zu bieten. Eigentlich sah man

nur noch Wellen. Während ich dieses erschreckende Naturschauspiel weiter verfolgte, gab es einen lauten Knall. Eine
schwere Bö hatte die Cockpitplexiglasscheibe aus ihrer Ver-
ankerung gefegt, zum Glück nicht über Bord, sodass wir sie
bergen konnten.

Die Wellen waren nicht nur hoch, sie kamen auch steil. *Baju*
glitt mit einer Geschwindigkeit in die Wellentäler, die einem das
Blut aus dem Gesicht trieb. Stefan machte sich einen Spaß daraus, sich in Surferhaltung mit ausgestreckten Armen an den
Mast zu stellen. Unser Blick auf das GPS-Gerät verriet: Das Boot
wurde schneller und schneller. Zehn Knoten, zwölf Knoten,
vierzehn Knoten. Oh Gott, dachte ich nur. Das Gefährliche am
Katamaran ist: Wenn er sich zur Welle quer stellt, kippt er um.
Ein Horrorszenario.

Die meiste Zeit über stand Stefan hinter dem Steuer. Unser
Autopilot »Günther« streikte gern mal. Weder Stefan noch ich
konnte etwas essen, selbst dazu fehlte die Kraft. Wir waren viel
zu angespannt. Dennoch sagte Stefan: »Alles unter Kontrolle.
Der Katamaran ist hochseetüchtig, der steckt das weg.« Wir versuchten krampfhaft, daran zu glauben.

Auch am nächsten Tag riss der Sturm nicht ab. Brachen die
Wellen, veranstalteten sie unter *Baju* einen Höllenlärm. Für eine
Sekunde verzeichneten wir Topspeed: 19 Knoten. Das war am
3. Juni um 22.33 Uhr.

»Wird es noch heftiger?«, fragte ich angesichts der furchterre-
genden Schaumwalzen. Eigentlich eine dumme Frage, da wir
keinen SMS-Empfang hatten und somit auch keine Nachrichten von Simon empfangen konnten – wie sollte Stefan wissen,
was uns noch erwartete?

Er zuckte mit den Schultern. »Mein Gefühl sagt mir, dass
das Gröbste vorbei sein könnte. Die Wellen brechen weniger.
Aber genau kann man das nie wissen.« Sein Gesicht wirkte
finster.

Wir sprachen kaum miteinander, der Sturm hatte uns ver-
stummen lassen. In der kommenden Nacht gab es keinen Mond,

der sonst leuchtende Nachtball war verschwunden, es war stockfinster. In der Schwärze wirkten die Wellen noch einmal doppelt so hoch wie tagsüber. Ich spürte, wie ich an meine Grenzen kam. Das war nicht nur unser erster massiver Sturm, es war für so vieles das erste Mal: das erste Mal nachts segeln, das erste Mal einen gleich mehrere Tage andauernden Törn. Das erste Mal derart hohe Wellen, als würde man in einem Fass die Niagarafälle hinuntersausen. Was mache ich eigentlich hier? Dieser Gedanke tauchte immer wieder in meinem Kopf auf. Alle bislang getroffenen Segler hatten uns die tollsten Storys aus ihrem Seglerleben erzählt, aber auf eine solche Situation hatte uns niemand vorbereitet. Einzig Wolfgang Hausner hatte uns seinerzeit vor den Stürmen gewarnt, die wir gemeinsam würden meistern müssen.

Ich war den Tränen nahe, wollte nur noch an Land oder wenigstens Land sehen. Und schlafen, ganz viel schlafen. Vier Nächte hatten wir kaum Erholung gefunden. Und ich wollte Stille um mich herum haben. Das ständige Quietschen und Knarren war kaum mehr auszuhalten.

Ob wir Kurs hielten oder nicht, war mir mit einem Mal völlig egal. Jede Buchung von Chartergästen, über die ich mich immer so gefreut hatte, ließ mich kalt. Ich träumte vom sonnigen Italien – kein Wunder, wir waren gerade auf »Stiefel«-Höhe. In Kalabrien herrschte bestimmt kein Sturm, da waren Donnerbrecher etwas Unbekanntes. Und wärmer war es dort sicher auch.

Stefan betrachtete mich skeptisch. Gern hätte ich ihn ermuntert und tatkräftig unterstützt, aber dazu war ich nicht mehr in der Lage. Er wirkte ziemlich erschöpft, ließ es sich aber im Gegensatz zu mir nicht anmerken: »Leg dich hin, Heike, beruhige dich, ich mach das schon draußen, bleib du im Salon.«

Als ich aufwachte, fühlte ich mich besser, hatte mich wieder beruhigt. Der schlimmste Moment war vorbei. Als ich die Kabine verließ und zu Stefan ans Steuer trat – draußen war es dunkel, die fünfte Nacht war angebrochen –, sagte er: »Wir schaffen's nicht nach Malta. Bislang habe ich den Kurs gehalten. Die Wellen sind zwar weniger prall, doch der Wind ist noch zu stark, als dass wir uns der Küste nähern könnten.«

Wir sollten schließlich in Syrakus landen, an der Ostküste Siziliens. Sizilien war nicht Malta, aber auch nicht so weit von dem Inselstaat entfernt – und das, was Stefan sagte, bedeutete, dass Land in der Nähe war. Wenn es auch noch nicht zu sehen war – jetzt waren wir von schwarzen Wänden umgeben, als würden wir uns zwischen riesigen Kohlenhalden befinden –, dann ganz gewiss am nächsten Morgen.

Auf einmal war die See glatt wie ein Aal. Wo blieb der Nordwind? Laut Wetterbericht sollte sich Nordwind einstellen. Doch der Wind scherte sich nicht darum, er hatte sich nahezu völlig zurückgezogen. Das, was sich da vor Tagen zusammengebraut hatte, schien auf einmal Millionen Lichtjahre entfernt zu sein. Wir beide atmeten auf.

»Segel runter«, rief Stefan. »Wir werfen den Motor an. Hier ist die Bucht, die du rausgesucht hast.« Wir waren an der sizilianischen Küste angekommen, natürlich mitten in der Nacht, was man als Segler immer zu vermeiden sucht. Man wollte sehen, wo man den Anker warf.

Gerade waren wir noch erleichtert gewesen, schon stockte uns erneut der Atem. Der Motor sprang nicht an. *Pffft*. Weißer Rauch durchschnitt die Schwärze, und das war es dann. Er gab keinen weiteren Laut von sich. Warum konnte nicht einmal etwas ohne Probleme ablaufen? Nach fünf aufreibenden Tagen und vier Nächten auf hoher See wollten wir nur noch ankommen und einen Ankerplatz für *Baju* finden.

Nachdem wir wieder die Segel gesetzt hatten, beugte sich Stefan vollkommen übermüdet über den Motor, wechselte die Filter, spülte die Schläuche und Leitungen, in der Annahme, dass der Dreck in unserem Tank sich in dem Sturm erneut mit dem Diesel vermischt und deshalb diese Schwierigkeiten verursacht hatte. Anschließend holte er den mit zwanzig Litern Diesel gefüllten Reservekanister hervor und einen Ansaugschlauch, damit der Motor auf keinen Fall mit dem Diesel aus dem Tank in Berührung kam.

Himmel, wir hatten Glück! Der Motor sprang an. Nach anderthalb Stunden nächtlicher Bastelzeit funktionierte die Kraftstoffnotanlage.

»Das war Hardcore«, sagte Stefan. Er grinste aber schon wieder. »Jetzt können wir in die Bucht motoren.«

Nachdem der Anker tief im Schlick steckte – inzwischen war es ein, zwei Uhr nachts –, fielen Stefan und ich uns in die Arme. Vor Erleichterung. Vor Glück, dass um uns herum ruhiges Wasser war.

»Komm, wir haben noch eine Flasche Schampus, die köpfen wir jetzt«, rief Stefan erleichtert aus.

Das Gefühl, sich endlich der Schwimmwesten und der klammen Segelkleidung entledigen zu können, war herrlich. Es war eine laue Frühsommernacht, die Sterne leuchteten am Himmel, das Festland war als Silhouette erkennbar, ein paar rote und grüne Lichter blinkten. Ich fühlte mich befreit und war stolz, die vergangenen schwierigen Tage überstanden zu haben.

Obwohl wir beide völlig erschöpft waren, nahmen wir noch ein Bad im Meer. Stefan glitt nach einem tollkühnen Sprung ins Wasser, ich folgte ihm etwas geruhsamer hinterher. Das Wasser war angenehm, wir küssten und beglückwünschten uns zu dem, was wir geleistet hatten. Zurück auf dem Boot duschten wir mit Süßwasser. Herrlich. Tagelang hatte ich das Gefühl gehabt, in einer Salzkruste herumzurennen, nun war sie weggespült. Und es kam noch besser: Endlich konnten wir wieder saubere Kleider tragen und in einem Bett mit frisch gewaschenem Bettzeug einschlafen, in dem Wissen, länger als drei Stunden schlafen zu können.

Eine Flasche Sekt und unzählige Tapas später fragte Stefan: »Haben wir eigentlich eine italienische Gastlandflagge?«

»Nein«, antwortete ich. »Wir wollten doch nach Malta. Italien stand gar nicht auf unserem Programm.«

»Also keine Gastlandflagge. Aber die Italiener werden's uns nachsehen. Haben wir die nicht bei der letzten Fußball-WM gewinnen lassen?«

Am nächsten Morgen nach einem langen Tiefschlaf sahen wir zum ersten Mal, wo genau wir in der Nacht zuvor geankert hatten.

»Na wunderbar, das haben wir ja richtig gut hinbekommen«, machte sich Stefan über sich selbst lustig. »Wir liegen nämlich mitten in der Fahrwasserrinne. Vor dem Frühstück müssen wir noch ein neues Ankermanöver einlegen.«

»Das bekommen wir auch noch hin.« Dadurch, dass wir alles heil überstanden hatten, war ich wieder voller Tatendrang.

Nach Kaffee und Müsli fuhren wir mit unserem Beiboot *Baby Baju* an Land. Bislang hatten wir nur Buchten angesteuert, nie einen Hafen, weil wir uns dort viel freier fühlten als in den Marinas, die ihre eigenen Verordnungen hatten. Wir wollten auch nicht zusehen müssen, wie andere ihre Yachten polierten oder den Rostschutz auf ihre Ankerketten auftrugen. Mit der Zeit wäre das ungefähr so unterhaltsam, wie in einer Reihenhaussiedlung Herrn Meier beim Rasenmähen und Frau Müller beim Schneiden der Hecke zuzuschauen.

»Wir müssen unbedingt Diesel besorgen und Süßwasser«, sagte ich, als wir aus dem Beiboot ausstiegen und unsere großen, noch leeren Rucksäcke auf dem Rücken befestigten. Noch war unser teurer Wassermacher nicht eingebaut, dazu hatten wir in all dem Trubel bislang keine Zeit gehabt.

Ein anderer Segler, der uns wohl beobachtet hatte, winkte uns zu sich und rief: »Ich habe einen Mietwagen. Wenn ihr in die Stadt wollt, nehme ich euch mit, sonst müsst ihr auf den Bus warten.«

Das Angebot nahmen wir gern an, der hilfsbereite Mann sollte uns auch auf dem Rückweg wieder einsammeln – einschließlich unzähliger Wasserflaschen und Kanister mit Diesel. Vor dem Einkauf gingen wir in der historischen Altstadt von Syrakus in eine Pizzeria. Stefan aß eine riesige Pizza, dick mit Salami belegt, und studierte zugleich die Eiskarte. Er lobte mich, dass ich in unserem ersten Sturm nicht seekrank geworden war und alle Situationen gemeistert hatte. Ich musste ein wenig schmunzeln, war er es doch gewesen, dem kurz vor unserem Aufbruch zuerst mulmige Gefühle bei dem Gedanken gekommen waren, dass wir auf hoher See alleine zurechtkommen mussten.

Tausche Nähmaschine gegen Früchte

Die Strömung wühlte das Wasser auf, es gurgelte, die See war auf der einen Seite unseres Katamarans von Kabbelwellen durchzogen, auf der anderen Seite blickten wir auf vollkommen glattes Wasser. Ein sicheres Zeichen, bald würden wir nicht mehr im Mittelmeer segeln, sondern im Atlantik.

Aufbruchstimmung erfasste uns, wie wohl jeden Segler, der von einem Meer ins andere wechselt. Morgens hatte uns »Max«, unser Windgenerator, mit seinem lauten Brummen geweckt, und Stefan hatte befriedigt festgestellt, dass der Wind aus der richtigen Richtung blies. Mit flotter Fahrt näherten wir uns der Meerenge von Gibraltar.

Fasziniert beobachteten wir, wie Delfine einen Schwarm Fische einkreisen und an die Wasseroberfläche drängten, bis sie durch die Luft flogen. Auf diese Weise durchbrachen die Säuger den geschlossenen Schwarm, einzelne Fische wurden dadurch isoliert und konnten gefressen werden. Die Delfine hatten uns bereits am Abend begleitet. Wie Torpedos schossen sie durchs Wasser, und dabei schien es, als würden ihre Körper flimmern, besonders die Schnauzen und die Flossen. Verursacht wurde das Leuchten von Plankton, kleinen Meeresorganismen, die auch für das sogenannte Meeresleuchten verantwortlich sind. Tauchten die Delfine in die Tiefe ab, verschwand das Flimmern im Nichts.

Am Nachmittag schlief der Wind auf einmal gänzlich ein. Uns blieb keine andere Wahl, wir mussten den Motor anschmeißen. Der einzige Vorteil: Wir fuhren dadurch eine konstante Geschwindigkeit und konnten uns ausrechnen, wann wir die

Straße von Gibraltar erreichen würden: um ein Uhr nachts. Na prima! Wir sollten also die meistbefahrene Schifffahrtslinie Europas, wenn nicht gar der Welt, die bekannt ist für ihre gewaltigen Untergrundströmungen, die vielen Fähren und Ankerlieger bei Nacht passieren.

Das Ansteuern der Straße von Gibraltar war aufregend, aber auch ein wenig unheimlich. Die Sicht wurde immer begrenzter, denn noch bevor es dunkel wurde, stieg von Stunde zu Stunde mehr Nebel auf. Die Lichter in der Ferne waren nur noch schemenhaft zu erkennen. Und was zuerst wie Lichter an Land ausgesehen hatte, entpuppte sich als gigantische Ansammlung von Riesenfrachtern, die meisten davon mehrere Hundert Meter lang. Der Radar zeigte so viele Echos an, dass wir auf drei Seemeilen heranfahren mussten, um zu entscheiden, welchen Kurs wir durch diese schwimmenden Wohnblocks nehmen sollten. Dabei fiel uns auf, dass die Frachter gar nicht ankerten, sondern sich sehr langsam durch die Passage schoben. Und da Containerschiffe nachts nicht so stark beleuchtet sind wie etwa Kreuzfahrtschiffe, wirkten sie bei dieser diesigen Luft noch gespenstischer.

Plötzlich waren wir von roten Lichtern umgeben, die wir erst nach und nach Schwimmkränen und mehreren Schleppern zuordnen konnten. In einer von Bojen eingegrenzten Kranlandschaft wurde offenbar etwas ausgebaggert, vielleicht handelte es sich auch um ein Bergungskommando. Und wir waren mittendrin. Ein Hupkonzert begann, Scheinwerfer blinkten auf, und vor Schreck hätten wir um ein Haar eine große Tonne umgefahren. Dreißig Meter vor dem Aufprall schmiss Stefan das Ruder herum, und die *Baju* drehte ab. Glück gehabt. Sofort änderten wir unseren Kurs, fuhren eine große Schleife und suchten nach einer neuen Orientierung. Das war gerade noch einmal gut gegangen.

Bald darauf passierten wir die Bucht von Algecircas, im Osten ragt hier der Felsen von Gibraltar hervor, den wir aber in dem Nebel nicht erkennen konnten, anders als die beleuchteten Industrie- und Hafenanlagen, an denen Tanker beladen wurden –

im Norden der Bucht befindet sich eine Ölraffinerie. Eine gute Dreiviertelstunde brauchten wir, bis wir die überdimensionierten Tankstellen hinter uns gelassen hatten. Immer wieder mussten wir wartenden Frachtern ausweichen.

In Gibraltar ankerten wir vier Wochen. Wir warteten auf den richtigen Wind, nutzten aber auch die Zeit, um einzukaufen. Und dann, Ende September, war es so weit, wir stachen in den Atlantischen Ozean. Die Wellen kamen jetzt langsamer und höher, waren aber nicht mehr so steil wie im Mittelmeer.

Nach der Straße von Gibraltar änderten sich aber nicht nur die Wellen, sondern auch die Gemeinschaft der Segler. Waren im Mittelmeer hauptsächlich Saisonsegler unterwegs gewesen, begegneten wir jetzt Leuten, die wie wir in die Karibik und anschließend in den Pazifik segeln wollten. Erfahrene Weltumsegler verrieten uns auf La Graciosa, einer der Kanarischen Inseln, zu fortgeschrittener Stunde Ködertipps, mit denen es ihnen gelungen sei, über zehn Kilo schwere Bigeye Tuna, sie gehören zu den Blauflossen-Thunfischen, aus dem Wasser zu angeln. Bei uns gab es noch Fisch aus der Dose, aber wir waren überzeugt, dass wir mit der richtigen Ausrüstung und den Insidertipps schon bald eine Portion Sushi aus unserem ersten selbst gefangenen Fisch genießen würden.

Im Supermarkt, in der Bar, im Baumarkt – überall schnappten wir auf, was für eine Atlantikübersegelung notwendig war. Da ging es um die Anzahl von Klopapierrollen oder um die Frage, ob 24 Liter Wein für diesen Törn reichen würden. Immerhin ging man davon aus, nonstop zwei, drei Wochen auf dem Wasser zu verbringen, ohne Land in Sichtweite.

Keiner von uns Seglern trug eine Uhr am Handgelenk. Ging die Sonne unter, bedeutet dies, dass der Tag vorbei war, jedenfalls der »Arbeitstag«. Kurz vor Sonnenuntergang hatte man sich bereits verabredet, um den Abend gemeinsam auf einem Nachbarboot oder dem eigenen zu verbringen. Dazu sagte man nicht: »Kommt um siebzehn Uhr vorbei«, sondern: »Sundowner auf *Baju*, kommt vorbei.«

Gesprochen wurde über die Börsenverluste der letzten Tage, die nach dem Crash der amerikanischen Investmentbank Lehman Brothers im September praktisch jeder zu verzeichnen hatte, der sein Geld in Aktien angelegt hatte. Wir fanden, dass wir bei diesem weltweiten Kollaps gar nicht schlecht dastanden, schließlich hatten wir die *Baju* gekauft, ein Gefährt, das sich mit Windkraft bewegt und auf dem sich auch sonst recht autark leben lässt.

Völlig unberührt von dem Crash zeigten sich jene älteren Segler, die ihren Törn mit ihrer Rente finanzierten. Sie hatten nicht unbedingt viel Geld auf dem Sparkonto, hatten aber durch ihr lebenslanges monatliches Einkommen ausgesorgt, weshalb wir sie »Segler-Millionäre« nannten.

Erst in der Karibik, in Mittelamerika, sollten wir jüngere Segler treffen, also Segler, die nicht über siebzig waren, nicht so viel Geld hatten, auch kaum Sicherheiten, und ähnlich wie wir abseits der üblichen Routen unterwegs waren. Amerikaner, Franzosen, Kanadier, Holländer, Deutsche, die gern Partys am Strand feierten und aus ihren Jobs ausgestiegen waren, nicht wussten, wie lange sie unterwegs sein und ob sie je wieder ein geregeltes Leben führen würden.

Natürlich hatten wir einiges an Geld gespart, unser Budget sollte lange reichen und durch die Chartertouren immer wieder aufgefrischt werden. Statt Mietwagen und Restaurantbesuche hatten wir ein anderes Programm für Landbesuche als die »Segler-Millionäre«: Fahrradtouren und Lunch mit auf dem Boot geschmierten Sandwiches.

Unter den Atlantikseglern gab es eine weitere interessante Lagerbildung: die sogenannten ARCs und die Non-ARCs. Die ARCs waren diejenigen unter den Seglern, die an der Atlantik Rallye for Cruisers teilnehmen wollten. Das hörte sich sportlich an, letztlich verbarg sich dahinter aber lediglich die Aussicht, nicht alleine über den Atlantik schippern zu müssen.

Das Segeln mit einer Organisation hatte aber zur Folge, dass es Vorschriften gab, die unbedingt eingehalten werden mussten.

So durften etwa nur ganz bestimmte Schwimmwesten benutzt werden, auch musste ein UKW-Lautsprecher draußen an Bord angebracht sein.

»Wahrscheinlich schreiben sie den Seglern auch unterschiedlich farbige Tüten für unterschiedliche Gefrierfleischsorten vor«, kommentierte Stefan trocken, nachdem er sich den ARC-Richtlinienkatalog durchgelesen hatte.

Erkennbar war ein ARC durch ein weißes Plastikschildchen, das den Seglern an einem blauen Band um den Hals baumelte. Wo man auch hinging, überall traf man Segler, die diese Identifikationskarte trugen. Wir gehörten natürlich zur stolzen Gruppe der Non-ARCs. Immerhin erfuhren wir von den »anderen«, wo es etwa die billigsten Waschsalons auf Gran Canaria gab. Das musste in den ARC-Broschüren stehen, die uns durch unseren Eigensinn entgangen waren. Und natürlich schlichen wir uns auch auf ARC-Partys, denn diese waren legendär.

Was unseren weiteren Kurs betraf, planten wir, nicht direkt von den Kanaren aus Richtung Karibik zu fahren, sondern einen Umweg über die Kapverden zu machen. Der afrikanische Inselstaat besteht aus neun bewohnten Inseln, mehr wussten wir eigentlich nicht – und das wollten wir mit unserem Abstecher ändern.

Am 12. Dezember starteten wir Richtung Süden, mit an Bord war Stefans Bruder Simon. Zu dritt war es nun möglich, bei Nachtwachen länger im Wechsel schlafen zu können. Sechs Stunden durchschlafen, das war ein wahrer Segen.

Vor unserer Weiterfahrt hatte Stefan noch »Günther junior« installiert, unseren neuen Autopiloten. Es war klar, dass wir uns bei einer Atlantiküberquerung nicht auf Günther senior verlassen wollten – nicht, nachdem ihm die Brecher im Mittelmeer so zugesetzt hatten.

Kurz stockte uns der Atem, als der brandneue Junior uns die Gefolgschaft verwehrte und unsere Steuerbefehle partout ignorierte. Zudem quietschte er sehr seltsam. Nachdem wir jedoch feststellten, dass die Ursache dafür ein vertauschtes Motorkabel war, konnten wir »Günther junior« endlich als Mannschaftsmitglied in unsere Runde aufnehmen. *Baby Baju* bekam eine Plane, damit die Wellen beim Segeln nicht in das Dinghi einsteigen konnten. Zudem hatten wir reichlich Wasabi und Sojasauce eingekauft – fortan wollten wir ja täglich Fische fangen und Sushi machen.

Schon kurz nach unserem Aufbruch schüttelten uns die kalten Passatwinde ordentlich durch. Wir hielten abwechselnd Nachtwache, und das gesamte Großsegel war geborgen, wieder flatterte nur noch ein »Taschentuch« von der Genua. Das Laptop auf dem Salontisch – noch auf dem Mittelmeer hatten wir unser E-Mail-System installiert, reine Textübertragung mittels Funkwellen und ohne Internetzugang – hüpfte unter den Brechern hin und her, bis wir es sicher verstauten. In Ruhe mit einer langen Leine Fische fangen – das konnten wir vergessen.

»Es ist winterlich kalt«, jammerte ich.

»Es ist winterlich kalt«, jammerte Simon.

»Es ist winterlich kalt«, jammerte Stefan.

Der Einzige, der nicht über die Temperaturen klagte, war Günther junior.

Fünf Tage nach unserem Start sahen wir Land: Die Küste von Sal, eine der bewohnten nördlichen Kapverdischen Inseln. In der Bucht von Palmeira, in der zu diesem Zeitpunkt 25 Weltumsegler ankerten, 23 davon Franzosen, kamen wir schnell mit der einheimischen Bevölkerung in Kontakt. Ein junger Kapverdier mit Reggae-Mütze, vom Typ Ich-kann-alles-arrangieren, steuerte längsseits mit seinem Fischerkahn auf uns zu.

»Hey«, rief er. »Frühstücksservice, Taxidienst, frisches Wasser, frischen Fisch – ich biete alles an.«

»Und wie kann ich dich erreichen?«, brüllte Stefan zurück.

»Channel 14, frag nach Zidan.«

»Alles klar, Zidan. Wir melden uns über Channel 14, wenn wir was brauchen«, rief Stefan und der junge Mann drehte ab.

Nach dem Einklarieren kauften wir frischen Fisch direkt von den Fischern am Bootssteg – die Menschen auf den Kapverden leben hauptsächlich vom Fischfang –, am ersten Tag Thunfisch, am zweiten Tag Barsch, den Stefan für den Grill noch entschuppen musste. Am dritten Tag, während wir zwischen den Inseln segelten, packte Stefan das Angelfieber. Und der »Käpt'n« war auch tatsächlich erfolgreich. Der erste Fisch, den er fing, war ein Wahoo, ähnlich schlank und torpedoförmig gebaut wie ein Barracuda, auch wenn seine näheren Verwandten Makrelen und Thunfische sind. Stefan kriegte sich gar nicht mehr ein vor Anglerstolz.

Kurz darauf flog Simon zurück nach Deutschland – er wollte Weihnachten in seiner Heimat verbringen – und wir zogen weiter von Insel zu Insel.

Die Küsten waren weitestgehend wild und unberührt, auf unseren Wanderungen an den Stränden entdeckten wir kaum einmal einen Weg. In der Ferne waren nichts als Sandberge zu sehen, kein Haus weit und breit. Nicht einem einzigen Menschen begegneten wir.

Dafür entdeckten wir auf einer unserer Wanderungen riesige Schildkrötenpanzer.

»Wie kommen die denn hier her?«, fragte ich.

»Keine Ahnung«, meinte Stefan.

Weil uns die gepanzerten Tiere nicht aus dem Kopf gingen, entwickelten wir drei Theorien. Theorie eins: Es waren Schildkrötenmütter, die nach ihrer letzten Eiablage erschöpft an diesem Strand starben. Theorie zwei: Die Tiere wurden tot angespült (dagegen sprach, dass die Skelette eigentlich zu hoch im Sand lagen). Theorie drei: Die Reptilien legten ihre Eier ab, danach wurden sie abgeschlachtet und gegessen. Diese Annahme schien der Realität am nächsten zu kommen, denn wir hörten öfter, dass Schildkröten und Schildkröteneier bei der Bevölkerung auf dem Speiseplan stehen würden, aus diesem Grund würde man verstärkt für den Schutz der Tiere werben. Uns hätte natürlich Theorie eins am besten gefallen.

Ende Januar landeten wir vor Brava, der kleinsten der bewohnbaren Kapverdischen Inseln, auch »die Unzähmbare« genannt. In der kleinen Bucht waren wir die einzigen Segler, dadurch hatten wir zum ersten Mal intensiveren Kontakt zur Bevölkerung. Jeden Tag kamen die Dorfkinder auf unseren Katamaran, besonders die Jugendlichen aus der Ortschaft Tantum. Die *Baju* entwickelte sich zur Top-Hang-Out-Location.

»Kommst du mit, auf der *Baju* abhängen?«

»Klar komm ich mit!«

»Klasse, rumgammeln auf der *Baju*!«

Die Zahl der Kinder auf unserem Boot wuchs von Tag zu Tag. Am Ende waren es bestimmt zehn Jungen und Mädchen, die sich regelmäßig bei uns auf der *Baju* mit Cola und Keksen vergnügten.

Schade war, dass die Verständigung wegen unserer fehlenden Portugiesischkenntnisse nicht so gut klappte. Einer der Jungen verstand zwar mein Spanisch ein bisschen und versuchte auch immer wieder, den anderen Kindern meine Worte zu übersetzen, doch das war sehr mühselig. Unweigerlich musste ich an Nyhati denken und hoffte, dass ihre Englischkenntnisse ihr schon die eine oder andere Tür geöffnet hatten. Mit den Kindern hier kommunizierten wir die meiste Zeit mit Händen und Füßen.

Waren sie alle anfangs noch sehr schüchtern und trauten sich kaum, an Bord zu klettern, so änderte sich dies schnell. Nachdem sie vom Strand zu unserem Schiff geschwommen waren, stiegen sie mutig unsere Badeleiter hoch, erst die Älteren, dann die Jüngeren. Einige setzten sich an den Tisch, um dort mit den von mir bereitgestellen Stiften auf Papier zu malen, andere lagen vorn im Netz und lachten mit ihren Kameraden.

Den Älteren brachte Stefan Saltosprünge ins Wasser bei, und schnell war es das Highlight eines jeden Besuchs, von der *Baju* einen Salto zu machen. Einige ganz Unerschrockene sprangen sogar von dem Sonnendach, dem höchstmöglichen Punkt, ins Wasser. Obwohl Stefan dies vorgemacht hatte, angefeuert durch die große Anhängerschar, sah er es nicht so gern, denn das Bimini war nicht so robust gebaut, dass man hier Schlange stehen konnte. Schließlich machte er seinen Fans klar, dass der Sprung von hier oben doch keine gute Idee sei. In ihren großen, dunklen Augen spiegelte sich Trübsal. Das hielt aber nur kurz an, denn Stefan holte unsere Angel hervor, und voller Begeisterung waren die Kinder nun mit der Angelroute beschäftigt. Obwohl sie Fischerkinder waren, hatten viele von ihnen noch nie eine Angelroute gesehen, da ihre Väter mit Netzen oder Schleppleinen fischten.

Eines Abends, die Kinder waren längst wieder bei ihren Familien, erinnerte ich mich an ein Gespräch, das Stefan und ich kurz nach unserem Kennenlernen in Schweden geführt hatten. Wir waren bereits ein Paar, da fragte mich Stefan, ob ich später im Leben eigentlich Kinder haben wolle.

Meine ältere Schwester hatte schon Kinder, für meine Freundinnen war es selbstverständlich, dass sie eines Tages eine Familie haben würden, zu der auch Kinder gehörten. Ich jedoch hatte diesen Wunsch nie verspürt. Manchmal hatte ich den Eindruck, dass mir ein »Mutter-Gen« fehlte. Wie Stefan wollte ich Abenteuer erleben. Kinder bedeuteten Sesshaftigkeit, einen geregelten Alltag, all das war mir fremd. Kinder hieß, Verantwortung zu übernehmen, doch dazu war ich noch nicht bereit. Heute glaube ich: Dadurch, dass Stefan und ich uns so früh gefunden und gebunden hatten und wir beide von Anfang an keine Kinder wollten, bestärkten und beeinflussten wir uns gegenseitig in unserer Sehnsucht nach Freiheit. Auf den Kapverden kamen wir dem Elternsein für ein paar Tage recht nahe.

Am Morgen saßen wir beim Frühstück beisammen, als Stefan sagte: »Übermorgen geht's los. Wir sollten uns noch ordentlich die Füße vertreten und spazieren gehen, denn in den kommenden zwei Wochen werden wir dazu nicht in der Lage sein.« Bewusst hatten wir uns dafür entschieden, die Tour über den

Atlantik zu zweit zu machen. Es hatte genügend Anfragen von Mitreisewilligen gegeben, die wir allesamt abgelehnt hatten. Das Abenteuer Ozeansegeln – wir wollten es allein durchstehen, ohne auf andere Rücksicht nehmen zu müssen. Es war nicht einzuschätzen, wie Menschen, selbst wenn man meinte, sie gut zu kennen, über einen langen Zeitraum auf engstem Raum ohne eine Ausweichmöglichkeit reagieren würden. Ich wusste aus Erfahrung, wenn ich Zeit für mich wollte, war es das Meer, das mich auffing. Dann ging ich schnorcheln oder schwamm an den Strand, um dort spazieren zu gehen. Das war bei einer längeren Segelstrecke nicht möglich.

Wir beschlossen, vor unserem großen Start noch einige Früchte einzukaufen und überlegten, ob wir ein geeignetes Tauschobjekt an Bord hatten.

»Wie wäre es mit der alten Nähmaschine meiner Oma?«, fragte Stefan.

»Die alte Nähmaschine deiner Oma ...« Es dauerte ein wenig, bis der Gedanke durchgesickert war. Auf ihr hatte ich in der Türkei die bunten Bezüge unserer Kissen genäht. Danach hatten wir sie auf der *Baju* behalten, zu wertvoll, um sie einfach zu entsorgen, aber zu kompliziert, um sie zu benutzen. In Gibraltar hatte ich mir eine neue gekauft. Es stimmte, was Stefan sagte. Was sollten wir noch mit dem Gerät? Es bedeutete nur zusätzliches Gewicht, das wir einsparen konnten. Um gut und sicher zu segeln, hatte ein Katamaran leicht zu sein und leicht zu bleiben. Oft genug hatte ich das zu hören bekommen.

Eine Stunde später brachten wir die alte Maschine in dem Karton der neuen an Land. Am Strand kam Alberto auf uns zu, ein Einheimischer, mit dem wir uns angefreundet hatten und den Stefan bereits von unserem Vorhaben berichtet hatte.

Alberto schleppte die schwere Nähmaschine den Berg hinauf, dahinter lag Tantum, jenes Dorf, in dem er wohnte. Immerhin war es ein Weg von rund dreißig Minuten, Schweißperlen standen ihm auf der Stirn. Was waren wir froh, dass er sich geradezu aufgedrängt hatte, das schwere Gerät zu tragen.

Vor einer kleinen Fischerhütte blieb er stehen. Er bat uns einzutreten, in dem Wohnzimmer sollte ich einer Frau zeigen, wie die Nähmaschine funktionierte. In einer Ecke stand ein weißes Doppelbett, auf dem Teddybären ordentlich drapiert waren, gegenüber befand sich der Tisch, auf den wir die Nähmaschine stellten, um den Tisch standen vier samtbezogene Stühle. Weiterhin machte ich in dem Raum einen Wandschrank mit unzähligen bunten Porzellanfiguren, einem Fernseher und einem DVD-Gerät aus, unter denen Häkeldeckchen hervorschauten. Ganz im Stil meiner Oma, dachte ich.

Alberto saß auf einem der rotsamtenen Stühle, hinter ihm stand eine junge schwarze Frau. Dies sei Alicia, erklärte er. Sie trug ein blaues viel zu großes T-Shirt und einen knielangen schwarzen Rock mit roten und pinkfarbenen Blumenmustern. Ihre schulterlangen Haare waren kunstvoll zu Zöpfen geflochten, auf ihrer Wange hatte sie unzählige Sommersprossen. Ihre tiefbraunen Augen leuchteten auf, als sie Stefan und mich sah.

Alicia kannte viele Funktionen der elektrischen Nähmaschine bereits und beherrschte die Einfädelprozedur. Nur der Unterfaden war ihr neu. Aber nachdem ich ihr gezeigt hatte, wie damit umzugehen war, hatte sie das Prinzip schnell verstanden und war total begeistert.

Bevor wir wieder in See stachen, wollten wir im Internet recherchieren, wie die Großwetterlage über dem Atlantik aussah. Die hohen Felsen in der Bucht, in der wir lagen, verhinderten jegliche Funkverbindung.

Alberto nickte eifrig, nachdem sich Stefan bei ihm nach einem Internetzugang erkundigt hatte. »In der Hauptstadt Vila Nova Sintra kenne ich ein kleines Café, das einen Computer mit Internet hat. Mit dem Bus kommt ihr dort gut hin.«

Der öffentliche »Bus« war ein uralter Pick-up. Die Ladefläche war von Frauen bevölkert, die die von ihren Männern frisch gefangenen Fische in Plastikkörben dabeihatten. Der Fisch sollte in Vila Nova Sintra verkauft werden, aber schon auf dem Weg riefen die Frauen immer wieder: »Fisch! Frischer Fisch!« Die Menschen kamen aus ihren Häusern gelaufen, in den Händen hielten sie Schüsseln. Dies wurde auf der Fahrt zu einem vertrauten Ritual. Der Pick-up stoppte – und es wurde erst einmal das Mittagessen eingekauft, bevor die Fahrt fortgesetzt werden konnte. Danach ging es weiter über dicht bewachsene Hügel, überall blühten Hibiskussträucher, Bougainvilleen, Mandelbäume. Unterwegs begegneten wir Männern, die auf Maultieren ritten, und Frauen, die auf ihren Köpfen gewaltige Körbe trugen. »Oft schleppen die Frauen in ihren Körben bis zu dreißig Kilogramm«, erklärte Zip, ein Freund von Alberto.

Von ihm hatten wir auch erfahren, dass die Kapverden erstmalig durch Portugiesen besiedelt wurden. Darunter mischten sich weitere europäische Siedler und afrikanische Sklaven – die Kapverden waren einst ein Handelsweg für den Verkauf von Sklaven nach Amerika, was am Ende zu der kreolischen Gesellschaft führte, wie wir sie heute kennen.

Schließlich erreichten wir die Hauptstadt der Insel Brava, die auf einem der vielen Bergrücken liegt. Am Eingang des Ortes entdeckten wir ein kleines Monument, eine Nachbildung der *Santa Maria*, jenes Dreimasters, mit dem Christoph Kolumbus loszog, um einen Seeweg nach Indien zu entdecken, und am Ende in Amerika landete. *Welche überraschenden Ziele würden wir noch ansteuern?*, überlegte ich, als wir an dem steinernen Denkmal vorbeifuhren.

»Da wären wir«, sagte Zip, als wir nach einem kurzen Spaziergang vor einem Gebäude standen, umringt von rot und weiß blühendem Oleander. »Sieht so aus, als wäre das Café heute geschlossen. Die Tür ist zu, drin ist alles dunkel.«

»Und was nun?«, fragte Stefan.

Zip dachte angestrengt nach. Dann erhellte sich sein Gesicht. »Der Bürgermeister«, rief er aus. »Der Bürgermeister hat einen PC.«

»Aber wir können doch wegen unseres Wetterberichts nicht den Bürgermeister behelligen«, warf ich ein.

»Doch, doch.« Unser Begleiter war voller Tatendrang. »Hier kommen nur wenige Touristen her. Das ist für ihn garantiert eine nette Abwechslung.«

Und Zip sollte recht behalten.

Der Bürgermeister residierte in einem Herrenhaus am Marktplatz, der mit wunderschönen alten Backsteinen gepflastert und von sorgfältig angelegten Palmenalleen umringt war. Es war, als wäre die Zeit stehen geblieben. Sintra, das würdevolle Oberhaupt von Vila Nova Sintra, trug Jeans und ein helles Hemd, das er wie Alberto nicht in die Hose gesteckt hatte. Ganz leger. Als wir sein Büro betraten, sprang er sofort von seinem Stuhl auf und strahlte uns an – so wie uns jeder Mensch auf den Kapverdischen Inseln bislang angestrahlt hatte. Zip erklärte ihm, wer wir seien, und fragte, ob wir seinen Computer benutzen dürften.

Selbstverständlich durften wir.

»Und wie sieht es aus?«, fragte ich, nachdem Stefan eingehend einige Wetterkarten studiert hatte.

»Keine Sturmwarnung. Das heißt: Wir können starten.« Wir dankten und verabschiedeten uns vom Bürgermeister, der uns alles Gute für unsere Weiterfahrt wünschte.

Bevor wir nach Tantum zurückfuhren, kauften wir noch frisches Brot und warmen Kokosnusskuchen.

Am nächsten Morgen tuckerte ein schwer beladener Fischkutter an die *Baju* heran, mit drei Männern an Bord, Alberto war einer von ihnen. Die drei luden einen Sack nach dem anderen aus ihrem Boot, gefüllt mit Bananenstauden, Kokosnüssen und Papayas. Es wollte kein Ende nehmen, und mit jedem Blick in einen der Säcke stieß ich einen kleinen Freudenschrei aus.

»Hattest du mit Alberto darüber gesprochen, welche Mengen an Früchten er uns im Tausch geben wollte?«, flüsterte ich Stefan zu. »Mir kommt das hier viel zu viel vor.«

Er nickte. »Das ist auf jeden Fall zu viel. Die Nähmaschine war alt, auf dem Flohmarkt hätten wir so gut wie nichts dafür bekommen.«

Stefan versuchte Alberto zu überreden, einige Säcke wieder mitzunehmen, doch er weigerte sich. Nur eine eisgekühlte Cola, die würde er gern annehmen. Wenigstens etwas, mit dem wir uns erkenntlich zeigen konnten.

»Eine grüne Papaya reift schneller«, sagte Alberto in meine Richtung, nachdem er in großen Zügen von seiner Cola getrunken hatte, »wenn ihr links und rechts die Enden abschneidet und die Frucht danach in die Sonne legt. Am nächsten Tag kann man sie essen.« Ein Trick der, wie wir später feststellten, grandios funktionierte. Dann wandte er sich an Stefan: »Willst du uns zum Langustenfangen begleiten?« Alberto ging davon aus, dass Stefan nicht Nein sagen würde, denn er erhob sich, ohne die Antwort abzuwarten. Langusten hatte Stefan bislang nicht harpuniert, also war es auch für ihn keine Frage, ob er mitging oder nicht.

Gegen Mittag kehrten sie zurück, drei Riesenlangusten hatten sie mitgebracht. Die Männer zeigten uns, wie man die Langusten zubereitete. Alle landeten in einem großen Kochtopf, dazu servierte ich Reis. Wir lachten viel, Alberto musste ständig übersetzen.

Nach dem Essen legten sich die drei Männer völlig selbstverständlich vorne in das Netz unseres Katamarans, um einen Mittagsschlaf zu halten, während wir das Boot für die große Fahrt vorbereiteten. Das hieß: ab in den Mast, das Vorliek des Vorsegels durchsetzen, wieder einmal das Unterwasserschiff schrubben.

Kurz vor dem Sonnenuntergang hörten wir Rufe vom Strand. Es waren die Dorfkinder, die sich von uns verabschieden wollten. Stefan ließ *Baby Baju* ins Wasser, um unsere kleinen Freunde an Bord zu holen. Alberto und die beiden anderen Fischer hatten inzwischen ihren »Mittagsschlaf« beendet und waren nach vielen guten Wünschen wieder mit dem Kutter losgezogen. Es war ein schönes, warmes Gefühl, zu wissen, dass wir in den sechs Wochen auf den Kapverden zu einem Teil der Inselgemeinschaft geworden waren. Alles war so gewesen, wie ich immer leben wollte. Wir waren nur mit Leben beschäftigt. Etwas Schöneres konnte es nicht geben.

Happy Birthday unter Palmen

Pechschwarz war es um uns herum. Nirgendwo war Land zu sehen oder andere Schiffe. Die Monate zuvor hatten wir nicht wirklich auf See gelebt, das stellten wir jetzt fest. Wir mussten uns erst wieder an die donnernden Wellen auf dem offenen Atlantik gewöhnen. »Günther junior« versuchte die *Baju* gut durch das Getöse zu lenken und unseren Katamaran auf Kurs zu halten, auch dann, wenn die Wellen von schräg hinten kamen. 1800 Seemeilen hatte er noch zu bewältigen, bis wir unser nächstes Ziel erreichen würden: Dominica, eine Karibikinsel, die zu den Kleinen Antillen gehört.

An einem Mittwoch, es war der 28. Januar 2009, gesellten sich zum Getöse der Atlantikwellen merkwürdig platschende Geräusche. Jedes Platschen klang wie ein Peitschenhieb. Was konnte das sein?

»Mich hat was am Bein erwischt! Und jetzt am Rücken!« Ich schrie auf. Und dann sahen wir die Fliegenden Fische, die wie Querschläger auf dem Dach unseres Katamarans landeten oder auf uns, wenn sie aus dem Wasser wie silberne Blitze hochschnellten und wir mitten in ihrer Flugbahn standen. Einige plumpsten in unseren »Vorgarten«, auf unsere Sonnenterrasse. Die Armen! Da schwammen sie durch einen riesigen Ozean, erhoben sich glücklich und zufrieden, um ohne Anstrengung einen eleganten Luftsprung zu machen und pfeilschnell wieder ins Wasser einzustechen – und landeten ausgerechnet auf den wenigen Quadratmetern unserer *Baju*. Wir sammelten die zappeligen und schleimigen Fische mit ihren flügelähnlichen Flossen ein, so gut es ging, und schleuderten sie ins Wasser zurück. Vergaßen wir einen, stank am nächsten Tag das ganze Boot danach.

»Günther junior« hielt uns weiterhin auf Kurs. Doch eines Abends, wir sahen gerade einem Schwarm Fliegender Fische im letzten Tageslicht zu, hörten wir ein weiteres unbekanntes Geräusch. Solche Geräusche treten offenbar immer dann auf, wenn es gerade dunkel wird. Irritiert blickten wir in Richtung Steuerrad. Die Zahnräder im Antriebsmotor waren unter der Lenklast zusammengebrochen (sie waren aus Plastik gewesen, was wir nicht beachtet hatten), dabei sind sie in ihrer Bedeutung vergleichbar mit der Rose eines Kompasses.

»Haben wir Ersatzteile für gebrochene Zahnräder?«, fragte ich.

»Nein«, sagte Stefan.

»Und warum nicht?«

»Als wir den Autopiloten auf den Kanarischen Inseln gekauft haben, waren sie nicht lieferbar.«

Wir hatten uns zudem bewusst für ein kleines Modell entschieden. Wir wollten den komplizierten Einbau des größeren vermeiden, meinten, dass das kleinere es auch tun würde. Ein folgenschwerer Fehler, wie sich nun herausstellte. Stefan war schlecht drauf, kein Wunder, denn das konnte bedeuten, fortan Tag und Nacht am Steuer zu sitzen. Ich selbst wusste nicht, ob ich lachen oder weinen sollte. Zwei Wochen von Hand steuern – oje! Und das, wo wir nur zu zweit waren. Nun verstand ich, warum die ARCler immer mehrere Leute an Bord hatten.

»Wir müssen den Senior wieder aus der Frührente holen«, sagte Stefan. »Der wird jetzt seinen großen Auftritt haben wollen, schon allein, um dem Junior zu zeigen, dass er noch längst nicht zum alten Eisen gehört.«

Wir erlebten tatsächlich das erfolgreiche Comeback eines Oldies. Der Senior quietschte ein wenig, aber es schien, als würde es ihm großen Spaß machen, die *Baju* zu steuern. Der Katamaran tanzte jedenfalls wieder ordentlich herum. Es war schon beeindruckend, wie von Geisterhand auf eine Wellenbergspitze gehoben zu werden und sechs Meter hinunter auf den Ozean zu schauen. Jeden Tag beteten wir: »Günther, halte bitte durch.« Wir reduzierten die Segel, ließen Leine, damit er nicht so viel gegenlenken musste und es bis in die Karibik schaffte. Wir lauschten fast nur noch seinem Quietschen. »Hast du gehört? Das Quietschen klingt jetzt ganz anders als noch vor einer Minute.« – »Überhaupt nicht, du bist viel zu angespannt ...« Dennoch wagten wir nicht, uns vollkommen auf ihn zu verlassen. Wie im Mittelmeer schoben wir wieder Nachtwachen, im Wechsel von jeweils drei Stunden.

Eines Nachts, als ich an der Reihe war, strich Stefan zärtlich über meine Füße. »Oh nein, schon wieder drei Stunden vorbei? Ich bin doch gerade erst eingeschlafen.« Müde blickte ich in Stefans Gesicht, bei abwechselnden Nachtwachen schlief ich immer schlecht. Meist blieb ich lange wach, lauschte auf die Geräusche, und war eines ungewöhnlich, stürzte ich sofort an Deck; es konnte Stefan ja etwas passiert sein.

»Komm schon, ich habe vier Stunden Wache gehalten und bin todmüde.« Kaum hatte Stefan die letzten Worte ausgesprochen, war er auch schon wieder auf dem Weg nach oben. Keine Minute wollte er das Schiff sich selbst überlassen. Genau in dieser einen Minute konnte ja ein Sturm aufkommen.

Ich rollte mich aus dem Bett, zog die salzige lange Hose an, das nicht weniger salzige Fleeceshirt und tappte im Dunkeln durch die Küche nach oben in den Salon. Wachübergabe. Es war stockdunkel. Nur unsere kleine LED-Tischlampe leuchtete rot. Rot, damit man nicht geblendet wurde und sich nach dem Hinausgehen schneller einen Überblick verschaffen konnte.

Stefan saß am PC. »Wir sind hier«, erklärte er anhand einer Positionskarte. »Wir haben in dieser Nacht bislang 32 Meilen geschafft, Durchschnitt acht Knoten. Die Segel habe ich nicht verändert und kein Schiff gesichtet.«

»Okay«, antwortete ich schlaftrunken.

»Ich bin im Bett, falls du mich suchst. Weck mich, wenn etwas passiert oder der Wind auffrischt.«

»Klar, wie immer. Und zieh du dich bitte aus, bevor du dich hinlegst, damit das Bett nicht noch mehr zu einer Salzwanne wird. Schlaf gut.«

Nachdem Stefan verschwunden war, überprüfte ich Stefans Angaben, schaute draußen am Steuerrad auf das GPS, das mir Position und Geschwindigkeit anzeigte, leuchtete mit einer starken Taschenlampe in die Segel, überprüfte deren Stellung. Danach nahm ich das Fernglas in die Hand und absolvierte damit den obligatorischen 360-Grad-Rundblick. Auch jetzt war kein Schiff in Sicht. Als das alles erledigt war, schaltete ich, um Strom zu sparen, den Computer auf Stand-by.

Nun war ein Becher Kaffee fällig, damit ich die nächsten Stunden durchhielt. Stefan hatte vier Stunden Wache geschoben. Das musste ich auch schaffen. Bislang hatte er mich immer um Längen geschlagen, wenn es darum ging, wer die längste Nachtwache bewältigte.

Im Cockpit öffnete ich die Gasflasche, ging die drei Stufen zur Küche hinunter und machte mir mit unserer Espressomaschine einen Kaffee. Während der Kaffee kochte, stellte ich mir mein Handy. Alle fünfzehn Minuten würde der Wecker klingeln – und mich damit wach machen, sollte ich doch wider Willen eingeschlafen sein. Alle fünfzehn bis zwanzig Minuten, das hatten wir vereinbart, war ein routinemäßiger Segelcheck fällig.

Mit meinem Becher Kaffee setzte ich mich auf den einzigen Stuhl, der vor der Tür des Cockpits stand. Den Tisch und die anderen Stühle hatten wir reingeräumt, weil tagsüber starker Wellengang geherrscht und wir mehr Platz zum Manövrieren gebraucht hatten.

Auf einmal wurde ich aus meinen Gedanken gerissen. Der Windgenerator brüllte los. Ein Squall, ein scharfer, plötzlich auffrischender Wind. *Fiere das Vorsegel!*, gab ich mir in Gedanken selbst die Kommandos. *Roll es über die Winsch ein!*

Reduziere so die Segelfläche, um den kurz ansteigenden Mehrwind auszugleichen! Meine Müdigkeit war im wahrsten Sinne des Wortes wie weggeblasen, ich war hellwach. Nachts war es schwer, solche Squalls zu erkennen. Tagsüber konnte man sie an den Wolkenformationen ausmachen, aber nachts war das unmöglich. *Baju* raste gleichsam in ein schwarzes Loch. So schnell wie der Squall gekommen war, so schnell löste er sich auch wieder in Wohlgefallen auf. Nachdem alles vorbei war, rollte ich das Segel wieder aus. Hätte ich das nicht getan, wir wären viel zu langsam gewesen.

Ich ließ mich wieder auf dem Stuhl an der Cockpittür nieder, den Blick hoch zum Himmel gerichtet. Die Milchstraße war ein großer leuchtender Schweif. Ich fing an, die Sternschnuppen zu zählen. Wie in den Nächten zuvor fielen sie wie im Märchen einfach vom Firmament. Eine klare, unberührte Helligkeit, ohne externe Lichteinflüsse. Wunderschön. Da wir uns noch auf der Nordhalbkugel befanden, konnte ich einige Sternbilder erkennen. *Wie wohl der Sternenhimmel auf der Südhalbkugel aussehen wird?*, überlegte ich.

Nachdem ich 24 Sternschnuppen gezählt und dreimal meinen Rundumblick getätigt hatte, war es Zeit für eine Cola. Koffein war für mich zu einer Droge geworden, die mich wachhielt.

Schließlich beobachtete ich, wie der Mond langsam hinter einer großen Wolke zum Vorschein kam. »Hey, schön dich zu sehen«, flüsterte ich ihm leise zu. In die Stille hinein piepte mein Handy. Drei Stunden waren um. Ich hätte Stefan jetzt wecken können, aber da der Mond mein Begleiter geworden war, konnte ich noch lässig eine Stunde aushalten ...

Am 9. Februar 2009 erreichten wir nach rasanten 1800 Seemeilen in dreizehn Tagen Dominica. Mitten in der Nacht. Bei Mondenschein. In der Prince Rupert Bay. Man konnte den Dschungel riechen, seine dunklen Umrisse jedoch nur erahnen.

Nachdem wir vor Anker lagen, sahen wir uns beide an. »Was für eine Ruhe!« Stefan sprach aus, was ich im selben Moment gedacht hatte. Wir hatten gerade realisiert, wie laut es in den letzten Tagen gewesen war. Für einen Augenblick hielten wir den Atem an und genossen die Stille. Kein Wassergegurgel, kein Mastklappern, keine Wellenexplosionen, kein Pfeifen im Rigg. Eine weitere Flasche Sekt musste daran glauben, die wir nach einem nächtlichen Bad in der Karibik in unserem Netz liegend austranken.

Endlich hatten wir es geschafft, wir waren tatsächlich in der Karibik angekommen. Nichts Lebensnotwendiges an Bord war kaputtgegangen, und Stefan und ich hatten uns trotz gelegentlicher Reibereien nicht voneinander entfremdet. Im Gegenteil, unsere Gefühle füreinander waren noch intensiver geworden. Ich war rundum glücklich. Die Strapazen waren vergessen, besonders nach einer Nacht, in der ich acht Stunden durchschlafen konnte.

Als wir am Morgen aufwachten, konnten wir kaum fassen, was sich uns da präsentierte. Nebelschwaden zogen langsam über den Dschungel, der smaragdgrün leuchtete und die Insel wie ein Teppich bedeckte. Der Strand war mit Palmen gesäumt, dazwischen Hütten in allen erdenklichen Pastellfarben. Eine Augenweide nach so viel Blau. Alle Klischees, die über die Schönheit der Karibik existierten, bewahrheiteten sich. Es gab keine gigantischen Supermärkte oder breite, viel befahrene Straßen. Dominica war die beste Insel, die man nach so vielen Tagen auf Wasser hätte anlaufen können.

Die Bucht, in der wir lagen, war groß. Um uns herum ankerten ungefähr fünfzehn andere Boote und Yachten. Viele davon gehörten Freunden und Bekannten, die wir auf unserer Tour getroffen hatten – Stefan hatte sie heimlich angefunkt und eingeladen, am 18. Februar zu meinem Geburtstag nach Dominica zu kommen. Dort würde eine Party steigen. Das ließen sich viele nicht zweimal sagen. Einige segelten von Martinique herbei, andere aus Antigua; die meisten hatten ja schon früher als wir den Atlantik überquert, weil wir den Abstecher zu den Kapverden gemacht hatten.

Ich konnte es kaum erwarten, wieder Land zu betreten. Wieder zu laufen. Erde zu riechen. An manchen Tagen auf dem Atlantik hatte ich mich gefragt, warum ich mir das alles antat, aber jetzt fragte ich mich, wie Menschen nur ein ganz gewöhnliches Leben leben konnten.

»Heike, kommst du, ich habe das Dinghi ins Wasser gelassen.« Stefan rief zum Landgang.

Sofort erhob ich mich aus dem Netz, stellte meine Kaffeetasse weg und kletterte in unser kleines Beiboot.

»Schwankt bei dir auch alles?«, fragte ich Stefan, als wir die ersten Schritte an Land machten.

»Ja, nach so vielen Tagen auf See ist das normal.«

Die Geburtstagsparty am Abend war schöner, als ich sie mir hätte erträumen können: Unter einem Pavillon war ein Büfett angerichtet, es gab eisgekühlten Rumpunsch – ein lokaler Cocktail aus braunem Rum und Maracuja-Fruchtsaft – und in Sojasauce, Ingwer und Knoblauch eingelegten Wahoo vom Grill. Das Lagerfeuer knisterte unter einem großen Baum, die untergehende Sonne ließ die Boote rot und lilafarben aufleuchten, alle Dinghis lagen an einem Holzsteg. Der Blick war durch Palmenwedel eingerahmt.

Die zurückliegende Atlantiküberquerung war bei allen das große Thema, besonders das Wetter und die Nachtwachen. Schon während der Zeit im Mittelmeer hatte es mich irritiert, dass sich die meisten Frauen weigerten, Nachtwachen zu übernehmen. Die Männer tauschten sich besonders gerne über technische Schwierigkeiten aus, wie Probleme mit dem Autopiloten und gebrochene Spinnaker-Bäume, die sie souverän gemeistert hatten.

Ich schmunzelte in mich hinein, denn die klassische Rollenverteilung praktizierten auch wir auf dem Schiff, und bei anderen Paaren, denen wir unterwegs begegnet waren, hatte ich kein anderes Modell beobachten können. Der Mann war der Kapitän, kümmerte sich um die Reparaturen, die Frau putzte und kochte an Bord. Natürlich half ich bei kleinen Dingen, wie etwa Batteriesäure messen, Segel flicken, das Unterwasserschiff von Plankton befreien oder Streicharbeiten ausführen. Reiseroute und Zoll fielen auch jedes Mal in meinen Aufgabenbereich. Aber damit hatte es sich dann. In der langen Zeit, die wir bereits unterwegs waren, hatte ich mich nie dagegen aufgelehnt, obwohl unser Zusammenleben an Land ganz anders ausgesehen und ich eine vergleichbare Rollenzuweisung nie akzeptiert hätte.

Ganz konnte ich mich mit diesem Automatismus dennoch nicht abfinden. Immer tiefer hatte ich mich in das Reparaturnachschlagewerk von Nigel Calder hineingelesen, das den fulminanten Titel *Boatowner's Mechanical and Electrical Manual: How to Maintain, Repair and Improve Your Boat's Essential Systems* trug. Ich fühlte mich schon sicher, wenn es darum ging, eine Winsch zu warten, also jene Seilwinde, mit der wir die Segel dichtholten. Aber wenn es um den Anlasser oder den Außenbordmotor ging, da überließ ich gern Stefan die Arbeit.

Aber was, wenn ihm etwas passierte und ich mit Motorproblemen zu kämpfen hatte? Besser nicht daran denken.

Doch die alte Rollenverteilung hatte auch ihre Vorteile, besonders dann, wenn man nicht die geringste Lust hatte, LED-Lichterketten hoch oben im Mast anzubringen oder ständig schwarze Fingernägel durch Öl und Dreck zu haben. Stattdessen eine Zucchini hübsch in Scheiben zu schneiden, erschien nicht unbedingt als die schlechtere Wahl.

Nach und nach gesellten sich später am Abend der Geburtstagsfeier Rastafaris in Bob-Marley-T-Shirts zu uns an den Strand und machten Musik, wobei ständig ein Joint zwischen ihren Lippen hing. Gegen Mitternacht zogen wir in die Strandbar Big Papas zur Reggae-Night. Große Boxen ließen den Rastafari-Sound über den Dschungelteppich wabern. An diesem Abend hätte man glauben können, wir würden nur für solche unvergesslichen Partys um die Welt segeln.

Am nächsten Tag wanderten wir über die Insel und badeten in heißen Quellen mitten im Dschungel. Danach war unter den Seglern Unruhe und Aufbruchsstimmung zu spüren. Alle wollten weiter Richtung Süden.

Martinique, St. Lucia, Grenadinen, dann Ende März Tobago Cays, eine Kette von fünf kleinen Inseln, die zu den Grenadinen gehören, einem unabhängigen Inselstaat im Karibischen Meer. Tag für Tag schnorchelten wir, und einmal schwamm ein Schwarm von mindestens fünfzehn Stachelrochen unter uns. Wir beobachteten Schildkröten, die eine Unterwasserwiese abgrasten, spielten mit einem Ammenhai – für Menschen wird er nur gefährlich, wenn man ihn provoziert.

Zu einer »traumhaften« Begegnung der anderen Art kam es in einer Bucht von Tobago Cays. Dort lernten wir die »American Dream Boys« kennen: Mark, Don und Robin. Die drei jungen Männer – alle sportlich, Badehosentypen, braun gebrannt, fröhlich, von der Sonne geblichene Haare – hatten gerade ihr College beendet und segelten für eine Saison von den USA in die Karibik und zurück. Don, der Skipper, war dazu von einem Onkel aufgefordert worden, der nach seinem College-Abschluss eine ähnliche Tour gemacht und diese seinem Neffen zur Nachahmung empfohlen hatte. Don fand die Idee hervorragend, zumal Onkel Willy ihm für diesen »Ausflug« die *Seraphina* ausleihen wollte. Mark und Robin, die engsten Freunde von Don, waren sofort dabei, als sie von dem Plan hörten.

Wir hingen gern mit ihnen ab, weil sie so ganz anders waren als die anderen Segler, die wir bislang getroffen hatten. Eigentlich waren die drei ja keine Segler, im Grunde waren es Partyjungs, die für eine kurze Zeit das Leben und ihre Freiheit in vollen Zügen genießen wollten, bevor es »ernst« wurde. Gestartet waren sie mit der *Seraphina* von der Ostküste aus, in der Nähe von Washington, ohne Probleme hatte sie es bis zu den Tobago Cays geschafft.

Nach einigem Small Talk und zwei kalten Bieren verriet uns der Skipper, dass sie sich für die Bequia Easter Regatta auf Bequia angemeldet hatten und noch zwei Regattahilfen suchten. Er lud uns ein, und da wir ohnehin vorgehabt hatten, uns dieses Großereignis anzuschauen, nahmen wir das Angebot kurzentschlossen an.

Bequia ist eine der größeren Eilande von St. Vincent. Dort sollte die Regatta am 9. April 2009, einem Karfreitag, in der Port Elizabeth Bay starten. Am Gründonnerstag liefen – wie verabredet – die drei College-Boys mit ihrer Regattayacht in der Bucht ein. Wir waren schon tags zuvor auf der Insel gelandet. Eigentlich hatten wir uns die private Luxusinsel Mustique mit ihren unzähligen weißen Joghurtbechern anschauen wollen, aber der Wind machte uns einen Strich durch die Rechnung, weshalb wir einen Tag eher auf Bequia ankamen.

Es gab ein großes Hallo, und natürlich musste unser Wiedersehen mit einem kalten Bier gefeiert werden und die Taktik für den folgenden Tag besprochen werden. Don sollte das Schiff steuern, Mark und Robin bedienten das Vorsegel, Stefan hatte seinen Platz neben dem Steuermann und war verantwortlich für das Großsegel. Und ich? Ich würde, wie Mark sagte, die wichtigste Rolle an Bord übernehmen, nämlich die Mannschaft durch mein nettes Lächeln bei Laune zu halten und auf der hohen Kante eine gute Figur zu machen. Die American Boys nannten mich ab da nur noch »Fluffy«. Ob das nett oder spöttisch gemeint war, wusste ich nicht. Ich entschied mich für erstere Variante. Drei Regattatage, die für das Rennen angesetzt waren, konnte ich mit dieser Rolle leben.

Wir starteten in der Klasse »Cruising II«, sie umfasste Yachten, auf denen der Eigner wohnt, alle Teilnehmer waren also Blauwassersegler. Neben den an den Start gehenden ausländischen Yachten – davon gab es bestimmt achtzig – drehte sich das wahre Regattaspektakel um die lokalen Fischerboote, die Double-Ender, meist in Eigenarbeit angefertigte offene Holzboote mit riesigen Segeln, die an Bambusmasten und -gaffeln hingen.

Als diese ihre eigene Regatta fuhren, scharten sich alle Inselbewohner an den Berghängen, um »ihr Boot« anzufeuern.

Manche dieser nach jahrhundertealtem Riss gebauten und bunt lackierten Double-Ender kenterten während der Wettfahrt, da alles an Segelfläche gesetzt wurde, egal unter welchen Bedingungen.

Unsere erste Regatta war ein wilder Zickzackkurs um Inseln und Kaps. Schnell war zu merken, dass die *Seraphina* ein richtig flottes Schiff war und wir sie gut unter Kontrolle hatten. (Ein Katamaran ist sehr langsam, wenn es darum geht, Wenden zu fahren, er kann nicht so schnell *tacken*, wie es unter Englisch sprechenden Seglern heißt.) Nach knapp drei Stunden und einigen Zweikämpfen – »*No risk, no fun*«, feuerte Skipper Don uns an – kamen wir als erstes Boot über die Ziellinie. »Wir sind Sieger des ersten Rennens!«, schrie er vollkommen begeistert.

Die Preisverleihung am Abend war sehr stilvoll, in einer Open-Air-Kneipe unter Palmen, mit Blick über die Bucht. Dazu gab es Freibier, Rumpunsch – unter den Sponsoren der Regatta waren eine Brauerei und ein Rum-Konzern – und Snacks. Wir fühlten uns wie beim Admirals-Cup!

Am Samstag flitzten wir erneut als erstes Schiff über die Ziellinie. »*We did it again!*« Das war jetzt Mark, der das herausschrie. Auch der Abend wiederholte sich: Freibier, Rumpunsch und kleine Häppchen. Viele Einheimische waren mit der Fähre von der Hauptinsel St. Vincent gekommen, um auf Bequia mitzufeiern. Nahezu unter jeder Palme war ein Grill aufgebaut worden, aus Kofferräumen wurden kalte Getränke verkauft, überall dröhnte Reggae-Musik aus überdimensional großen Lautsprechern. Unsere zweite große Strandparty innerhalb kurzer Zeit.

Der Ostersonntag war frei, am Montag ging es mit zwei Runden Dreieckskurs weiter. Und wieder wurden wir Erste. In der Gesamtwertung kam die Crew der *Seraphina* aber nur auf Platz zwei, weil die Jungs durch eine Reihe von Fehlangaben über die Ausstattung ihres Bootes ein schlechteres Rating kassiert hatten.

Für unseren Einsatz schenkten Don, Mark und Robin uns einen Teil ihrer Preise, einen Restaurantgutschein für zwei Per-

sonen. Einen Tag nach der Osterregatta schlemmten wir im
»Devil's Table«, einer Top-Location, die auf Pfählen gebaut war
und in der ein schwedischer Sternekoch über die Küche herrschte.
Es gab ein Candlelight-Dinner, unter uns gluckste das Wasser,
wenn es an die Holzpfähle stieß, über uns funkelte der Nacht-
himmel.

Zum Dank schickten wir den Jungs eine E-Mail:

Hey American-Dream-Team,
 Thanks again for letting us share the fun and racing the boat.
We spent a fantastic time with you dudes. Tell uncle Willy his
Seraphina *is a fast racer.*
 I love college!
 Stefan & Heike

Willkommen an Bord –
Segeln mit Chartergästen

Auf Grenada erlebten wir das erste Mal das neueste Modell eines Luxus-Katamarans aus nächster Nähe. Ein solches Schiff hatten wir auf der Bootsmesse in Düsseldorf einmal genauer anschauen wollen, aber der Zutritt wurde uns nicht gestattet; anscheinend gehörten wir nicht zur Zielgruppe der Verkäufer. Um das Versäumnis nachzuholen, überfielen wir unsere Nachbarn in der Prickly Bay, Steve und Betty, zur Sundowner-Zeit mit Popcorn und gekühltem Roséwein.

Betty war jung, blond und trug einen knappen Bikini, dessen Oberteil von ihrem Silikonbusen gefüllt wurde. Steve konnte man nicht unbedingt als hübsch bezeichnen, er war eher von kleiner Statur und trug modische Designershorts mit passendem T-Shirt. Ganz klar: Steve hatte die Kohle, Betty wollte das angenehme Leben. Vor acht Monaten hatte er sich das Schiff in Florida gekauft, seitdem reiste er mit drei verschiedenen Skippern, um sich von ihnen »ausbilden« zu lassen. Vom Segeln, sagte er ehrlich, hätte er überhaupt keine Ahnung.

»Und wie lange bist du schon an Bord?«, fragte ich Betty.

»Seit einem Monat«, antwortete sie etwas schnippisch. Sie kicherte über jeden Witz, auch wenn er nicht lustig war. Und weil sie wusste, dass sie gut aussah, legte sie immer wieder mal ihr Bikinioberteil ab und lief oben ohne herum.

Stefan und ich bewunderten allerdings lieber den erhöhten Steuerstand des Lagoon-Katamarans – er lag über dem Bimini, dem Sonnendach. Hinter dem Netz gab es eine zusätzliche

Loungeecke mit Bar und einem extra Kühlschrank. Im Inneren des Schiffes war die Klimaanlage, die mir sofort ins Auge fiel, eine unter vielen technischen Spielereien. Vom Salon aus hatte man einen Panoramablick wie von einem Fernsehturm aus. Es war wirklich ein mit allem erdenklichen Luxus versehenes Boot.

Nach der Bootsbesichtigung holte Steve seine beiden E-Gitarren hervor, ein Mikrofon und Drums und schloss alles an große Lautsprecherboxen an – und schon stand die Karaokeband. Den ganzen Abend trällerten wir ein und dasselbe Lied – Queens »We Are The Champions« –, versuchten die Gitarrensolos zu beherrschen und nervten die Nachbarn, die wegen des Lärms nicht schlafen konnten. Natürlich wurde für unsere Rocksessions der Generator eingesetzt, so viel Strom konnte man nicht mit Solar- oder Windenergie erzeugen. Der Höhepunkt des Abends bestand darin, dass Steve seine Unterwasserscheinwerfer anschaltete.

»Das Licht zieht die Meerestiere an«, erklärte Steve stolz. »Da wird ein Mitternachtsschnorcheln zu einem echten Erlebnis.« Stefan war begeistert und wollte bei nächster Gelegenheit Unterwasserlichter für die *Baju* besorgen. Doch als wir am späten Abend von Reizen überflutet auf unsere *Baju* zurückkehrten, wussten wir ihre Schlichtheit besonders zu schätzen.

Aber in der Nacht träumten wir beide davon, Rockstars zu sein.

Sieben Monate nach unserer Landung in der Karibik zwang uns die bevorstehende Hurrikanzeit, unser nächstes Fernziel anzusteuern: Venezuela. Wir hatten die letzten Monate ausgiebigst mit Kiten, Windsurfen und Yoga genossen. Aber inzwischen hatten wir all unsere Bücher ausgelesen und unsere Zeitschriftenbestände so oft eingetauscht, dass unsere eigenen Magazine wieder bei uns landeten. Außerdem erlebten wir in den karibischen Buchten ein ums andere Mal ein arges Gedränge, teils mit über dreißig Yachten, eine teurer ausstaffiert als die andere. Mir war danach, wieder mehr nichtsegelnde Menschen zu treffen, wie wir es auf den Kapverden erlebt hatten.

Als Erstes steuerten wir Porlamar an, gelegen auf der Isla Margarita, die zum Staatsgebiet von Venezuela gehört.

Die Ankerbucht von Porlamar zählt wie die Kanarischen Inseln, Martinique, Trinidad oder Panama zu den Orten, an denen sich Seglergemeinschaften bildeten. Das lag zum einen daran, dass sie auf der Barfußroute lagen. Zum anderen konnte man hier sehr günstig Proviant für die Weiterreise oder in den vielen Ersatzteilläden Seglerbedarf einkaufen. Wer hier festmachte, wollte meist weiter gen Westen, nach Cartagena in Kolumbien. Wir würden hier unsere nächsten Chartergäste an Bord nehmen.

»Tauscht du bitte noch den Impeller im Gäste-WC aus?« Erwartungsvoll blickte ich Stefan an.

»Ich bin aus dem Arbeitsleben ausgestiegen, vergessen?«, erwiderte er.

»Morgen kommen Sabine und Dirk, da sollte die Gästetoilette funktionieren. Du hast das doch schon tausendmal gemacht. Geht ratzfatz. Selbst ich könnte ihn auswechseln …«

Impeller sind ringförmige Gehäuse mit einem Propeller, der in Pumpen eingesetzt wird, wobei die Schaufeln aus elastischem, gummiartigem Werkstoff bestehen. An Bord hatten wir bestimmt zehn verschiedene Impeller in Gebrauch – und genauso viele als Ersatz dabei, da diese immer wieder kaputt gingen.

»Gute Idee, mach du es doch rasch.« Stefan schaute von einem älteren *National Geographic*-Magazin auf, das er gerade eingehend studierte.

»Wenn du dafür den Fischeintopf kochst, Brot bäckst und die Koje saubermachst.«

Stefan legte seine Stirn in Falten und schien zu überlegen, ob er den Tausch annehmen sollte, aber Kochen und Betten beziehen war nicht wirklich eine Alternative für ihn.

»Und wenn du schon im Backbord-Schwimmer bist, hol für unsere Gäste doch gleich die Schnorchelsachen aus der Kiste.«

»Heike, bei dir muss auch alles perfekt sein. Unsere Gäste haben einen Segelurlaub gebucht, auf einem Boot mitten im Nirgendwo, kein Fünf-Sterne-Luxusresort.«

»Deswegen sind wir ja so ein gutes Team – ich organisiere alles, und du bist der Entertainer, der Segellehrer und natürlich der Schiffsmechaniker.«

Ich grinste Stefan an, der dabei war, in seine Arbeitsshorts zu steigen.

Sabine und Dirk hatten unsere Internetseite im Netz gefunden – und sie gefiel ihnen so gut, dass sie per Mausklick eine Reise buchten, obwohl sie noch nie gesegelt hatten. Sie hatten uns geschrieben, dass sie begeistert waren von der Idee, ein autarkes Leben mitten in der Natur ohne großen Komfort zu führen, und hatten uns bereitwillig die gewünschte Mithilfe an Bord zugesagt.

Sabine war Krankenschwester, Dirk Unternehmensberater; beide waren ungefähr so alt wie wir. Wir waren uns auf Anhieb sicher, dass wir gut mit ihnen auskommen würden. In der Vergangenheit hatten wir immer wieder Gäste gehabt, und nie hatte es Probleme gegeben. Immer war es ein Geben und Nehmen.

Es war nicht nur ein Job, es machte uns Spaß, unser Leben mit Leuten zu teilen, die ähnlich dachten wie wir, aber vielleicht nicht den Mut hatten, selber auszusteigen.

Von Weitem sah ich das Dinghi mit Stefan und unseren neuen Gästen.

»Willkommen an Bord«, begrüßte ich Sabine und Dirk, nachdem sie an Bord geklettert waren. Stefan hatte die beiden mit ihrem Gepäck direkt in der Marina Juan abgeholt, die am Rande von Porlamar lag, Endziel ihres Überseeflugs. Marina war wohl eine etwas übertriebene Bezeichnung, eigentlich war es nichts weiter als ein kleiner Steg. Juan, der diese Bootsanlegestelle führte, hatte in einer Bretterbude sein Büro, von dem aus er alles für die Segler organisierte. Er kümmerte sich ums Einklarieren, besorgte, wenn notwendig, Diesel, Taxis bis hin zu einem Bus, der einen zum Supermarkt brachte.

Sabine war klein, etwas mollig und in Jeans und T-Shirt eher unauffällig gekleidet. Ihre dunklen, schulterlangen Haare umrahmten ein Gesicht mit funkelnden Augen, die ein großes Herz verrieten. Dirk war groß, schlank, blond, eine Sportskanone. Eindeutig war er derjenige, der die Idee zu diesem Urlaub hatte, dachte ich und sagte: »Packt aus, kommt an, danach, bei einem kleinen Snack, erzählen wir euch mehr vom Leben auf der *Baju*.«

Es war ihnen anzumerken, dass sie ein wenig aufgeregt waren. Zwei Wochen sollten sie nun mit uns auf engstem Raum zusammenleben. Aber Stefan war sehr gut darin, Gästen das Gefühl zu geben, dass sie schon vom ersten Tag an dazugehörten. Er konnte ihnen schnell die Angst vor der ungewohnten Umgebung nehmen und ihnen vermitteln, alles hier an Bord würde relativ locker ablaufen.

»Wir haben hier die größte Badewanne, die ihr euch vorstellen könnt«, erklärte er, »und die nutzen wir auch. Das heißt, wir hüpfen ins Meer, um uns zu waschen, hinterher ist eine kurze Süßwasserdusche erlaubt. Zwar haben wir einen Wassermacher an Bord, aber der muss mit Strom gefüttert werden. Süßwasser sparen, lautet also das Motto. Das Gleiche gilt beim Geschirrspülen. Mit Salzwasser wird vorgewaschen, dafür gibt es einen Extraanschluss in der Küche, mit Süßwasser wird nachgespült. Nur bei der Toilettenspülung müsst ihr nicht auf den Wasserverbrauch achten, da die mit Salzwasser betrieben wird. Beim Zähneputzen mit Süßwasser aber bitte erneut sparsam sein. Alles klar?«

»Ja, alles klar«, sagte Dirk. »Eine Frage hätte ich aber noch – ich würde gern mal steuern. Geht das?«

»Ja, klar«, antwortete Stefan. »Gern gleich heute Nacht. Heike hat uns eine Traumbucht auf einer Nachbarinsel La Tortuga ausgesucht, die wollen wir ansteuern. Bis dahin sind es 95 Seemeilen, und wenn ihr nichts dagegen habt, segeln wir die Nacht durch.«

»Schlafen wir dann nicht?«, fragte Sabine etwas irritiert, während sie an einer Olive knabberte.

»Keine Angst«, beruhigte ich sie. »Ihr könnt überall mithelfen, wenn ihr wollt, aber ihr müsst nicht. Stefan und ich teilen uns die Nachtwache, ihr könnt schlafen, euch die Sterne anschauen, selber steuern oder ›Günther‹, unseren Autopiloten, steuern lassen. Das Einzige, um was ich euch bitte: Geht nachts nicht aus diesem Bereich hier heraus.« Ich zeigte auf den Tisch, die Stühle und den Steuerstand. »Nur zu eurer Sicherheit.«

»Segeln wir jeden Tag?« Dirk griff zu einem runden Maisfladen, einem Arepa, gefüllt mit Zucchini, Bohnenmus und Käse.

»Normalerweise segeln wir den halben Tag«, bemerkte Stefan. »Und in der anderen Hälfte erkunden wir das Land, bereiten das Lagerfeuer für abends vor oder gehen schnorcheln. Ein Kajak ist an Bord, das euch natürlich zur Verfügung steht. Langweilig wird es bei uns nie. Vielleicht habt ihr auch Lust, zu angeln.«

»Wie angelt ihr denn?«, fragten Sabine und Dirk fast gleichzeitig.

»Wir haben eine ganz spezielle Ködertechnik. Aber das ist ein Geheimnis, wenn ich euch das verrate, muss ich euch töten.«

Stefan und unsere Gäste lachten, ich schmunzelte, denn seine Lieblingssprüche waren für mich nicht mehr ganz so neu wie für die Gäste, die an seinen Lippen hingen.

Sabine sprang schließlich hoch, verschwand in der Gästekabine und kam kurz darauf mit einem Päckchen in der Hand zurück. »Heike, hier ist eure neue Wasserpumpe«, sagte sie. Ich strahlte. Ich hatte die beiden gebeten, sie mitzubringen, für uns ein wichtiges und in der Karibik kaum zu findendes Ersatzteil, falls unsere Wasserpumpe in der Küche versagen sollte.

»Und aktuelle Tageszeitungen, den *Spiegel* und eine *Gala* habe ich euch auf den Küchentisch gelegt«, fuhr Sabine fort. »Dazu einen Berg Gummibärchen und Schokolade.«

Keiner unserer Gäste kam auf die *Baju*, ohne irgendetwas von zu Hause mitzubringen, ob das nun Zeitschriften, Bücher, Joghurtkulturen, Brotgewürze oder Süßigkeiten waren. Jeder fragte, ob es eine Mitbringliste gäbe. Und natürlich gab es eine solche, eine sehr lange sogar.

Sabine und Dirk fanden sich schnell ins Bordleben ein. Die anfängliche Unsicherheit auf beiden Seiten war rasch verflogen. Dirk übernahm meine Rolle bei den Ankermanövern, Sabine entspannte sich lieber, ließ sich in der ersten Nacht durch das Bootsgeschaukel früh in den Schlaf wiegen.

Am nächsten Morgen näherten wir uns bei Sonnenaufgang der Isla Tortuga. Nach einem kräftigenden Frühstück statteten wir unsere beiden Gäste mit Flossen und Masken aus, und gemeinsam erkundeten wir das vorgelagerte Riff. Mit leuchtenden Augen tauchten wir erst nach einer Ewigkeit wieder auf. »Die Neuen« fragten uns Löcher in den Bauch, zu den verschiedensten Fischarten und zu den Korallen. Stefan erklärte alles. Er war auch der perfekte Tauchlehrer.

Danach verkroch sich Sabine mit einem Roman und einem Loungekissen aufs Netz, die beiden Männer bastelten gemeinsam an der Ankerwinsch. Ich holte das Mehl aus der Bilge und fing an, Brotteig zu kneten. »*Baju* – ein Katamaran zum Mitmachen«, so hatten Seglerfreunde unseren Charterbetrieb getauft.

Während der Teig aufging, setzte ich mich an den Computer und las in dem Hafenhandbuch, eigentlich eine Art Reiseführer für Segler, in dem sich jede Bucht mit einer Karte verzeichnet und im Detail beschrieben findet. Man kann darauf erkennen, bei welchem Wind sie geschützt ist – man ankert immer mit ablandigem Wind –, man sieht, wie flach die jeweilige Bucht ist, es gibt Informationen darüber, ob Dörfer in der Nähe sind und Einkaufsmöglichkeiten. Manchmal wird erwähnt, dass in der Nähe ein Wasserfall ist oder dass man sonstige schöne Wanderungen unternehmen kann. In das Venezuela-Handbuch vertieft, überlegte ich, wo wir morgen hinsegeln könnten. 25 Seemeilen weiter östlich sollte es eine weitere geschützte Bucht geben, ein Dorf und ein tolles Außenriff zum Schnorcheln. Das passte. Nachdem ich die Windvorhersage überprüft und festgestellt hatte, dass auch sie passte, stand der Plan fest.

Ein Platschen war zu hören, dann noch ein zweites. Das konnten nur Stefan und Dirk gewesen sein, die wohl mit ihren ölverschmierten Händen baden gingen.

»Heike, kommst du auch mit, wir spielen Wasserball, zwei gegen zwei?«, rief mir Sabine zu, die sich von ihrem Sonnenplatz erhoben hatte und den beiden nachgesprungen war. Stefan war der geborene Animateur, der immer wieder einen Einfall hatte, was man noch machen könnte. Das Match wurde unter viel Gelächter unentschieden ausgefochten.

Während die anderen noch im Wasser schwammen, duschte ich, zog mich an und bereitete den Sundowner vor. Gestern war er ausgefallen. Wenn wir nachts segelten, tranken wir am Abend zuvor keinen Alkohol. Normalerweise half mir Stefan dabei, aber da er noch im Wasser war, fing ich alleine an, die Guacamole zuzubereiten, Taco-Chips in eine Schüssel zu füllen und Limetten zu waschen.

»Stefan, machst du Musik an und holst die Lounge-Kissen?« Er war jetzt auch frisch geduscht, ebenso wie Sabine und Dirk.

Mittlerweile standen auf dem Tablett vier perfekt gemixte Cuba Libre und Tacos mit Guacamole. Sabine und Dirk, nach Après-Milch duftend, lümmelten auf den gestreiften Loungekissen und sahen der Sonne zu. Gemeinsam ließen wir den Tag Revue passieren. Fazit: ein perfekter Urlaubstag.

Während wir unseren Cocktail in Händen hielten, verschwand die Sonne langsam als roter Ball im Meer. Obwohl wir schon unzählige Sonnenuntergänge erlebt hatten, jedes Mal blieb es ein außergewöhnliches Farbspektakel. Ob Seglerfreunde, Chartergäste, Stefan oder ich – jeder, der diesem Ereignis zuschaute, hing dabei seinen ganz eigenen Gedanken nach. Es war die Zeit, in der man innehielt und zu sich selbst fand.

Die zwei Wochen mit Sabine und Dirk verflogen im Nu. Gerade hatten sie ihr Gepäck an Bord gebracht, nun standen sie wieder bereit, um die *Baju* zu verlassen.

»Es war so schön bei euch. Nächstes Jahr kommen wir bestimmt wieder, wo auch immer ihr dann seid. Danke für alles!«, sagte Sabine mit ihrem wunderschönen Lächeln. Dirk nickte dazu. Er konnte kaum etwas sagen, offensichtlich fiel ihm der Abschied schwer.

Ich dachte daran, dass sie wieder in ihren Alltag zurückflogen, zurück nach Deutschland, und verspürte einen Anflug von Wehmut. Manchmal vermisste ich es, spontan Familie und Freunde zu treffen oder sie einfach mal anzurufen. Doch als Stefan und ich abends mit einem kalten Bier in der Hand dem roten Feuerball beim Untergehen zusahen, war ich wieder vollkommen glücklich. Und für nichts in der Welt wollte ich mit irgendjemandem tauschen.

Nachdem wir den September und Oktober in Venezuela verbracht hatten – nach der Isla Margarita erkundeten wir Los Roques mit den längsten, weißesten und unberührtesten Stränden, die wir je gesehen hatten, danach die ABC-Inseln Bonaire und Curaçao –, nahmen wir Kurs auf die Dominikanische Republik. Inzwischen war es Januar 2010 – wir näherten uns unserem dritten Segeljahr.

Amerikanische Supermärkte und kubanische Peso-Pizzen

An der Ostseite der Dominikanischen Republik, in der Samaná Bay, treffen sich jedes Jahr von Anfang Januar bis Mitte März unzählige Buckelwale. Tausende von Walen ziehen dann durch den Nordatlantik, um in den Gewässern vor der Dominikanischen Republik einen Partner zu finden oder zu gebären.

Forscher sind davon überzeugt, dass die badewannenförmige Unterwasserstruktur der Bucht die Erklärung für dieses sagenhafte Phänomen ist. Zwischen zehn Meter flachen Stellen liegen immer wieder tiefere »Pools«, in denen heftig geflirtet wird. Und das verfolgten wir nun mit eigenen Augen: Mit einem Aufschlagen der Seitenflossen aufs Wasser oder mit einem Sprung in die Luft demonstrierte jeder Aufreißer »seinem Mädel« auf beeindruckende Weise seine Stärke und Entschlossenheit.

Es war beeindruckend, wie die Kolosse aus dem Wasser schossen, bis der ganze Körper zu sehen war, um sich dann platschend auf die Seite fallen zu lassen.

»Was meinst du, wie viele Kilokalorien braucht ein Buckelwal für einen so akrobatischen Sprung?«

»Umgerechnet bestimmt drei Millionen Krill«, sagte Stefan, ohne seine Augen von dem Schauspiel abzuwenden.

Stundenlang schauten wir den Tieren zu, konnten von ihrem Anblick nicht genug bekommen. Schließlich beschlossen wir doch, die Bucht zu verlassen. Im Gegensatz zu den offiziellen Whale-Watching-Booten, die mit ihren Außenbordmotoren nah an die Tiere heranflitzen konnten, wenn Schwanzflossen auftauchten, war uns ein schnelles Ausweichen mit dem Segelboot kaum möglich. Dafür trösteten wir uns damit, dass die Buckelwale es kaum gut finden konnten, würde so ein »Rocker«, also ein Außenbordmotorboot, knatternd und heulend die zarten Liebesannäherungen im Whirlpool stören.

Doch als wir fast schon am Ausgang der Samaná Bay waren, um in einer Nebenbucht zu ankern, bekamen wir auch noch unsere Privatvorführung. Fast fuhren wir direkt in eine Dreiergruppe von Buckelwalen– augenblicklich reduzierten wir Fahrt. Mit einem einzigen Sprung hätte man vom Boot aus auf den Rücken der Wale landen können. Vor Aufregung konnten wir nur japsen. Dann, nach ein paar Schnaufern direkt neben uns, tauchten die Tiere ab.

Den Anker warfen wir vor einer kleinen Insel, die zu einem Naturschutzparkgebiet gehört: Die Cayo Levantado ist Teil der Samaná Bay. An der Küste sucht man vergeblich nach weißen Stränden und Kokospalmen, stattdessen herrscht ein Dschungeldickicht mit üppigen Niederungen und karge Felsen vor. Darüber schwebte ein blauer Himmel mit Wattewölkchen.

Ein Luxushotel sollte sich auf der Insel befinden, aber anscheinend fehlte ihm die Kundschaft. Denn weit und breit war am schmalen Küstenstreifen keine Menschenseele zu sehen. Wir blieben auf unserem Schiff, da es nicht einmal möglich schien, am Privatstrand ein Feuer zu machen. Am Abend aßen wir an Bord und legten uns danach schlafen, erfüllt von dem, was wir gesehen hatten.

Am nächsten Morgen wachten Stefan und ich gleichzeitig auf. Noch etwas müde gingen wir an Deck.

»Verdammt!«

Irritiert blickte ich Stefan an. »Was ist denn?«

»Unser Dinghi ist weg.«

Tatsächlich, dort, wo sonst *Baby Baju* an den hinteren Trägern hing, baumelten nur abgeschnittene Seile.

»Aber wie soll jemand unser Beiboot geklaut haben? Und wieso haben wir nichts gehört?«

»Gute Frage«, brummte Stefan. »Aber in der Nacht war es ein wenig windig, möglich, dass wir deswegen nichts bemerkt haben.«

»Ohne *Baby Baju* sind wir hilflos. Und wir können auch nicht in den nächsten Laden gehen und ein Alu-Beiboot kaufen, das genau in unsere Aufhängung passt. Mist!«

Den Bootsklau konnten wir uns nur so erklären: Die Täter waren in der Nacht leise herangepaddelt – einen Motor hätten wir gehört – und hatten genau unter dem Beiboot angehalten, um die Halteschnüre durchzuschneiden. Danach waren sie mit unserem Dinghi davongepaddelt.

»Und wie kommen wir jetzt an Land?«

Guter Rat war teuer. Nach einigem Herumkramen entdeckte Stefan, dass wir noch das alte Gummischlauchboot von Antoine besaßen sowie ein Paddel. Das Gummiboot pumpten wir auf, gleichzeitig verlegten wir unseren Ankerplatz so nahe wie möglich an das nächstgelegene Dorf. Befreundete Segler hatten uns erzählt, das man Diebesgut oft zurückkaufen kann, das wollten wir nicht unversucht lassen.

Kurz nachdem wir in das Behelfsbeiboot gestiegen waren, riss die Bodenplane, und wir saßen mit den Beinen im Wasser. Abwechselnd paddelte einer, der andere musste sich krampfhaft festhalten, um nicht ins Meer zu fallen. Dennoch kamen wir einigermaßen trocken an und erkundigten uns nach der Comandancia, einer Mischung aus Militär und nationaler Polizei. Auf Spanisch erklärte ich auf der Dienststelle, was geschehen war, wir würden für den Finder auch eine Belohnung von 200 Dollar aussetzen.

Damit jeder wusste, wie *Baby Baju* aussah, holte Stefan ein Foto von dem Dinghi hervor, das er noch auf dem Boot ausgedruckt und in Folie eingeschweißt hatte. Die Männer hörten uns nur mit regungslosen Mienen zu. Sie schienen nicht das geringste Interesse daran aufzubringen, dass wir unser Dinghi wiederfanden. Schließlich nickten sie und meinten, man würde das Foto aufhängen und sich umhören.

In den nächsten zwei Tagen umsegelten wir die Bucht und suchten jedes Fischerdorf auf, das wir ausmachen konnten. Auch dort verteilten wir ein in Plastik eingeschweißtes Bild von dem Beiboot, darüber war in großen Lettern die Prämie gedruckt.

Letztlich »fanden« die Polizisten *Baby Baju* am anderen Ende der Bucht, in der wir lagen. Es hätte mich gewundert, wenn es nicht so gewesen wäre. Die Prämie übergaben wir natürlich nicht den Beamten, sondern einem Mittelsmann. Die offiziellen Ermittler erklärten, der Mann würde *undercover* für sie arbeiten und hätte »hervorragende Verbindungen«. Alles wurde uns wortreich vorgetragen, unergründlich blieb die ganze Geschichte dennoch. Aber letztlich war es uns egal. Hauptsache, wir konnten unser Boot gegen 200 Dollar von der Polizei zurückkaufen.

Baby Baju war komplett ausgeplündert worden. Nicht nur die Dinge, die ihn ihm gelegen hatten (Schuhe, Paddel, Benzinkanister), waren weg, auch hatte man unseren neuen Zwei-PS-Yamaha-Außenborder abmontiert, den wir in Venezuela erstanden hatten. Nach und nach wurde uns klar, dass diejenigen, die das Beiboot entwendeten, sich überhaupt nur für den Motor interessiert hatten. Der war in ihren Augen wertvoll gewesen. Er war so wunderbar leicht, dass ich das Dinghi mit Motor allein an den Strand ziehen konnte.

Entschlossen guckte ich mir einen der Männer aus, den ich als Verantwortlichen bei dieser Schieberei ausgemacht hatte. »Hör zu«, sagte ich zu ihm. » Ich gebe euch zusätzlich 200 Dollar für den Motor.« Erneutes Getuschel unter den Mittelsmännern, dann erschien ein breites Grinsen auf allen Gesichtern und der von mir Angesprochene meinte: »Der Motor ist schon weg, der ist verkauft.« Dazu fiel mir nichts mehr ein. Jetzt war klar: Die Polizei musste in der Geschichte mit drinhängen.

Immerhin halfen die Männer dabei, *Baby Baju* auf eine Fähre zu hieven und vor unserem Katamaran ins Wasser zu lassen.

Mit unserem fünfzehn Jahre alten, großen und schweren Außenbordmotor wurde es wieder fahrtüchtig. Das erste Mal war uns bewusst geworden, wie wichtig ein Beiboot ist, und wir waren froh, nicht mehr mit in einem Gummiboot an Land paddeln zu müssen.

Am 12. Januar 2010 gab es vor der Küste Haitis ein Erdbeben der Stärke 7, das den Karibikstaat verwüstete. Häuser brachen in Sekundenschnelle zusammen, unzählige Menschen starben, ein einziger Schrecken. Wie in Thailand erfuhren wir erst von Freunden von dieser Katastrophe. Sie schrieben uns E-Mails: »Habt ihr gehört? Habt ihr was davon mitbekommen, ihr seid doch im Nachbarland.«

Das Ausmaß der Vernichtung wurde uns erst bewusst, als wir sahen, wie in der Dominikanischen Republik überall Kleider für die Erdbebenopfer gesammelt wurden und die Spendenaufrufe nicht abrissen. Wir und alle Segler, denen wir begegneten, gaben Geld oder Lebensmittel.

Sosehr ich mir gewünscht hatte, in Haiti einen Stopp einzulegen – es schien nicht ratsam zu sein, in diesen wirren Zeiten das Land zu besuchen. Selbst Wochen später hörten wir, dass Menschen sich Flöße gebaut hätten und Schiffe kapern würden, um dem Albtraum aus Not, Hunger und Cholera zu entkommen.

»Da wir nach Kuba wollen, werden wir aber zwangsläufig an Haitis Küste vorbeisegeln«, sagte ich, als ich die Landkarte studierte. Wir hatten inzwischen den Anker gelichtet und uns von der Dominikanischen Republik verabschiedet, nach gut sechs Wochen.

»Wenn ich die Route richtig berechnet habe«, bemerkte Stefan, »werden wir mal wieder nachts das Küstengebiet passieren.«

Stefans Berechnungen waren richtig – wir fuhren im Dunklen an der haitianischen Küste vorbei. Vereinzelte Lichter konnten wir erkennen, sonst war alles in Finsternis getaucht. Dreimal wurden wir von der amerikanischen Küstenwache kontrolliert. Jedes Mal checkten sie unsere Papiere, fragten, wie viele Personen an Bord und wo wir vorher gewesen seien und wohin wir segeln würden. Sie schrieben die Bootsnummer auf und teilten uns einen bestimmten UKW-Kanal zu, damit sie uns jederzeit anfunken konnten. Als wir ihn eingestellt hatten, fragte uns sofort eine freundliche Call-Center-Stimme: »Bitte identifizieren Sie sich … Wer ist an Bord? Welche Nationalitäten? Wer ist der Eigentümer des Boots? Wo wollen Sie hin? … Vielen Dank, und bitte bleiben Sie Stand-by.«

»Was machen eigentlich die Amerikaner hier?«, fragte Stefan, nachdem uns zum zweiten Mal Leute der US Coast Guard angefunkt hatten. »Warum kontrollieren die uns? Und eigentlich kann doch jeder kommen und sagen: ›US Coast Guard‹. Nachdem wir gerade Polizisten 200 Dollar für Diebesgut in die Hand gedrückt hatten, war unser Vertrauen nachhaltig erschüttert.

»Wahrscheinlich ist hier internationales Gewässer«, mutmaßte ich. »Oder es hat etwas mit dem Status Haitis als Krisengebiet zu tun.«

Später umkreiste uns noch ein US-Coast-Guard-Hubschrauber, und ein amerikanisches Militärtankschiff kreuzte unseren Weg. Entsprechend froh waren wir, als wir am 2. Februar 2010 den Hafen von Santiago de Cuba ansteuerten, der zweitgrößten Stadt Kubas.

Als Segler liebt man die Freiheit, überall ankern zu können, wo man kann und will. Genau das war auf Kuba nicht möglich. Man durfte nicht nach Belieben den Anker werfen, und schon gar nicht durfte man einfach irgendwo an Land gehen. Die Marinas waren vorgegeben, und durch deren Tore hatte man den Staat auch wieder zu verlassen. Mit anderen Worten: Alles war sehr restriktiv geregelt, was wiederum viele Segler abschreckte, überhaupt Kuba anzusteuern. Für uns war das Ansporn, uns die Insel genauer anzuschauen.

Wir waren zunächst an Guantánamo vorbeigekommen, dem seit 1913 von den Amerikanern gepachteten Stützpunkt in der

Bahía de Guantánamo mit dem für seine Folterungen berüchtigten und gesetzlosen Gefangenenlager des US-Militärs. Alles war hell erleuchtet wie der Hamburger Containerhafen, während die kubanische Küste komplett dunkel war. Das Gelände war von Stacheldraht umzäunt. Über Funk hörten wir einzig amerikanische Stimmen.

»Nur noch zwei Seemeilen bis Santiago de Cuba«, verkündete Stefan schließlich. »Wir müssen uns darauf einstellen, dass in den nächsten Stunden Scharen von regierungstreuen Leuten die *Baju* entern werden.«

»Die Geschenke sind zurechtgelegt«, erklärte ich verschmitzt. »Wird schon glattgehen.«

Der Wind wehte angenehm von hinten, war nicht zu schwach und auch nicht zu stark, als wir unser Ziel erreichten. Und aus dem Einklarieren wurde wahrhaftig ein Spektakel: Vertreter von sieben verschiedenen Einrichtungen der kubanischen Regierung suchten der Reihe nach unseren Katamaran auf.

Die erste Delegation – ein Arzt und eine Krankenschwester, erkennbar an ihrer Schwesterntracht – nahm sich auf besonders gründliche Weise unserer Gesundheit an:

»Fühlen Sie sich krank? Haben Sie Fieber?«

»Ähh, krank, Fieber? Nein.«

»Dann ist alles in Ordnung.«

Damit war die ärztliche Untersuchung auch schon vorbei. Auf die medizinische Delegation folgte ein Mann, dem man seine Funktion nicht sofort ansehen konnte. Er stellte sich mit einer Bezeichnung vor, die ich nie zuvor gehört hatte, da halfen auch meine Spanischkenntnisse nicht weiter. Der Mediziner und die Krankenschwester machten unterdessen keine Anstalten, den Katamaran zu verlassen. Sie fühlten sich offenbar wohl an Bord. Wir unterhielten uns und tranken Cola.

Dann stellte der mysteriöse Mann seine erste Frage: »Haben Sie Mücken an Bord?«

Ob es Mücken auf einem Segelboot gibt? Natürlich konnte gerade eine in die Kabine geflogen sein, wer hätte das verhin-

115

dern können? Immerhin lagen wir schon Stunden am Pier. Da konnte schon alles mögliche an Bord herumfleuchen.

Plötzlich entdeckte er etwas.

»Ah, das ist ein Moskito!«

»Nein«, widersprach ich. »Das ist eine Fliege.«

Wäre die Fliege eine Mücke gewesen, wer weiß, ob wir das gesamte Boot mit einem Insektenvernichtungsmittel hätten einsprühen müssen oder mit einem anderen scheußlich stinkendem Desinfektionsmittel.

Auch der Moskitobeauftragte hatte es nicht eilig, unser Schiff wieder zu verlassen und setzte sich zur stetig wachsenden Crew an unseren Tisch. Jetzt begann der für Lebensmittel zuständige Mann jede Papaya und jede Kartoffel umzudrehen. Mit den Eiern, die wir in der Dominikanischen Republik gekauft hatten, zeigte er sich besonders unzufrieden. Als wir ihm einen Deal vorschlugen – er könne von den 21 Eiern sechs behalten, wenn er uns die restlichen überlassen würde –, schien er keine Probleme mehr mit ihnen zu haben, ließ es sich aber nicht nehmen, die Verpackungen der fünfzehn Eier zu verplomben.

»Was soll das denn nun wieder? Wir können die Eier nicht essen, wenn sie versiegelt sind«, protestierte ich. Auch würden wir länger auf Kuba bleiben wollen, bis dahin würden die Eier längst vergammelt sein. Der Mann lächelte mich an, zuckte aber nur bedauernd die Schultern und sagte: »Anweisung vom Chef.«

Ich versuchte es nochmals, betont freundlich, aber auch mit einem gewissen Nachdruck: »Zum Frühstück brauchen wir Eier.«

Der Eierbeauftragte überlegte und nach einer Weile hatte er eine Lösung parat: »Ich werde wiederkommen und jede Verpackung einzeln öffnen.« Er nickte eifrig, so angetan war er von seinem eigenen Einfall.

Und so skurril es auch war, er erschien drei Tage später, und unter seiner Aufsicht durfte ich der Packung drei Eier entnehmen. Diese Prozedur wiederholte sich, bis alle Eier verbraucht waren. Klar, dass er dabei noch das eine oder andere abstaubte.

Auf die Insekten- und Eierbeauftragten folgte ein Mann vom Zoll in Uniform und mit einem Spürhund an seiner Seite, der aber nichts fand. Danach kam ein Immigrationsbeauftragter (er hatte sein Stempelkissen vergessen, sodass er unsere Pässe mitnehmen musste) sowie jemand vom Hafenmeisteramt, der uns darüber informierte, dass die Liegegebühr an der Pier rund dreißig Euro die Nacht kosten würde.

Jedem neuen Mitglied unserer Crew übergaben wir eines der kleinen vorbereiteten Präsente, wie man es als guter Gast eben tut. Schon im Vorfeld hatten wir in Erfahrung gebracht, worüber man sich auf Kuba besonders freuen würde: Duschgels, Lotionen, Seifen, alles, was gut duftet. Stefan hatte deshalb, als er noch arbeitete, jedes Hotelbadezimmer leer geräumt und die Fläschchen in eine Kiste geschmissen. Diese kam mit auf die *Baju*, und nun sollten wir und unser kubanisches Empfangskomitee von den Vorräten profitieren.

Drei Stunden hatte die Prozedur gedauert, die Geschenke waren überreicht, aber noch immer wollte keiner gehen. Die Krankenschwester, eine junge Frau mit ausdrucksvollen Augen, fragte:»Habt ihr Magazine, die ich anschauen kann? Auch wenn ich sie nicht lesen kann, das macht nichts. Ich sehe mir gern die Bilder an, dann weiß ich, was die neueste Mode ist.«

Irgendwo lagen noch ein paar Hochglanzzeitschriften herum, die Tourengäste zurückgelassen oder wir von anderen Seglern im Tausch erhalten hatten. Die drückte ich der Kubanerin in die Hand.

Irgendwann zogen unsere Besucher dann aber doch noch geschlossen von dannen, und wir atmeten erleichtert auf.

Bei unserem ersten Landgang fielen uns wie den meisten westlichen Kubabesuchern als Erstes die Fahrzeuge ins Auge. Amerikanische Schlitten aus den Fünfzigerjahren, Ladas aus den Siebzigern. Trucks russischer Bauart. VoPo-Kleinbusse, Volks-

polizei-Busse aus der ehemaligen DDR, Pferdekarren und Esels-
kutschen. Überall wurde Musik gemacht. Junge Männer saßen
auf Treppen oder Plastikstühlen und spielten auf ihrer Gitarre,
oder die Salsamusik drang aus Radios. Als die Abenddämme-
rung einbrach, begannen die Menschen auf der Straße zu tanzen.

Die Stimmung der Menschen schien ungetrübt von der Tatsache, dass in den Supermärkten so gut wie nichts zu bekommen
war. Die Auslagen waren kaum mehr als spärlich gefüllt. Und
überall entdeckten wir lange Schlangen, manchmal mussten die
Einheimischen sich einen halben Tag anstellen, um ein Säck-
chen Reis extra zu erstehen. Noch heute höre ich die Worte:
»*Quien es último* – wer ist der Letzte?«

Zwar gab es die Grundnahrungsmittel gegen Lebensmittelmar-
ken, aber sie reichten meist nur zehn Tage. Alles Weitere musste
über den Schwarzmarkt organisiert werden. In den staatlichen
Geschäften bezahlte man mit dem Peso National, daneben existierte aber noch der Peso Convertible, auch CUC genannt. Mit
dem CUC erhielt man auf dem Schwarzmarkt alles, es war einzig eine Frage des Preises. Der durchschnittliche Monatsver-
dienst eines Angestellten betrug damals auf Kuba 200 Peso
National. Und 25 Peso National waren 1 CUC. Das hatte zu einer
Zweiklassengesellschaft geführt, zu Menschen, die CUC hatten,
und denen, die keine CUC hatten. Eigentlich war eine solche
Zweiklassengesellschaft genau das, was die *Revolución cubana*
hatte abschaffen wollen. Die offizielle Einführung des CUC war
aber notwendig geworden, um ein gewisses Maß an Privatwirt-
schaft zuzulassen – denn sonst wären die Kubaner nach dem
Zusammenbruch der Ostblockstaaten verhungert.

An den Peso Convertible kamen die Familien heran, die Ver-
wandte in Florida oder sonstwo in Amerika hatten und die in
der Lage waren, Geld nach Hause zu schicken. Auf diese Weise
lebten, ja, überlebten von einem Exilkubaner oft mehrere Familien.

Gleich am nächsten Tag zog es uns erneut in die aufregende Stadt Santiago de Cuba. Sie war im 16. Jahrhundert Stützpunkt der spanischen Armada gewesen, danach Ankunftshafen für die Sklavenschiffe aus Westafrika und im 20. Jahrhundert der Ort, an dem Fidel Castro am 1. Januar 1959 den Sieg der Revolution ausrief. Die Architektur in der Innenstadt war, in Stefans Worten, »der Hammer«. Alejo Carpentier, der kubanisch-französische Schriftsteller, formulierte es etwas eleganter: Sie sei »Stein gewordene kubanische Musik«.

Unterwegs auf unseren Streifzügen durch die engen Gassen kamen wir mit Pedro ins Gespräch, es war inzwischen später Nachmittag. Pedro war von magerer Gestalt und hatte ein langes, schmales Gesicht mit dunklen Augen und noch dunkleren Augenringen, umrahmt von schwarzen kurzen Haaren. Er trug ein blaues Sportshirt in einem glänzenden Stoff und eine helle lange Hose. Die selbst gedrehte Zigarette, die in seinem Mundwinkel hing, ließ ihn besonders lässig wirken. Sofort lud er uns zu sich nach Hause zum Essen ein, seine Frau würde sich ebenfalls riesig freuen, uns kennenzulernen. Wir sagten ohne Umschweife zu, und er zeigte uns das Haus, wo er uns am Abend erwarten würde.

Das Haus war eher eine Hütte. Nachdem wir es am Abend betreten hatten, standen wir auch schon in dem größten Raum, der Wohnzimmer und Küche zugleich war. Der Fernseher lief, davor saßen drei Kinder auf einem alten, löchrigen Sofa. Pedros Frau Luciá empfing uns mit einem strahlenden Lächeln, und ich überreichte ihr die Gastgeschenke: Flip-Flops, einige Seifen und Lotionen, eine alte Brille von mir, Cola und Fanta – zur Freude der Kinder – und ein Tetrapak Wein.

Mit der alten Brille hatte ich ins Schwarze getroffen: Luciá umarmte mich immer wieder, denn sie konnte mit der Brille tatsächlich besser sehen. Und sie passte sogar perfekt. Immer wieder sagte sie strahlend: »*Anteojos, anteojos* – Brille, Brille.«

Beim Essen – Luciá servierte uns Reis, Huhn und Bohnen – klopfte es ständig an der Tür. Pedro ging jedes Mal hin, aber er kam nie mit einer anderen Person zurück. Das Einzige, was wir beobachten konnten: Bevor er sich in Richtung Haustür bewegte oder wieder zurückkehrte, machte er sich am Kühlschrank zu schaffen. Mal kam ein Huhn zum Vorschein, dann ein Fisch oder ein rotes Stück Fleisch. Stefan und ich sahen uns an und ahnten: Pedro war ein Schwarzmarkthändler. Das erklärte auch, warum er uns Huhn vorsetzen konnte, denn normalerweise war Fleisch auf Kuba ein besonderes Essen. Pedro, nicht auf den Kopf gefallen, erklärte später bei einem Glas illegal gebranntem Rum: »Ja, ihr habt richtig gesehen, ich ernähre meine Familie mit Schwarzmarkthandel.«

»Aber wieso an der Tür? Kann man euch dort nicht beobachten?«, fragte ich.

»Draußen ist es so stockfinster«, sagte Pedro, »da fällt es nicht auf, was durch die verschiedenen Hände geht. Die wenigen Glühbirnen, die in unseren Straßen funktionieren, liefern die beste Tarnung. In den Wohnungen kann uns die Militärpolizei viel schneller was nachweisen, da kann man nicht einfach etwas in eine finstere Ecke schmeißen und behaupten, es gehöre einem nicht.« Er und Luciá lachten.

»Aber wissen die Polizisten irgendwann nicht, wie der Hase läuft? Die stellen sich doch darauf ein ...«

Pedros Lachen dröhnte abermals durch den kleinen Raum, dazu schlug er sich mit der Faust auf die Brust. »Hier im Viertel bin ich der Schwarzmarktkönig. Ich bin der Schwarzmarkt, besser gesagt, mein Kühlschrank. Eben habe ich einem Polizisten einen Fisch gegeben.«

»Aber er hat dir nichts dafür zurückgegeben«, bemerkte Stefan. »Ich hab nicht gesehen, dass du etwas zurück in den Kühlschrank gelegt hast.«

»Gut aufgepasst, Stefan. Der Fisch war der Lohn dafür, dass er den Mund hält.«

»Und sonst dealst du nur Ware gegen Ware?«

»Manchmal spielt auch Geld eine Rolle, aber meistens geht es um Waren. Vorhin war einer da, der mir einen Marlin anbot.

Er wollte aber kein Huhn, sondern Geld. Wir konnten uns nicht auf den Preis einigen, also lehnte ich ab. Wahrscheinlich brauchte er das Geld für eine Frau oder für Alkohol. Oder für beides.« Wieder lachte er sein schallendes Lachen, das angesichts seines schmächtigen Körpers wirklich erstaunlich war.

Bei Pedro sanken und stiegen die Preise wie an einer Börse, das war knallharter Kapitalismus mitten in der sozialistischen Planwirtschaft.

Als er sich wieder beruhigt hatte, sagte er: »Und ein Tipp für euch: Solltet ihr Ware schwarz kaufen wollen, müsst ihr früh am Morgen auf einen Markt gehen, um diese Zeit sind noch keine Polizeistreifen unterwegs.«

Erneut pochte es an Pedros Tür. Ob das Geschäft einträglich war, konnten wir nicht beurteilen. In der Hütte sah es nicht danach aus. Aber wenn es dadurch jeden Tag Fisch oder Fleisch für die Familie zu essen gab, konnte man es so nennen. Lang nach dem Essen verabschiedeten wir uns herzlich von Pedro und Luciá. Und noch auf der *Baju* klangen die verschiedenen Klopfvarianten in unseren Ohren nach.

Ein paar Tage später schlenderten wir durch die Straßen Santiago de Cubas, als unmittelbar vor uns ein Polizeiauto mit quietschenden Reifen hielt. Mehrere Uniformierte sprangen aus dem Wagen und schnappten sich einen Mann, der unmittelbar neben uns stand. Ich hatte zuvor beobachtet, wie er auf dem Sattel seines Fahrrads ein Brett platziert hatte, auf dem fünf, sechs Tomaten lagen. Nachdem der Mann in das Polizeiauto gezerrt worden war, fiel das Fahrrad um, die Tomaten kullerten über die staubige Straße. Niemand wagte das Fahrrad aufzuheben, jeder ignorierte die Tomaten. Alle hatten das Geschehen genau beobachtet, doch niemand wollte mit ihm in Verbindung gebracht werden. Schließlich trat ich auf einen Mann zu, der am wenigsten Scheu erkennen ließ, mit mir zu reden.

»Das war aber eine komische Szene«, sagte ich auf Spanisch. »Was ist da passiert?«

Im ersten Moment wusste der Angesprochene nicht, ob er mit mir reden sollte. Offensichtlich war ich ja eine Touristin. Als er mir antwortete, gingen wir hintereinander; in seiner Furcht blieb er nicht ein einziges Mal stehen.

»Wahrscheinlich hatte der Mitgenommene keine Lizenz«, erklärte er.

»Eine Lizenz? Wofür brauchte er denn eine?«

»Na ja, für seine fünf Tomaten.«

»Für fünf Tomaten?«

»Es geht nicht um die Menge. Das, was er betrieben hat, war ein Privatgeschäft.«

»Und was geschieht nun mit dem Mann?«

»Der kommt für ein halbes Jahr in den Knast.«

Sechs Monate Gefängnis für fünf Tomaten! Ich wollte nicht wissen, wie die Haftanstalten auf Kuba aussahen. Für mich war unverständlich, dass das Vorgehen des Mannes angesichts einer solch geringen Anzahl von Früchten ein kriminelles Vergehen sein sollte. Wahrscheinlich hatte er sie nur geerntet von seinen eigenen drei Pflänzchen, die man ihm für den Eigenverzehr erlaubt hatte anzubauen.

Wir hatten uns vorgenommen, Kuba so kennenzulernen, wie es war, wenn man nicht All-inclusive-Ferien im Varadero-Gebiet machte, ein Touristengetto östlich von Havanna mit einer Schranke davor, die Kubaner nur dann passieren dürfen, wenn sie in den Hotelanlagen tätig sind. Und wir sollten das wahre Kuba kennenlernen, nicht nur durch die Episode mit dem Tomatenverkäufer.

Wir tranken die Fruchtsäfte auf der Straße, aßen Peso-Pizza – sie hieß tatsächlich so und kostete drei Pesos, eigentlich nur ein Brotteig, der vor Fett triefte. »Das ist ungesünder als McDonald's«, sagte Stefan, nachdem er sie aufgegessen hatte. Es gab auch helle Brötchen mit einer Art Spanferkel, doch die Scheibe Braten war so hauchdünn, dass jede Seidenstrumpfhose blickdichter war. Weil es aber gut schmeckte, überredeten wir die Verkäufer, einfach drei Scheiben in ein Brötchen zu legen und bezahlten für drei Burger.

Drei Monate blieben wir auf Kuba. Unser erstes Visum hatten wir für vier Wochen bekommen, und um neue Visa zu erhalten, mussten wir aus- und wieder einreisen. So segelten wir in einer Nacht zu den Cayman Islands, die als Offshore-Finanzplatz bekannt sind, die meisten der weltweit operierenden Hedgefonds waren hier registriert. Neben den Meeresströmungen flossen hier also Geldströme, die keiner mehr verstand und die mit schuld an der Finanzkrise 2008 waren. Die Cayman Islands sind britisches Überseegebiet – wobei uns die drei Inseln weniger englisch und mehr amerikanisch vorkamen. Alles war nur in Übergröße zu bekommen, auch die Lebensmittelpackungen. Ein seltsames Gefühl, immerhin kamen wir gerade von einer Insel, auf der man für eine Handvoll Reis anstehen musste. Und keine zweihundert Kilometer Luftlinie entfernt gab es eine Welt, in der alles im Überfluss vorhanden war. Einen größeren Gegensatz in so kurzer Zeit hatten wir noch nie erlebt.

Es fing schon bei der immensen Werbung auf den Cayman Islands an (die es auf Kuba nicht gab, abgesehen von Propagandaplakaten von Che Guevara oder Fidel Castro) und zog sich weiter bis zu den Radionachrichten: »Guten Morgen, liebe Hörer, heute haben wir wieder 20 000 Besucher mehr auf den Caymans, denn nun liegen sieben Kreuzfahrtschiffe in unserem Hafen.« Danach folgten – wir waren auf Grand Cayman, der größten der drei Inseln, in der Hauptstadt George Town – Staumeldungen. Auf Grand Cayman hätte man bequem und gemütlich mit dem Fahrrad fahren können, da die Insel sehr flach und gerade vierzig Kilometer lang ist. Doch nein. Autostau, weil auf der einzigen Hauptstraße der Insel zu viele Menschen in klimatisierten Hummer-Geländewagen oder in einem Porsche saßen.

Keiner lachte einen an, obwohl nicht der geringste Mangel existierte. Betrat man auf Kuba einen Hinterhof, winkten die Leute einem fröhlich zu: »Kommt her, setzt euch!«, und da saß man unter dem Sternenhimmel und hörte ihren Geschichten oder ihrer Musik zu. Grand Cayman war ein künstliches Paradies, und wie jedes künstliche Paradies auf Erden mit schrecklichen Shopping Malls ausgestattet. Wir wollten einfach nur so schnell wie möglich wieder aus dieser künstlichen Welt heraus.

Was für eine Erleichterung, als wir nach unserer Rückkehr nach Kuba keine SUVs mehr um uns hatten. Stattdessen ritten hier wieder Männer mit Havannahüten an uns vorbei, die Hufe klapperten auf den Pflastersteinen. Es fühlte sich an, als wäre auf Kuba die Zeit angehalten worden. Wir ankerten vor Inseln, die nahezu unberührt erschienen, nahmen Kontakt zu Fischern auf, die mit ihrem Kahn an uns herangefahren waren.

»Wollt ihr Langusten?«, fragten sie.

Natürlich wollten wir.

»Dann reicht uns einen Eimer rüber!«

Und schon hatten wir zwölf Langusten an Bord. Wir revanchierten uns mit Regenjacken – bei Fischern immer besonders beliebt; jeder Besucher aus Deutschland musste zur Aufstockung unseres Depots welche mitbringen –, Shampoos, Teddybären für die Kinder und einer Einladung auf unser Boot. Da die Fischer sich weit von Ortschaften entfernt wussten, ignorierten sie das Verbot, sich als Einheimische auf die Boote der Segler zu begeben. Dennoch reagierten sie sehr beunruhigt, als wir auf unserem Katamaran ein Erinnerungsfoto von ihnen machten.

»Nein, nicht! Wir dürfen nicht hier sein!«

Da war es aber schon geschehen.

»Bitte zeigt die Bilder niemandem.«

Das versprachen wir.

Wir verteilten Gläser mit Cola-Rum, anschließend besichtigten wir ihr Schiff. Dass der Kahn noch schwamm, glich einem Wunder. Der Rost quoll aus dem Ferrozement-Boot, das aus Drahtgeflecht und Beton gebaut war, die billigste Methode, ein seetüchtiges Gefährt zu bauen. Und der Sechszylinder-Schiffsdiesel stammte aus einer Zeit lange vor unserer Geburt.

An Deck lagen überall riesige Stachelrochen, die sie gerade ausgenommen hatten, und ich entdeckte noch einen großen Berg Königsmuscheln. Bald werden sie auch hier ausgestorben sein, dachte ich, wie beinah überall in der Karibik. Aber das war nicht die Schuld der Fischer – ihren Fang hatten sie nach den Maßgaben der Planwirtschaft auszurichten. Und für die nächsten zwei Wochen waren Rochen und Muscheln angesagt. Der Fang sollte nach Japan verkauft werden, er würde, so die Fischer, mehr Geld einbringen als eine vergleichbare Menge Langusten.

Abends am Strand trafen wir die Männer wieder. Wir hatten Holz gesammelt und ein Feuer angezündet. Sie fragten: »Warum macht ihr das Feuer an, wollt ihr hier einen Fisch braten?« Wir hatten schon vorher an Bord ihre Langusten gegessen, schüttelten also den Kopf. Irritiert schauten sie uns an.

»Warum macht ihr dann ein Feuer? Wasser kocht ihr ja auch nicht.«

»Feuer ist einfach schön«, erklärte ich. »Wie Fernsehen, nur viel besser.«

In diesem Moment zweifelten die kubanischen Fischer wohl doch etwas an unserem Verstand. Aber sie ließen es sich nicht anmerken, sondern füllten mit einem verschmitzten Lächeln unsere Kühlbox mit Eis, mit dem sie ihre frisch gefangenen Fische kühlten. Das war wirklich eine nette Nachbarschaft. Und als sie von unserem Stockbrot aßen, das wir später in der Glut rösteten, waren sie von unserem »Fernsehprogramm« doch noch angetan.

Von der »Insel der Jugend«, der Isla de la Juventud, wo wir die *Baju* zurückließen, fuhren wir mit einer Fähre und einem Bus nach Havanna hinein. Zum Abschluss unseres Kubaaufenthalts wollten wir noch die Hauptstadt der Republik besuchen; sieben Tage hatten wir uns für Havanna und das Tabakanbaugebiet Viñales vorgenommen. In Havanna kamen wir schnell mit den

Einheimischen in Kontakt, durch den Tourismus wurde hier wohl nicht so streng kontrolliert.

Eines Abends saßen wir in einer Bar und tranken unseren üblichen Mojito aus weißem Kuba-Rum, braunem Zucker, Sodawasser und Minzblättern. Musik drang aus den Lautsprechern, und alle fingen zu tanzen an. Stefan und ich versuchten es ebenfalls, doch die Kubaner schüttelten nur den Kopf, als sie uns sahen. Im Gegensatz zu ihnen wiegten wir uns nicht in den Hüften, sondern mussten wie herumtrampelnde Holzbretter ausgesehen haben. Schließlich griff ein Kubaner meine Hand, eine unglaublich gut aussehende Kubanerin die von Stefan. Es war Verführung pur, wie sie ihre Hüften an seinem Körper bewegte. Jeder einzelne Muskel schien sich Stefan entgegenschwingen zu wollen. Seine Augen fingen zu leuchten an, und dem Mann, der mit mir tanzte, entging das natürlich nicht. Er hatte zuvor mit der attraktiven Schönheit getanzt, und nun ließ er mich stehen und ging stolzen Hauptes auf die beiden zu. Er entriss Stefan gleichsam sein Mädchen. Auf Kuba gäbe es die schönsten und anmutigsten Tänzer, das hatten uns alle Segler immer wieder erzählt. Sie sollten recht behalten.

Über und unter Wasser in Belize

Einst ein Geheimtipp unter Rucksacktouristen, war die mexikanische Karibikinsel Isla Mujeres, die »Insel der Frauen«, inzwischen überlaufen von amerikanischen Touristen. Die meisten von ihnen kamen für einen Tag von der Küstenstadt Cancún – ihre Hochhäuser konnte man in der Ferne sehen – angereist, um die Sandstrände und das kristallklare Wasser in Beschlag zu nehmen. Von einer »mexikanischen Atmosphäre«, wie es in einem unserer Reiseführer hieß, war dort, als wir Ende Mai 2010 die Insel erreichten, nichts zu spüren. Die Preise waren völlig überteuert, jedes Gericht in einem mexikanischen Restaurant in Deutschland wäre sicherlich günstiger und schmackhafter gewesen.

Stefan und ich setzten uns in unseren Salon und studierten nochmals unseren Segelführer für die mexikanische Küste. Da uns hier nichts hielt und es an der gesamten Küste anscheinend kaum geschützte Ankerplätze gab, war unsere Entscheidung schnell gefallen: Ohne einzuklarieren, wollten wir Mexiko rechts liegen lassen und weiter in den Süden segeln, nach Belize.

Als der Staat noch englische Kolonie war, hieß er Britisch-Honduras, 1981 erlangte er seine Unabhängigkeit. Gut vierzig Prozent der Fläche von Belize sind als Naturpark geschützt. Dazu gehören neben den Riffs die Mangrovengebiete zwischen den kleinen Inseln, den Cayes, sowie die Dschungelflächen auf dem Festland. Mindestens zehn verschiedene Marinereservate sollen die Wasserwelt schützen. In bestimmten Zonen darf nicht harpuniert werden, für Langusten und Königsmuscheln gelten bestimmte Schutzzeiten. Alles ist bestens organisiert, um dieses Paradies nicht zu zerstören. Wer mit dem Boot die Reservate zum Schnorcheln aufsuchen möchte, muss »Parkgebühren« zahlen. Eine lästige Angelegenheit für freiheitsliebende Segler, aber in diesem Fall gaben wir gern das Geld (Richtwert: fünf US-Dollar pro Tag und pro Person), da es sinnvoll verwendet wurde.

Die kleine Insel Tobacco Caye vor dem Festland von Belize war völlig anders als die Isla Mujeres. Kaum mehr als eine kleine Palmenansammlung, direkt an einem Riff gelegen. Nachdem wir geankert hatten, brauchten wir lediglich eine halbe Stunde, um die Insel zu umlaufen, inklusive einem Schwätzchen mit jedem Inselbewohner. Das gesamte Eiland bestand aus nichts weiter als einer Tauchstation, einer Bar, einem Imbissstand und einer Handvoll einfacher Unterkünfte. An den weißen Stränden waren unter großen, schattenspendenden Palmen Liegestühle aufgestellt oder Hängematten aufgespannt. Reggaemusik schallte aus den an Bäumen angebrachten Lautsprechern.

Wir segelten von Eiland zu Eiland – Belizes Inselwelt besteht aus über zweihundert Cayes, manche davon bewohnt, andere nicht, sodass man nach Belieben den Alltag Robinson Crusoes nacherleben kann. Wir genossen das unbeschwerte Flachwassersegeln, das angenehme Dasein unter Palmen, die entspannten Gespräche mit den Inselbewohnern.

Die Amtssprache in Belize ist Englisch, auf der Straße hörten wir aber auch die verschiedensten Dialekte, und im Süden von Belize wird zumeist Spanisch gesprochen. Ein paar Großfamilien teilen sich die wichtigsten Wirtschaftszweige: Die Strom- und Wasserversorgung wird von einem Clan kontrolliert, ein weiterer besitzt die Telefon-, ein anderer die Brauereirechte. Eigentlich gibt es nur eine Biermarke – eine Flasche Belikin kostete im Supermarkt 2,50 US-Dollar.

Blies der Passatwind tagsüber recht heftig, surfte und kitete Stefan, seine Sprünge wurden von Mal zu Mal höher. Ich hielt mich zurück, bislang hatte ich noch nicht den richtigen Kite-Lehrer gefunden. Stattdessen wartete ich darauf, dass der Wind

Entspannt im Hier und Jetzt: Strandspaziergang auf der Isla Tortuga, Venezuela.

Wochenend-Backpacker: Von unserem Apartment in Singapur brachen wir zu den verschiedensten Zielen auf – Kamelreiten in der chinesischen Region Xinjiang *(oben rechts)*, Schulbesuch in Laos *(Mitte rechts)*, Reisfeld auf Bali *(unten links)*, vor dem Taj Mahal in Indien *(unten rechts)*. Während Stefan arbeitete, unterrichtete ich Nyhati in Englisch *(Mitte links)*.

Ein junger buddhistischer Mönch in der kambodschanischen Tempelanlage Angkor Wat.

Abenteurer, Skipper und Stefans großes Vorbild: Der Österreicher Wolfgang Hausner auf seinem selbst gebauten Open-Bridge-Katamaran *Taboo* III.

Für zwei Wochen waren Stefan und ich Chartergäste auf Hausners Kat; die Reise führte uns von Borneo bis zu den Philippinen.

Stefan verfolgt aufmerksam, wie man durch den vor uns liegenden Kanal einen sicheren Ankerplatz ansteuert.

Beim abendlichen Lagerfeuer auf den Philippinen: Von Hausners abenteuerlichen Segelgeschichten konnten wir nicht genug bekommen.

Mit Schutzmaske beim Abschleifen des Anti-Fouling: Jedes Boot hat einen hochgiftigen Unterwasseranstrich, damit sich keine Algen oder Muscheln ansiedeln.

Kurz vor dem ersten Probesegeln in der Türkei erhält unser Schiff in einer der Marinas von Marmaris seinen neuen Namen.

Vorbereitungen für ein neues Leben: Mit unserem voll gepackten VW-Bus ging es von Deutschland über Griechenland in die Türkei; die *Baju* wird mit einem Kran ins Wasser gelassen *(oben rechts)*. Vorher hatte ich noch die Küche eingeräumt *(Mitte links)* und die Couch farbenfroh bezogen *(Mitte rechts)*. Nach einem ersten Großeinkauf waren wir bereit zum Aufbruch *(unten links)* – und genossen schon bald unsere erste Blauwasserfahrt unter vollen Segeln *(unten rechts)*.

Immer wieder begleiteten uns Delfine auf unserem Weg um die Welt. Jedes Mal war es anders, jedes Mal war es aufregend.

Ankern in der Bucht von Gibraltar: Hier erwarteten uns heftige Regenfälle und stürmische Winde.

In Sturmnächten hielten wir abwechselnd Wache. Drei Stunden Schlaf, dann hieß es hinein in die Sicherheitsweste und zurück an Deck.

Auf La Graciosa, der kleinsten Kanarischen Insel, trafen wir viele Segler, die wie wir den Atlantik überqueren wollten; in der Karibik begegneten wir vielen von ihnen wieder.

Anglerglück ...

Bitte nett lächeln: Eine der drei Riesenlangusten, die Stefan mit Einheimischen vor den Kapverden gefangen hat.

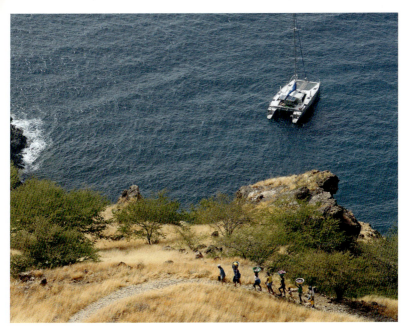
Vor der Kapverdischen Insel Brava ankerten wir allein in einer Bucht. Die Frauen trugen auf ihren Köpfen die von ihren Männern gefangenen Fische nach Hause.

»Adoptiveltern« für kurze Zeit: Viele Kinder aus dem Dorf Tantum sahen die *Baju* völlig selbstverständlich als ihr zweites Zuhause an.

Ankunft in der Karibik: Dominica, eine Insel der Kleinen Antillen, begrüßte uns mit einem Regenbogen, Papageiengeschrei und dem grünen Geruch des Dschungels.

Auf dem Weg zur Wäscherei: Nach zweieinhalb Wochen auf dem Atlantik trägt Stefan unsere Wäsche huckepack zum gründlichen Entsalzen.

sich wieder legte und das Wasser glatt und klar wurde, damit ich schnorcheln konnte.

Seit Tagen schliefen wir ohne Zudecke, nachts war es brüllend heiß in der Kabine. Einzig der kleine Zwölf-Volt-Ventilator brachte ein bisschen Luft, Stefan hatte ihn vor ein paar Tagen über unserer 1,40 Meter breiten Matratze eingebaut. An das gleichmäßig summende Geräusch der Ventilatorenblätter hatten wir uns schnell gewöhnt.

Als es draußen zu dämmern begann, richtete ich mich in meinem Bett auf. Stefan schlief noch tief und fest an meiner Seite. Ein perfekter Moment für meine Yogaübungen. Leise stieg ich aus dem Bett, um Stefan nicht zu wecken, zog mir bequeme Shorts an, streifte mir ein T-Shirt über, schnappte mir meine blaue Yogamatte, lief geräuschlos durch die Küche nach oben und öffnete die Cockpittür. Seitdem wir das Mittelmeer verlassen hatten, schliefen wir immer mit geschlossener Tür, dazu hatte man uns aus Sicherheitsgründen geraten.

Das Ziel war mein Netz. Dort rollte ich wie fast jeden Morgen meine Yogamatte auf den Holzplanken in der Mitte des Netzes aus. Meine Stunde! Wir ankerten allein in einer ruhigen Bucht. Ich ließ mich auf meiner Matte im Schneidersitz nieder und fing an zu meditieren, konzentrierte mich auf meinen Atem. Einatmen. Ausatmen. Nach einer Weile fing ich an, das Mantra *So Hum* auf meine Atmung abzustimmen.

Zehn, vielleicht fünfzehn Minuten genoss ich einfach nur die Stille. Sammelte mich. Öffnete meinen Geist. Nichts zu denken ist nicht leicht, selbst nach einiger Übung im Meditieren.

Jeden Gedanken fing ich ein, bevor er sich in meinem Kopf breitmachen konnte, und so brachte ich mich in den Moment zurück. Nicht in die Vergangenheit, nicht in die Zukunft, sondern ins Hier und Jetzt. Körper, Geist und Seele waren im Einklang – und wo konnte dieses Erlebnis schöner sein als auf der *Baju*, inmitten der Natur?

Ich machte ein paar leichte Übungen, um mich zu dehnen, und spürte, wie sich meine Wirbelsäule zu erwärmen begann.

Dann machte ich, wie jeden Morgen, den Sonnengruß, eine Abfolge von Yogaübungen im Fluss mit der Atmung.

Während ich schließlich ausgestreckt auf dem Rücken lag, in meiner Endentspannung *Shavasana*, hatte ich die Augen geschlossen. Plötzlich spürte ich Sonnenstrahlen auf meiner Haut, die Sonne musste inzwischen aufgegangen sein. Bestimmt hatte ich über eine Stunde auf meiner Matte zugebracht, auf meinem schwimmenden Yogastudio.

Ich fühlte mich entspannt, hatte losgelassen, nahm die Energie wahr, die durch meinen Körper floss. Langsam erhob ich mich, rollte meine Matte zusammen und lief zurück zum Cockpit. Kaffeeduft! Stefan war also schon wach und hatte Kaffee gekocht. Trotzdem folgte ich zuerst meinem täglichen Ritual, zog meine Sachen aus und sprang ins Wasser.

»Hey, ich komme auch!«

Das war Stefan, der mir nachsprang. Wir schwammen zueinander und gaben uns im Meer einen Gutenmorgenkuss. Schöner konnte kein Tag beginnen.

Als sich der Wind legte, kam die Zeit zum Schnorcheln. Ich konnte ohne Neoprenanzug und Lycra-Shirt eintauchen. Das Wasser hatte an der Oberfläche über dreißig Grad Celsius, selbst in einer Tiefe von drei bis vier Metern war es kaum zwei Grad kühler.

Die besten Schnorchelgebiete waren neben den Cayes das 320 Kilometer lange Außen- und Innenriff. Größer als dieses Riff ist nur das berühmte Great Barrier Reef an der Ostküste Australiens.

Beim Schnorcheln in dem wellenlosen flachen Wasser sahen wir unzählige Korallenarten, die von einer intakten Unterwasserwelt zeugten. Gefleckte Adlerrochen mit ihren riesigen Schwingen und dem peitschenartigen Schwanz schwammen im seichten Wasser bis zum Strand. Es gab Ammenhaie, Riffhaie.

Das Schorcheln hatte Lust auf mehr gemacht, und ich wollte auf Tauchstation gehen, aber Stefan musste noch den Vergaser reparieren und meinte zudem, dass am Mittag beim höchsten Sonnenstand noch bessere Lichtverhältnisse zum Tauchen herrschen würden. Also beschloss ich, die Zeit zu nutzen, um Joghurt anzusetzen.

Während sich Stefan die Arbeitsklamotten anzog, mischte ich das Milchpulver mit unserem Trinkwasser und erwärmte alles auf 40 bis 42 Grad. Anhand eines Thermometers konnte ich genau ablesen, wann es Zeit war, die Joghurtkultur unterzumischen. Es war wichtig, die richtige Temperatur zu berücksichtigen, sonst konnte es geschehen, dass die Kultur starb.

Der Joghurt musste nun fermentierten, was einfacher war, als es klingt: Ich musste ihn dazu einfach nur an einen warmen Ort stellen und ihn zwölf Stunden in Ruhe lassen. Nachdem das erledigt war, begab ich mich zu unserer Steuerbordkabine und holte unter dem dortigen Bett zwei Tauchflaschen hervor, Zwölf-Liter-Stahlflaschen, die wir auf Malta gekauft hatten. Die Atemregler befanden sich gleich daneben, und beides trug ich nacheinander an Deck. Die Tauchwesten waren in unserem Hobbyraum, Backbord vorne, deponiert. Ebenso Flossen, Neoprenanzug und Tauchmasken. Zuerst stellte ich Stefans Ausrüstung zusammen, anschließend meine eigene. Kurz vor Mittag gesellte sich Stefan zu mir, der inzwischen den Vergaser gesäubert hatte.

Stefan packte die Sachen ins Dinghi und zog an der Anlasserleine des Motors. Ich sprang hinterher. Kurzer Check: Flossen, Masken, Bleigurt, alles da. »Roger. Ab zur Boje. Die Tauchboote sind gerade weg, also werden wir alleine sein. Perfekt!«

Wir passierten das Riff und befanden uns danach auf dem offenen Meer. *Baby Baju* schaukelte auf den großen Wellen.

Nach einer Weile brüllte Stefan: »Da vorne ist die Mooring.« Und schon gab er Vollgas. Als wir die Leine der Mooring erreicht hatten, holte ich sie ins Boot und knotete sie mit der von *Baby Baju* mit einem Halben Schlag fest – einer Grundform beim Knüpfen von Knoten. Wir zogen unsere Ausrüstung an, checkten die Tauchcomputer und ließen uns nacheinander ins Wasser fallen.

Mühsam hielten wir uns am Dinghi fest. Wir hatten uns keinen einfachen Startpunkt ausgesucht. Die Wellen waren hoch, und es herrschte eine starke Strömung. Doch da wir ein eingespieltes Team waren, tauchten wir auf Kommando schnell ab. An der Mooringkette hangelten wir uns hinunter, es war gleichzeitig eine Möglichkeit, sie zu überprüfen. Oft hatten wir erlebt, dass sie nicht gut befestigt war. Und nichts wäre gefährlicher, als nach einem Tauchgang an die Wasseroberfläche zu gelangen, ohne dass ein Boot in Sicht war. Stefans Daumen und Zeigefinger bildeten aber einen Kreis, die drei anderen Finger waren gestreckt. Das Okay-Zeichen. Alles klar, dachte ich erleichtert.

Ein Blick auf meinen Computer gab mir zu verstehen, dass wir uns in einer Tiefe von 14,5 Metern befanden und das Wasser eine Temperatur von 28 Grad hatte. Luft war ausreichend vorhanden. Ich zeigte Stefan an, wohin ich schwimmen wollte. In dieser Tiefe gab es keine Strömung mehr. Das Wasser war glasklar. Ich sah nach oben, wo *Baby Baju* im Wasser zu tanzen schien. Erst jetzt widmete ich mich meiner Umgebung. Das Riff war intakt, verschiedenste Korallen leuchteten in der kraftvollen Mittagssonne, und um uns herum wimmelte es von Fischen, die meisten davon bunte Kofferfische in verschiedenen Größen.

Das wunderbare Gefühl der Schwerelosigkeit breitete sich in mir aus, dazu kam die herrliche Stille. Sogar Stefan schwieg ausnahmsweise. Einmal hatte er doch tatsächlich gesagt, er hätte gern Mikrofone, so könne man auch beim Tauchen quatschen. Er konnte wirklich immer reden. Ganz anders als ich. Und gerade das mochte ich am Tauchen, diese andere Welt, die eine Welt der Stille war. Stefan ging es eher um Extreme, er wollte lieber so tief wie möglich tauchen. Immer war er auf der Suche nach dem Tiefenrausch, der ihn faszinierte. Das brauchte ich nicht, mir reichten fünfzehn, zwanzig Meter, da war es immer noch sehr hell und die Sicht hervorragend.

Auch jetzt war Stefan bestimmt acht Meter unterhalb von mir. Nur gut, dass ich ihn noch erkennen konnte. Ich blieb auch auf meiner Höhe, bei mir, und vertiefte mich in den Makrobereich mit seinen Kleinstlebewesen. Seepferdchen wollte ich besonders gern mal wieder sehen. Nur einmal, auf den Philippinen, hatten wir diese filigranen Geschöpfe beobachten können.

Zwischendurch checkte ich auf dem Finimeter die Luftanzeige, alles war im grünen Bereich. Ungefähr die Hälfte des Tauchgangs war vorbei. Selbst bei diesen warmen Wassertemperaturen bekam ich nach fünfzig Minuten Krämpfe in den Waden, weil mir zu kalt wurde.

Wir entdeckten zwar keine Großlebewesen wie Schildkröten oder Haie, und dennoch war es toll. Stefan, der wieder auf meiner Höhe war, winkte mich zu sich heran. Ein Steinfisch. Durch seine Tarnung war er kaum zu erkennen. Wir näherten uns ihm aber nicht zu sehr, denn in seinen Rückenflossenstacheln befindet sich ein Gift, das auch für Menschen nicht ganz ungefährlich ist. Schade, dass unsere Unterwasserkamera nur in einer Tiefe bis zehn Meter funktionierte. Stefan sah ich an, dass er genau das Gleiche dachte, auch machte er ein Zeichen für eine Kamera.

Nach 48 Minuten zeigte ich Stefan einen nach oben gerichteten Daumen. Das Signal zum Auftauchen. Er nickte. Wir befolgten die Anweisungen des Tauchcomputers, dank ihm mussten wir nicht überlegen, was zu tun war, um sicher an die Wasseroberfläche zu gelangen.

Sobald wir unseren Kopf über Wasser hielten, sprudelte es aus Stefan nur so heraus. »Hast du den Oktopus gesehen? Die Muräne und die vielen Kofferfische? Und überhaupt erst die Korallen, wie die heute leuchteten …«

Danach schwammen wir zum Beiboot zurück. Stefan kletterte zuerst hinein, ich hielt währenddessen seine Ausrüstung. Anschließend liftete er seine, danach meine Flasche samt Ausrüstung an Bord. Der Wind hatte in der Zwischenzeit nachgelassen, der Wellengang war eindeutig weniger geworden.

Glücklich schmissen wir den Motor an, um zur *Baju* zurückzufahren. Nach dem Duschen schmiss Stefan unseren Tauchkompressor an, um die Pressluftflaschen wieder zu füllen. Das dauerte je Flasche zwanzig Minuten, in der Zeit kümmerte ich mich um einen Mittagssnack. Der Lärm des Kompressors war kaum zu ertragen, aber wenn man tauchen wollte, war es undenkbar, keinen an Bord zu haben. Völlig autark zu sein, das war immer Stefans Motto gewesen – auch beim Tauchen.

Als wir tags darauf am Außenriff vor St. George Caye segelten, um nach einem geeigneten Schnorchelplatz Ausschau zu halten, verfolgte uns eine Zeit lang ein Schwarm von drei Delfinen.

»Merkwürdig«, sagte ich, »normalerweise wird denen doch schnell langweilig, wenn *Baju* auf Rentnerkurs ist. Die ziehen von dannen, wenn das Boot nicht Fahrt aufnimmt.«

Noch erstaunter waren wir, als die drei Tiere nach dem Ankermanöver immer noch in einem äußerst gemächlichen Tempo um die *Baju* herumschwammen. Wir hatten nichts dagegen, zogen Flossen an und setzten die Schnorchelbrille auf. Vorsichtig stiegen wir ins »Delfinbecken«. Eine Viertelstunde schnorchelten wir mit dem Meeressäugertrio, es erschien uns mit den zwei größeren Tieren und einem kleineren wie eine Familie. Mehrmals tauchten sie direkt unter uns durch oder holten dicht neben uns Luft. Wir konnten es kaum fassen. Bislang hatten wir noch nicht das Glück gehabt, mit Delfinen zu schwimmen.

Plötzlich setzten sich die drei verspielten Säuger ein wenig vom Boot ab – und eines der größeren Tiere stieß seinen Körper ungefähr einen Meter aus dem Wasser, wobei die anderen beiden ihn nah umkreisten. Dann folgte ein großes Geplansche und wilde Aufregung an der Wasseroberfläche.

Nachdem wir zurück auf dem Schiff waren und geduscht hatten, ließen wir unsere Blicke glücklich übers Wasser gleiten.

»Heike, spinne ich? Siehst du, was ich sehe?« Auf einmal waren die Delfine wieder aufgetaucht, und es waren nicht mehr drei Schwanzflossen, sondern vier – die vierte Flosse war sehr viel kleiner als die drei anderen. Allem Anschein nach waren wir an diesem Tag Zeugen einer Delfingeburt geworden.

Bei einem anderen Schnorchelgang am Außenriff lernten wir einen Manatee aus nächster Nähe kennen. Mit Walen und Robben zählen Seekühe zu den größten Meeressäugern. Unsere Seekuh war über drei Meter lang und fast genauso breit. Mit ihrer Schwanzflosse hätten sie als Meerjungfrau durchgehen können, doch ihre Trägheit glich der eines Elefanten. Dazu passte auch ihre graue Farbe.

Als wir uns auf Augenhöhe befanden, mussten wir im ersten Moment schlucken, zumal sie uns mit ihrer massiven Schnauze – die gar nicht so richtig zu dem kleinen Kopf passen wollte – beschnupperte. Anscheinend fand sie uns spannender als Seegräser und Wassersalate. Nach einer Weile machte die Seekuh immer noch keine Anstalten, ihren Weg fortzusetzen, und fing an, mit uns zu spielen. Wir schwammen ihr nach, und sie erlaubte es uns sogar, dass wir sie anfassten. Süß, diese raue Haut mit den winzigen Härchen. Überhaupt nicht glitschig, was ich im Wasser nicht erwartet hatte. Ich konnte mit dem Streicheln gar nicht mehr aufhören. Schließlich wurde dieses Riesenvieh so zutraulich, dass sie sich von Stefan sogar »dressieren« ließ. Wir schwammen nicht mehr ihr nach, sondern sie folgte ihm gemächlich, selbst zum Luftholen kam sie mit ihm an die Wasseroberfläche.

Eine Stunde dauerte dieses überraschende Erlebnis. Später erst las ich, dass Seekühe sehr gefährdet sind. Zum einen sind Motorschrauben eine große Gefahr für sie, weil ihnen Skipper mit ihren Speedbooten, wenn sie übers Wasser brettern, schwere Verletzungen zufügen können. Manatees müssen zum Einatmen von Sauerstoff an die Wasseroberfläche kommen und hören die Motoren nicht. Zum anderen sind viele Meeresregionen derart von Müll und Umweltgiften verseucht, dass sie in ihnen nicht mehr ausreichend Nahrung finden. Ihre Rückzugsgebiete gehen ihnen immer mehr verloren.

Auf eine besondere Art von Müll stießen wir, als wir kurz darauf unterwegs zu kleineren Naturschutzinseln im Südosten des Landes waren. Mit neun Knoten segelten wir ohne Wellengang, da wir uns immer noch hinter dem Außenriff befanden – bis auf einmal eine große Fläche Treibgut auftauchte, größtenteils organischer Müll, aber auch eine Menge Plastikabfälle.

Kaum hatten wir das Feld erreicht, passierte es: Ein acht Meter langer und enorm dicker Baumstamm tauchte vor uns auf, und wir schlitterten bei einem Tiefgang von sechzig Zentimetern über ihn hinweg. Ein ungeheures Scheppern, Kratzen und Knartzen war zu hören. Das Boot wurde leicht angehoben, und wir sahen, wie die Ruderblätter hochknickten. Sie waren mit zwei Holzstangen fixiert, die bei derartigen Vorfällen brechen sollten, um das Anheben der Blätter zu ermöglichen. Eine geniale Konstruktion. Schließlich tauchte das Monstrum von Stamm wieder auf – und wir fuhren mit unveränderter Geschwindigkeit weiter.

Augenblicklich kontrollierten wir, ob etwas Schlimmes geschehen war. Wir checkten die Bilge vorne, hinten, steuerbord, backbord – kein Wasser im Rumpf. Nichts. Zum Glück. Erleichtert atmeten wir auf. Außer den gebrochenen Holzstangen in der Ruderanlage schien das Boot keinen Schaden genommen zu haben. Stefan hatte innerhalb von zwei Minuten zwei neue Sollbruchstücke abgesägt. Er sprang auf das Ruder, um es während der Fahrt herunterzudrücken, und schob das Stück Holz in seine Vorrichtung. Was wir erlebt hatten, war der Albtraum eines jeden Seglers: mit Vollgas eine Kollision. Dazu brauchte man keinen Baumstamm, ein über Bord gefallener und halb gesunkener Container oder ein schlafender Wal taten es auch.

Noch eine halbe Stunde segelten wir Slalom durch weitere Müllfelder und Baumstämme, die teilweise zwanzig Meter lang waren – fast schien es, als schwämmen hier ganze Wälder.

Der Ranger für die Sapodilla Cayes, die wir am späten Nachmittag erreichten, bestätigte unsere Vermutung: Dies alles war Treibgut aus dem Grenzfluss Motagua, der Guatemala von Honduras trennt. Dort hatte eine Woche zuvor der Tropensturm Agatha gewütet. In den Ländern Guatemala, El Salvador und Honduras tötete der Sturm rund hundert Menschen, mehr als 100 000 Personen mussten vor den Wassermassen und Schlammlawinen fliehen – der Notstand war am 30. Mai ausgerufen worden. Und alles, was der Regen mitgerissen hatte, dem waren wir unterwegs begegnet.

Regen gab es auch immer wieder in den nächsten Wochen. Doch als Segler konnten wir uns darüber freuen. Wir hatten eine spezielle Wasserauffanganlage, bei der wir entscheiden konnten, ob wir das Regenwasser direkt in unseren Wassertank leiten wollten oder nicht. Oft tanzten wir auch nur im Regen, schrubbten in Badeshorts und Bikini das Deck, duschten ausgiebig.

Dennoch, die Zeichen waren nicht zu übersehen: Die Hurrikanzeit war angebrochen. Weitersegeln wurde langsam unmöglich. Die nächsten fünf Monate sollten wir auf dem Río Dulce verbringen, dem »Süßen Fluss«, einem alten Handelsweg der Maya. »Auf Wiedersehen, Belize«, sagte Stefan. »Guatemala, wir kommen.« Wir freuten uns auf Mittelamerika.

Warten am Río Dulce

Der Río Dulce verbindet mit seiner Länge von rund vierzig Kilometern den größten See in Guatemala, den Izabal-See, mit der karibischen Küste. Der Süßwasserfluss ist bekannt als »Hurricane Hole« – da er so weit im Landesinneren liegt, dass tropische Wirbelstürme einfach über diese Gegend hinwegblasen. Es gibt Spezialversicherungen für Boote gegen Hurrikanschäden, aber die meisten Policen verbieten es regelrecht, während der Sturmzeiten in den Gefahrengebieten zu segeln. Außer unserer Bootshaftpflicht hatten wir keine Versicherungen – und niemals hätten wir die *Baju* unnötig einer Gefahr ausgesetzt. Der Katamaran war unser Zuhause. Das erste Mal hatten wir die Hurrikansaison auf Inseln vor Venezuela hinter uns gebracht, jetzt wollten wir die Wartezeit in einer Marina auf dem Río Dulce verbringen.

Es herrschte Windstille. Wir mussten bis zur Mündung des Río Dulce motoren, die Segel hatten wir eingezogen. Am Nachmittag kam leichter Schiebewind auf, den wir gut gebrauchen konnten, denn wir mussten zusehen, dass wir noch rechtzeitig vor 17 Uhr in Livingston einklarieren konnten, dem Verwaltungssitz an der Karibikküste Guatemalas. Andernfalls hätten wir Überstundengebühren zahlen müssen.

Wir liefen gerade noch rechtzeitig ein. Eine Beamtenschar fiel über uns her, die aber – anders als in Kuba – schnell wieder verschwunden war. Das Einklarieren verlief unkompliziert, bald hielten wir unsere gestempelten Papiere in den Händen.

Von Livingston aus folgten wir dem Flusslauf bis zum Einbruch der Dunkelheit. Nach einer einzigen Biegung waren wir bereits inmitten eines dichten, spektakulären Dschungelgebiets. Uns umgab eine Kulisse von fast senkrecht aufstrebenden Dschungelwänden in allen erdenklichen Grünfarben, wilde Pflanzen, die mit ihren Formen und Farben surrealen Gemälden entsprungen zu sein schienen, dazwischen auf Stelzen gebaute kleine Bambushütten in warm schimmernden Honigtönen.

Bis zum Sonnenuntergang verfolgten wir dieses faszinierende Farbenspiel und konnten uns daran nicht sattsehen. Die Brüllaffen waren weder zu übersehen noch zu überhören, und doch wurden sie gelegentlich von dem Geschrei unzähliger Papageien übertönt. Unsere erste Flussfahrt mit der *Baju* wurde zu einem Highlight unserer bisherigen Reise.

Die Nacht ankerten wir in dem ungewohnt feuchten Klima auf dem Río Dulce, weshalb wir vorne im Netz schliefen. Geweckt wurden wir am nächsten Morgen von Motorengeräuschen. Der Fluss ist der einzige Transportweg in dieser Gegend, und so ging es manchmal zu wie zur Rushhour in Bangkok. Neben den vielen Motorbooten paddelten Einheimische in einem Einbaum nach Livingston oder kehrten mit Einkäufen von der Stadt zurück. Nur gab es keine roten Ampeln.

Überall stießen wir auf Marinas, die an kleinen Holzstegen, an denen drei bis sechs Boote andocken konnten, erkennbar waren. Sie waren mit Warmwasserduschen und offenen Aufenthaltsräumen ausgestattet, in deren Nähe Hängematten zwischen Bäumen gespannt waren.

Sie wirkten auf mich sehr einladend, und ich freute mich, dass der Río Dulce nicht nur ein sicheres Hurrikan-Schlupfloch zu sein schien, sondern auch noch ein besonders angenehmes. An einem solchen Steg brauchten wir nicht einmal unser Dinghi, um an Land zu gehen. Und mit dem Süßwasser konnten wir unseren Motor durchspülen.

»Vergiss bei deinem Süßwasserglück nicht, dass wir neue Segel anfertigen lassen müssen«, bremste Stefan ein wenig meinen Eifer. »Das ist viel wichtiger. Die *Baju* muss wieder richtig auf Vordermann gebracht werden. Und denk auch daran, wir werden in unserer Marina für die nächsten Monate Nachbarn haben!«

»Seid wann bist du auf einmal menschenscheu?«

»Nicht menschenscheu, aber wenn Seglernomaden sesshaft werden, muss es nicht unbedingt lustig zugehen.«

Am Nachmittag erreichten wir unser vorläufiges Ziel, die Mango Marina. Ich hatte hier einen Platz reserviert – den Tipp hatte ich von Seglern bekommen, die die letzte Saison in diesem kleinen »Hafen« verbracht hatten. Es war ein echter Glücksgriff, 230 US-Dollar hatten wir pro Monat an Liegegebühren zu bezahlen.

»Willkommen«, begrüßte uns eine Frau auf Spanisch, als wir die *Baju* festgemacht hatten. »Ich leite die Marina, der Boss ist aber Luis, ein Kanadier, der momentan in seiner Heimat ist.« Sie lachte, und strahlend weiße Zähne blitzten in ihrem runden Gesicht auf, das von einer Unmenge von lockigen schwarzen Haaren umrahmt war. Trotz der Hitze trug sie lange Hosen und ein T-Shirt. »Ich heiße übrigens Carmen, und ihr?«

»Ich bin Heike, und das ist Stefan.«

In den nächsten Monaten saßen wir viele Abende mit ihr zusammen, aßen ihr gutes Essen und spielten Brettspiele mir ihr. Carmen sprach kein Wort Englisch. Für Stefan bot das eine gute Möglichkeit, endlich mit dem Spanischlernen anzufangen.

»Mmmh, was duftet hier so gut?«, fragte ich Carmen, als ich aus der Dusche trat.

»*Empanada de pollo*«, antwortete Carmen. »Wollt ihr welche?«

»Na klar, ich ziehe mich nur schnell an, hole Stefan und bringe eiskaltes Bier mit.«

Als Stefan und ich zu ihr zurückkehrten, hatte Carmen schon den Tisch gedeckt. Die gefüllten Teigtaschen mit Huhn, zu dem sie schwarzes Bohnenmus reichte, waren einfach köstlich.

»*Gracias*, dass du uns immer so gut versorgst.« Stefan lächelte Carmen an.

Die Managerin der Mango Marina liebte es, sich um andere Menschen zu kümmern. Für sie waren wir ihre Ersatzfamilie, wenn auch nur für eine begrenzte Zeit. Carmen erzählte, dass sie froh sei, diesen Job zu haben, denn sie lebe alleine und habe keinen Mann, der sie finanziell unterstützen könnte.

»Bist du nie verheiratet gewesen?«, fragte ich. Es erschien mir unwahrscheinlich, dass eine Frau in Lateinamerika unverheiratet blieb.

»Doch, aber nur kurz, dann habe ich mich scheiden lassen.« Die dunklen Augen von Carmen wurden noch dunkler, doch dann blitzte es in ihnen wieder auf. »Aus dieser Ehe habe ich eine Tochter, die mir einen wunderbaren Enkel geboren hat, am Wochenende kommt er mich besuchen.«

»Wie alt ist er denn?« Es erschien mir besser, nach dem Enkel zu fragen und nicht nach dem Ehemann.

»Sieben. Er geht in dem Waisenhaus am Fluss zur Schule. Dort lebt er auch die Woche über, denn der Mann meiner Tochter akzeptiert den Jungen nicht. Er stammt aus einer ersten Ehe.« Carmen schüttelte traurig den Kopf. »Dabei ist er ein so lieber Junge.« Man sah ihr geradezu an, wie es in ihr wühlte, wie sie sich schließlich zusammenriss und sich an Stefan wandte: »Es sind noch *Empanadas* da.«

Stefan konnte einfache Dialoge im Spanischen schon recht gut verstehen und wusste auf sie auch zu antworten: »Ich platze bald, es passt nichts mehr rein. Aber dein Bohnenmus ist echt das beste, was ich bislang hier am Fluss gegessen habe.«

Carmen strahlte.

Stefan schlug vor, ein Brettspiel zu spielen. »Carcassonne« – es war unser einziges Spiel an Bord, das man zu mehreren spielen konnte, ein handliches Legespiel mit kleinen Figuren, die Ritter, Wegelagerer, Mönche und Bauern darstellen und Straßen, Wiesen und Städte bebauen müssen. Am Ende gewinnt der, der am meisten Baufläche belegt hat. Geduldig erklärte Stefan Carmen die Regeln. Ich lehnte mich auf meinem Stuhl zurück, hörte nur zu.

141

Stefan war in den vergangenen Monaten immer brauner, das Haar an einigen Stellen durch die Sonne fast weizenblond geworden, und durch das Segeln hatte er an Muskeln zugelegt. Gut sah er aus. Als Stefan das Spiel von der *Baju* holte, hatte sie gesagt, dass sie in ihrem Leben noch nie ein Brettspiel gespielt hätte. Eigentlich war das eine unfaire Ausgangslage, denn wir beide waren Meister in »Carcassonne«.

Und dann ging es los. Der Einfachheit halber spielten wir nur die Basisversion. Carmen lernte das Spiel sehr schnell und war richtig gut darin. Wir mussten regelrecht um unseren Meistertitel bangen.

Es war ein unvergleichliches Erlebnis, am nächsten Morgen mitten im Dschungel aufzuwachen und dem Geschrei der Brüllaffen zu lauschen, dabei zu wissen, dass wir in unserer Marina nicht nur fließend Wasser hatten, sondern auch einen kleinen Swimmingpool. Mit *Baby Baju* fuhren wir ins nächste kleine Dorf, eigentlich war das Örtchen Fronteras nur eine Aneinanderreihung von kleinen Läden an einer schmalen Straße. Supermärkte im amerikanischen Stil mit Selbstbedienung waren hier unbekannt, stattdessen stand jemand hinter der Theke und fragte nach den Wünschen. Und die meisten konnten auch erfüllt werden.

Wir waren rundum versorgt. In einem kleinen Lokal konnte man Reis und Bohnen essen oder Reis und Huhn oder Reis und Fisch. Fronteras liegt an einer großen, modernen Brücke. Die Bezeichnung »Fronteras« heißt übersetzt Grenze. Sie stammt noch aus den Tagen, an denen man nur per Schiff den Fluss überqueren konnte. Fronteras war damals die letzte größere Siedlung, bevor man auf die lange und beschwerliche Reise in das Hochland Peten aufbrach.

Mit dem Bus fuhren wir zum Izabal-See und erkundeten dort ein kleines Fort. Anfang des 16. Jahrhunderts, als Spanien und Guatemala Handel trieben, wurden die finanziellen Verluste durch englische Piratenangriffe immer größer. Am Izabal-See wurde deshalb 1652 ein spanisches Fort auf einer kleinen Halbinsel zum Schutz gegen die Piraten erbaut. Ende des 17. Jahrhunderts, als die Piraten Geschichte waren, wurde das Fort als Gefängnis genutzt.

Später entdeckten wir nach einer kurzen Dinghi-Fahrt inmitten eines Mangrovenhains eine Dschungel-Lodge mit einer Bar. Sie hieß Casa Perico und wurde von drei Schweizern geführt, Albert, Peter und Hubert. Die drei waren vor Jahren hierher ausgewandert und hatten inzwischen guatemaltekische Frauen geheiratet und mit ihnen Familien gegründet. Einmal in der Woche gab es dort ein sagenhaftes Büfett mit Schweizer Spezialitäten.

Seit Tagen regnete es schon. Tropenregen. Es war grau und trist. Eine Kaltfront lag über uns und wollte einfach nicht weiterziehen. Unser Deck brauchte dringend einen neuen Anstrich, das war wegen des schlechten Wetters aber nicht möglich. Dennoch mussten wir mit der Dose Farbe, die wir noch in Fronteras gekauft hatten, einen Probeanstrich machen.

»Komm, Heike, ich bastle am Schwert, und du streichst«, versuchte mich Stefan zu motivieren. »So können wir sehen, ob die Farbe passt und wirklich rutschfest ist. Das gesamte Deck streichen wir auf unserer Weiterfahrt, dafür finden wir eine schöne sonnige Insel.«

Während ich dabei war, an einer trockenen Stelle den Probeanstrich vorzubereiten, hörten wir jemanden »*Hola amigos!*« rufen.

Stefan und ich blickten über Bord und sahen einen Einheimischen, der tropfnass in seinem Holzkanu saß. Er wollte uns eine Schale aus Palmenholz verkaufen. Im Grunde brauchten wir keine Holzschale. Aber so durchweicht wie der spargeldürre Jugendliche da in seinem Boot saß, hungrig dreinblickend, war ich nahe daran, mich erweichen zu lassen.

In diesem Augenblick fragte der Durchnässte auf Spanisch: »Habt ihr Arbeit für mich?«

Auf Deutsch sagte ich zu Stefan: »Findest du nicht, dass der junge Mann unser Unterwasserschiff schrubben könnte?«

Ricardo, so hieß der junge Mann, nahm mit leuchtenden Augen unser Arbeitsangebot an, zumal wir ihn mit einem regionalen Spitzenlohn entlohnten (der Tageslohn für einen ungelernten Arbeiter betrug in Guatemala damals sieben Euro) – dazu luden wir ihn zu einem warmen Mittagessen ein.

Während wir zusammen aßen, erfuhren wir, dass er zwanzig war und vier jüngere Geschwister hatte, die alle im Waisenhaus lebten. Er sei immer froh, wenn ihn Yachtbesitzer für einen Job anheuern würden. Seine Geschwister würden im Waisenhaus die Schule besuchen, doch das koste im Monat viel Geld. Zum Abschied drückten wir Ricardo seinen Lohn und noch ein paar Kekspackungen für seine Geschwister in die Hand.

Unangenehme Nachbarn, vor denen Stefan gewarnt hatte, gab es in der Mango Marina zum Glück nicht. Dafür gab es einen ganz speziellen Charakter namens Colin. Nicht der Typ Backpacker, wie wir ihn in Belize so oft angetroffen hatten. Bei den Backpackern kreisten die Gespräche meist um Waschsalontipps, Grillpartys am Strand, Sex, Liebe und Spaßhaben.

In der kleinen Community der Segler ging es eher um die Reparatur des Gasbackofens, des Autopiloten oder um die neuesten Wetterprognosen. Doch Colin entsprach auch nicht dem gewöhnlichen Segler. Er strahlte etwas aus, das am ehesten mit alternativer Lebensentwurf zu umschreiben war.

»Hi«, hatte er uns eines Tages begrüßt. »Ich bin Colin.« Der große Mann mit dem blonden Schnauzer war Amerikaner, vielleicht Ende vierzig, vielleicht auch Ende fünfzig; es war schwer einzuschätzen, ein ausgeblichenes Tattoo auf seinem Oberarm war nicht zu übersehen. So wie es bei ihm an Deck seiner zwölf Meter langen Segelyacht aussah, hatte er schon einige Jahre an diesem Holzsteg sein Boot festgemacht. (Insgesamt fünf, wie wir später erfuhren.) Es war komplett vollgestellt, überall standen Kisten mit billigem Krimskrams herum. Es schien, als gehörte er zu jenen Seglern, die im Río Dulce hängen geblieben

Osterregatta vor der Grenadineninsel Bequia: Wir wurden von drei amerikanischen College-Boys für das Rennen engagiert.

»We did it again!«: Jeden Tag segelten wir als Erste durchs Ziel.

Windsurfen vor dem eigenen Katamaran: für Stefan die Erfüllung eines lang gehegten Traumes (hier vor der Belize-Insel Caye Caulker).

Auf meinem Stand Up Paddle beobachtete ich stundenlang Schildkröten und bunte Fische im klaren Wasser.

Zum Surfen konnten die Wellen gar nicht hoch genug sein.

Kitesurfen im Korallengarten: Stefan gleitet über die Unterwasserwelt vor dem Archipel Los Roques (Venezuela).

Das schönste Yogastudio der Welt: Morgens machte ich vorne im Netz meine Yogastellungen und meditierte, selbst wenn Chartergäste an Bord waren.

Drei Monate verbrachten wir auf Kuba, begeistert von den Menschen, den pastellfarbenen Art-déco-Häusern und den amerikanischen Oldtimern.

Süßwasserparadies mit hohem Romantikfaktor: Am Río Dulce (Guatemala) warteten wir die Hurrikanzeit ab.

Mitten im Dschungel wurde unsere neue Genua genäht, begleitet von Verdi und Brüllaffengeschrei.

Die letzte Schleuse im Panamakanal ist geschafft, das Tor zum Pazifik öffnet sich!

Eintauchen: Das Leben unterhalb der Wasseroberfläche war für uns genauso spannend wie das oberhalb – eine Seekuh dressierte erst uns, dann wir sie *(oben rechts)*, farbenprächtige Korallen lockten zum Schnorcheln *(Mitte links und rechts)* und Begegnungen mit Oktopoden *(unten links)* oder Stachelrochen *(unten rechts)* krönten das Unterwassererlebnis.

Unser neues Haustier: „Fritzi" hüpfte vor der Galapagos-Insel Sankt Cristóbal auf die *Baju*, und fortan war der Seelöwe von seinem Sonnenplatz kaum noch wegzubekommen.

In Puerto Ayora, auf der Galapagos-Insel Santa Cruz, besuchten wir die berühmte Charles-Darwin-Forschungsstation und staunten über die Bewegungen der Riesenschildkröten.

Stefan genießt den Sonnenuntergang vor der Südseeinsel Fatu Hiva, die zu den Marquesas gehört.

Den Kindern in der Anaho-Bucht auf Nuku Hiva zeigte ich, wie man ein Slackline-Band zwischen Bäumen befestigt und darauf balanciert.

Von jungen Damen umzingelt: Stefan bei einem Dorfspaziergang im Norden von Hiva Ova, einer weiteren Marquesas-Insel.

Auf der Marquesas-Insel Tahuata führte uns eine Einheimische in die Kunst der Dachgestaltung aus Palmenblättern ein.

Die Hakatea-Bucht auf Nuku Hiva: Hier ankerte die *Baju* am 9. Oktober 2011, am Tag von Stefans Ermordung.

Retter in größter Not: Meine holländischen Freunde Daphne und Vries auf ihrer Segelyacht *Aquamante*, auf die ich nach der Befreiung von Henri Arihano Haiti flüchtete.

Der mutmaßliche Mörder von Stefan. Der Mann, der uns am Tag zuvor noch Pampelmusen geschenkt hatte.

Kurz vor der Rekonstruierung des Geschehens auf Nuku Hiva im April 2012: Das Boot mit dem gefesselten Henri Arihano Haiti an Bord landet in der Hakatea-Bucht.

Trotz allem: Noch heute verspüre ich beim Anblick weißer Segel vor tiefblauem Himmel ein unglaubliches Gefühl von Freiheit.

waren. Das Wetter war zu schön, Drogen und Frauen waren günstig zu haben. Gründe gab es immer, nicht mehr die Segel zu hissen.

»Hey«, hatten wir von unserem Katamaran zurückgerufen. »Wir sind Heike und Stefan.«

Eines Abends saßen wir gemeinsam bei einem Sundowner auf seinem Boot, und Stefan fragte Colin, ob er einen fliegenden Laden betreiben würde.

Colin grinste breit unter seinem Schnauzer. »Hab gerade günstig einen Restposten Gasanzünder aus Amerika bekommen. Solltet ihr einen brauchen … Im Angebot sind auch Messer, Sprachcomputer, Uhren, Deodorants. Eigentlich alles.« Sein Grinsen wurde noch breiter, als er mich fixierte und hinzufügte: »Und dann hab ich da auch noch ganz heiße Ware …«

»Wieso schaust du mich an?« Ich musste lachen, Colin war ein Typ, den man sofort mochte.

Er zog eine Kiste zu sich heran und holte eine Handvoll Stringtangas hervor, in Lila, Rot, Schwarz, mal mit Spitze, mal ohne, aber stets ein Hauch von Nichts.

»Die Frauen hier sind ganz wild drauf, der absolute Hit. Wären solche Dinger nicht auch was« – er zwinkerte mir zu – »für dich?«

»Nein, nein«, wehrte ich ab. »Das ist überhaupt nicht mein Stil.«

»Schade«, meine Colin, »aber es stimmt, meine Stringtangas kaufen meist Prostituierte – oder Männer für ihre Frauen. Für welche auch immer.«

Colin musste dabei an seine aktuelle Flamme gedacht haben – oder an »welche auch immer«. In den nächsten Monaten fanden wir nämlich heraus, dass die Damen auf seinem Boot rasch wechselten, zwar nicht täglich, aber doch wöchentlich. »Das ist meine neue Freundin«, so stellte er die deutlich jüngeren, deutlich überschminkten Frauen jedes Mal vor. Ohne Namen – wahrscheinlich konnte er sich die selbst nicht merken, obwohl er für einen Amerikaner außergewöhnlich gut Spanisch sprach.

Manchmal sagte er: »Das ist eine Kundin!« Stefan und ich konnten uns ein Grinsen kaum verkneifen.

»Was kostet denn eine Kundin?«, fragte ich ihn einmal. »Wie viele Stringtangas?«

»Das bleibt mein Geheimnis«, bemerkte Colin süffisant.

Colin hatte nie einen Beruf ausgeübt. Als junger Mann war er mit einem Anhänger durch Amerika gefahren, kaufte Sachen auf Straßenflohmärkten auf, die er dann zu Auktionshäusern brachte. In Miami besaß er schließlich selbst ein solches Haus, zusammen mit einem Freund. Irgendwie ging dann alles den Bach hinunter, sodass er ein Boot erwarb, um in der Karibik Geschäfte zu machen.

Bei einem unserer nächtlichen Treffen sah uns Colin einmal eindringlich an: »Ihr braucht eine Waffe! Bestimmt habt ihr keine Waffe an Bord.«

»Hast du denn eine an Bord?«, fragte Stefan.

»Klar, alle Amis führen Waffen mit sich.«

Bevor wir mit der Weltumsegelung starteten, hatte man uns in der Türkei eine Pistole angeboten. Wir lehnten ab, dachten, dass eine Waffe bei uns an Bord nichts zu suchen hat. Wir wollten offen auf alle Menschen zugehen. Nahmen wir an, dass ständig etwas passieren konnte, so argumentierte ich, würden wir die Leute ganz anders betrachten. Stefan teilte meine Meinung. Und unsere Einstellung war richtig und galt ohne Einschränkung für das Mittelmeer, die Kanarischen Inseln und die Kapverden. Mit dem karibischen Inselbogen fing sie jedoch an zu wackeln. In der Dominikanischen Republik und erst recht in Mittelamerika war Piraterie unter den Fahrtenseglern ein großes Thema. Erst wenn man selbst in unsicheren Gewässern unterwegs ist, begreift man: Auf dem offenen Meer ist man gewaltbereiten Menschen vollkommen ausgeliefert, eine Waffe erscheint einem da leicht als die einzige Möglichkeit, sich zu wehren.

»Meinst du, wir brauchen doch eine Waffe?«, hatte ich Stefan bereits vor der Küste Venezuelas gefragt, nachdem wir erneut von bedrohlichen Situationen gehört hatten.

»Ganz ausschließen würde ich das nicht mehr«, hatte er erwidert.

»Aber wo sollen wir uns eine Waffe besorgen? Wir können kaum im nächsten Hafen in einen Laden gehen und sagen: ›Guten Tag, wir hätten da gern mal eine Pistole, mit der wir uns gegen Piraten verteidigen können.‹ Der Besitz ist illegal, wir haben keinen Waffenschein. Und kannst du überhaupt mit einem solchen Ding umgehen?«

»Klar, das hab ich bei der Bundeswehr gelernt. Ich weiß, wie man eine Waffe reinigt, wie man eine Patrone einlegt, wie man schießt. Sollten wir an eine Waffe kommen können, sollten wir sie uns zulegen. Ich zeige dir dann auch, wie man schießt, damit du sie im Notfall benutzen kannst.«

Und nun saßen wir mit Colin zusammen, ein heftiger Tropenguss ließ den Regen in Strömen vom Himmel fallen, und eine Waffe schien zum Greifen nah.

»Ihr wollt weiter nach Honduras. Auf dem Weg nach Panama kommt ihr an kolumbianischen Inseln vorbei, eine gefährliche Ecke«, sagte unser Bootsnachbar, während er mit nachdenklichem Blick auf den Río Dulce blickte. »Ihr müsst euch verteidigen können. Natürlich könnt ihr in Karawane segeln, aber mir scheint, das ist nicht so euer Ding.«

Da lag Colin ganz richtig. Sich mit anderen Seglern zusammenzutun, kam für uns nicht wirklich infrage. Bei einem langsameren Schiff vor uns hätten wir ständig Fahrt reduzieren müssen – und damit war zu rechnen, denn die *Baju* war ziemlich schnell.

Und wenn ein Schiff in einer Karawane angegriffen wurde, was würde man selbst tun? Hätte man tatsächlich den Mut, umzudrehen und zu helfen? Sich in Gefahr zu begeben? Sein eigenes Leben zu riskieren?

Das waren Fragen, mit denen man sich nur ungern auseinandersetzte.

»Aber sollten wir bedroht werden«, warf ich in die Diskussion ein, »ich glaube nicht, dass ich auf andere Menschen schießen würde, auch wenn sie uns im Visier haben. Oder doch?« Plötzlich war ich mir nicht mehr so sicher. *Was hätte ich getan, wenn ich in der Nacht im Dschungel Nuku Hivas eine Waffe gehabt hätte? Hätte ich abgedrückt?*

»Du kannst aber zumindest einen Warnschuss abgeben«, meinte Stefan. »Dann wissen die Piraten, dass du bewaffnet bist. Ich habe gehört, dass sie in solchen Fällen oftmals umkehren und erst gar nicht an Deck kommen.« Zu Colin gewandt sagte er: »Selbst wenn wir eine Waffe wollten, wir können kaum in einen Waffenladen gehen und einfach eine kaufen.«

»Das ist auch nicht nötig. Ich habe eine Waffe für euch«, stellte Colin mit seinem üblichen Grinsen fest, stand auf und holte von seinem Boot zwei Verteidigungswaffen, eine Pistole und eine Schrotflinte, die er offen auf den Tisch legte.

Mir blieb das Herz fast stehen – auf dem Fluss fuhr gerade ein patrouillierendes Polizeiboot vorbei, und ich war mir sicher, dass unser Nachbar keinen Waffenschein besaß. Aber er geriet überhaupt nicht in Panik, dabei hatte er das Staatsschiff ebenfalls registriert. Als die Polizisten außer Sichtweite waren, atmete ich tief durch.

»Du kannst die Waffen ruhig anfassen«, sagte Colin, immer noch unbeeindruckt. »Aber pass auf, sie sind geladen. Eine ungeladene Waffe an Bord ist nämlich eine große Dummheit.« Doch dann überlegte er es sich anders. Bevor er uns die Waffen in die Hand drückte, ließ er die Patronen auf den Tisch fallen. Es war eine Szene wie aus einem Western.

Vorsichtig nahm ich die Schrotflinte in die Hand, eigentlich brauchte ich zwei Hände, so schwer war sie. Danach die Handfeuerwaffe, die wesentlich leichter war.

»Hier ist ein Gürtel, Heike. Wenn du den umlegst, dann siehst du supersexy aus.«

»Und was ist der Unterschied zwischen den beiden Dingern?«, fragte ich, den Gürtel ignorierend.

»Die Pistole ist mehr für den Nahbereich, die Flinte für größere Entfernungen.«

»Und was willst du für die Pistole haben?«, fragte Stefan. Jetzt ging es bereits ums Geschäftliche.

»300 Dollar cash auf die Kralle«, erwiderte Colin. »Dazu bekommt ihr noch vierzig Schuss Munition.«

»Okay, der Deal ist gemacht«, sagte Stefan.

Als wir einmal darüber gesprochen hatten, was eine Waffe kosten könnte, war Stefan von einem höheren Preis ausgegangen. Colin wollte uns nicht übers Ohr hauen, also wurde auch nicht weiter verhandelt. Der Preis war akzeptabel, und damit war die letzte Hürde für einen Waffenkauf gefallen. Wofür unser Nachbar das Geld brauchte, erzählte er uns nicht. Wahrscheinlich, um seine Ladung Stringtangas oder seine Prostituierten zu bezahlen.

Colin ölte die Waffe, anschließend steckte er sie erst in alte weiße Tennissocken, dann in eine Plastiktüte. Dabei sagte er: »Es ist ganz wichtig, sie zu reinigen und zu ölen, sonst verrostet sie.«

Mit der Plastiktüte gingen wir zurück auf unser Boot – und waren auf einmal überfordert. Wir hatten eine Waffe an Bord, obwohl wir niemals eine haben wollten.

»Wo verstecken wir die?«, fragte ich Stefan.

»Gute Frage. Vielleicht in der Bilge, zwischen den beiden Leinen. Aber wenn wir wieder segeln, sollten wir sie schnell parat haben.«

Als die Polizei die Pistole nach der Ermordung von Stefan fand und ich den Beamten sagte, dass ich sie nicht bedienen könne, meinten sie: »Wie unverantwortlich. Wenn man schon eine Waffe an Bord hat, muss man wissen, wie sie funktioniert.«

Ein anderer völlig untypischer Segler, mit dem wir am Río Dulce viel Zeit verbrachten, war Zlatan. »Crazy Zlatan«, wie wir ihn nannten. Er kam aus Kanada, seine Eltern stammten aus Mazedonien, er selbst war 27 Jahre alt und so gut aussehend, dass er, wenn er es darauf ankommen ließ, jede Nacht mit einer anderen Frau auf seinem Schiff *Brasina*, einem Einrumpfboot, verschwinden konnte – ohne dafür wie Colin bezahlen zu müssen.

Als wir Crazy Zlatan kennenlernten, saß er in der Casa Perico der drei Schweizer auf einem der Bambusstühle vor einer Flasche Bier. Wir kamen rasch ins Gespräch. Er war uns schon beim Betreten der Lodge aufgefallen, weil er äußerlich auch der jüngere Bruder von Stefan hätte sein können und Spanisch mit einem deutschen Akzent sprach.

»Bist du ein Backpacker?«, fragte Stefan.

»Wie kommst denn darauf?« Zlatan stieg augenblicklich in das Gespräch ein.

»Du schaust wie einer aus.«

»Nein, ich bin Bootsbesitzer wie ihr.«

»Woher weißt du denn das?«

»Die Dschungeltrommeln funktionieren hier. Hab einfach schon von euch gehört. Ein junges Paar und ein toller Katamaran. Schön, dass wir uns endlich begegnen.«

Kurze Zeit später erzählte er, dass er in Kroatien aufgewachsen und während der Jugoslawienkriege in den Neunzigerjahren mit seinen Eltern und Geschwistern nach Berlin geflohen sei. Von dort wäre die Familie nach Australien ausgewandert. Jetzt war klar, warum Zlatan – inzwischen hatte er uns seinen Namen verraten – so gut Deutsch konnte.

»Und wie war es für dich in Berlin?«, fragte ich.

»Unsere Wohnung war immer voll von Flüchtlingen«, bemerkte er ernst. »Ich kann mich nicht erinnern, dass wir einmal allein in ihr waren. Das Wohnzimmer war ständig belagert von Leuten, die dort übernachtet haben. Mein Vater hat alles getan, was in seinen Möglichkeiten stand, um anderen kroatischen Familien zu helfen.«

Diese Erfahrung musste ihn sehr geprägt haben, denn als wir ihn näher kennenlernten, zeigte sich, dass er immer zuerst an andere dachte, genau beobachtete, ob es ihnen gut ging, bevor er auf sich selbst achtete.

Warum er sich in Amerika die *Brasina* gekauft hatte und seitdem alleine durch die Welt segelte, bekamen wir nicht aus ihm heraus. Aber wie wir wollte er am Río Dulce das Ende der Hurrikansaison abwarten. Doch es war nicht seine erste, sondern seine zweite Saison. Der Fluss schien eine gewisse Magie zu besitzen, mit der er Segler in seinen Bann schlug. Doch was machte diese Magie aus? Frauen und Dope hatten wir bei Colin vermutet. Und bei Zlatan? Vielleicht der Mix aus Ausländern und einheimischer Bevölkerung? Dass man überall nur mit dem Boot hinkam? Der lebendige Dschungel? Der billige Tetrapack-Wein aus Chile?

»Und warum ziehst du nicht weiter?«, fragte Stefan. »Du kannst doch nicht ewig hier hängen bleiben?«

»Ach«, antwortete Zlatan, wobei er die Worte dehnte. »Ich habe eine günstige Marina gefunden, am Boot gibt es immer etwas zu tun, und eine Tüte Hasch kostet zehn Centavos« – das war umgerechnet ein Euro – »keine schlechten Bedingungen. Und mit Reis und Bohnen kommst du immer über die Runden.«

Das günstige Dope spielte also auch hier eine große Rolle.

»Ich finde es toll«, sagte Zlatan an einem anderen Abend in der Casa Perico, »dass ihr zu zweit segelt.«

»Das könntest du doch auch«, konterte ich.

»Schon, aber du musst bedenken: *There is only one dinghi, dude!* In einer WG kann man leicht mit einer Frau oder einem Mann zusammenleben, auf dem Boot geht so etwas nicht so einfach.«

»Aber komm, du genießt doch dein Leben als Single«, warf ich ein. »Du kannst jeden Abend eine andere Frau haben, musst auf niemanden wirklich Rücksicht nehmen. Du bist völlig frei.«

»Das sieht nur von außen betrachtet so toll aus.« Nachdenklich nahm Crazy Zlatan einen Schluck von seinem Cuba Libre, den Albert ihm hingestellt hatte. »Das ist auch Flucht, kein Mensch will auf Dauer allein sein. Ihr könnt zusammen besprechen, was euer nächstes Ziel ist. Das motiviert ungemein. Ich muss allein mit mir ausmachen, ob ich nun lossegeln will oder nicht – da kann man ganz schnell mal irgendwo hängen bleiben, wenn es keine treibende Kraft gibt.«

So hatte ich das noch nicht gesehen. Zlatan hatte niemanden, mit dem er über Jahre einen Traum hatte verfolgen und verwirklichen konnte. Was Stefan und mich miteinander verband – das war ein Glücksfall. Alles konnten wir zu zweit machen.

Ein überraschender Nebeneffekt unserer Bekanntschaft mit Zlatan und den detailfreudigen Erzählungen von seinen schillernden Affären war, dass auch unser Liebesleben beflügelt wurde. Ständig herrschte eine Flirtstimmung um ihn herum, und Stefan und ich fingen wieder an, uns zu überlegen, welches T-Shirt wir am Abend anziehen wollten. Nach und nach hatten wir nämlich kaum noch darüber nachgedacht. Vielleicht hingen unsere intensiven Gefühle auch mit dem Seglerspruch zusammen, den wir unterwegs gehört hatten: »Wenn man es als Paar vom Mittelmeer in die Karibik geschafft hat, bleibt man für immer zusammen.«

Zlatan wiederum ließ sich von unserer Segelleidenschaft infizieren. Nachdem die Hurrikansaison im Dezember 2010 vorbei war, verließ er tatsächlich nach uns seine Marina auf dem Río Dulce. Wir hatten uns für Silvester auf Caye Caukler verabredet, der Backpacker-Insel in Belize. Weder Stefan noch ich glaubten daran, dass wir ihn wiedersehen würden. Aber er hielt sich an sein Versprechen, und wir feierten zusammen eine verrückte Silvesterparty. Barfuß am Strand, wild, frei, ungezwungen.

Wir trafen ihn ebenfalls auf den Bay Islands wieder, danach in Panama, in der Küstenregion Bocas del Toro, auf seiner *Brasina* hatte er sogar eine Frau dabeigehabt, eine Schwedin namens Vanessa.

»Wie ist denn das geschehen?«, fragte Stefan mit einem frechen Grinsen.

»Na ja«, sagte Zlatan, »Vanessa und ich hatten Sex miteinander, und ich suchte gerade Backpacker, die nach Bocas mitsegeln wollten. Kurz überlegte ich, dann meinte ich zu ihr: ›Sex kriegst du umsonst von mir, aber für die Fahrt musst du bezahlen.‹ Sie ließ sich auf den Deal ein.«

Typisch Crazy Zlatan. Laut lachten wir auf.

Damit er seinem Ruf treu blieb, hatte er in Bocas del Toro noch etwas mit einer anderen Frau laufen, die in einer Bar arbeitete. Sie sah sehr sexy aus, eine Argentinierin, die ab und zu als Model jobbte. Vanessa erfuhr von ihrer Nebenbuhlerin, als sie die Bar besuchte. Kompromisslos stellte sie Zlatan zur Rede – Stefan und ich saßen am Nebentisch und konnten alles hören. Doch nach ihrer temperamentvollen Diskussion war alles wieder in Ordnung.

»Was, deine Freundin verzeiht dir?«, fragte ich erstaunt. »Obwohl du etwas mit der Argentinierin hattest?«

»Ja«, meinte Zlatan, »es ist alles wieder eingerenkt. Ich werde sie nicht mehr treffen. Aber es gibt ja noch andere Frauen …«

Ich erinnerte mich an eines unserer Gespräche in der Casa Perico, da hatte er mich gefragt: »Heike, glaubst du an die Liebe nach der Liebe?« Im ersten Moment reagierte ich erstaunt. Aber je länger ich ihn betrachtete, umso klarer wurde mir, warum er diese Frage gestellt hatte: Er musste von einer Frau so verletzt worden sein, dass er bislang nicht darüber hinweggekommen war. Zlatan glaubte nicht an eine Liebe nach der Liebe. Er hatte nur an die eine Liebe geglaubt, die ihn so verwundet zurückließ, dass er niemand mehr an sich heranlassen wollte. Und das mit 27 Jahren. Meine Antwort war: »Ich sehe das anders als du, ich glaube an eine Liebe nach der Liebe.«

Ein Segelloft im Dschungel

In der Casa Perico lernten wir viele weitere Auswanderer kennen, darunter Rolf. Eines Abends, er saß gerade vor seinem Lieblingsgetränk, Cuba Libre, erzählte er uns, dass er Deutscher sei und sich mit seiner Frau Anna in Guatemala niedergelassen habe.

»Und was macht ihr jetzt hier?«, fragte Stefan.

»Wir haben uns am Fluss ein Stück Land gekauft und betreiben eine Farm. Besucht uns doch mal! Wir wohnen nur ein bisschen abseits, an einem Nebenarm des Río Dulce, in der Nähe der Texan Bay Marina.«

Wir versprachen am Ende des Abends, seiner Einladung zu folgen. Und eines Tages machten wir uns spontan auf den Weg zu ihm, ohne Verabredung.

Obwohl Rolf uns in der Casa Perico den Weg genau beschrieben hatte, es war uns partout nicht möglich, die Einfahrt zum Nebenarm des Río Dulce zu finden. Wir mussten schließlich einen Einheimischen fragen, der gerade dabei war, einige Boote zu reinigen, die an Bojen hingen. Er zeigte uns die Einfahrt zum besagten Nebenarm. Sie war derart zugewachsen, wir hätten sie ohne Hilfe nicht entdeckt.

Nach weiteren fünfzehn Minuten Fahrt fragte ich misstrauisch: »Sind wir hier wirklich richtig?«

»Glaub schon«, meinte Stefan. »Ich erinnere mich, wie Rolf sagte, am Ende der Strecke würde das Wasser so seicht sein, dass man nicht mehr den Motor benutzen könne. Ich denke, diesen Punkt haben wir gerade erreicht.«

Also paddelten wir. Gut, dass unser Dinghi aus Alu war, ein Schlauchboot hätte bei den Hindernissen, die auf dem Flussgrund lauerten, einige Löcher davongetragen. Hin und wieder mussten wir auch aussteigen, um verschiedene Stacheldraht-gatter auf- und wieder zuzumachen. Sie markierten wohl die Grenze zwischen dem Dschungel und dem Land, das Rolf und Anna gehörte.

Das Flüsschen war jetzt so schmal, dass ich vom Boot aus meine Hände ausstrecken und das saftige Gras berühren konnte. Wir waren wirklich im Nirgendwo gelandet.

Plötzlich sahen wir einen lichten Platz mit einer Anhöhe, auf der ein Holzhaus stand. Das musste die Farm der beiden Deutschen sein. Freudig entdeckten wir im nächsten Moment Rolf und Anna, die den Hügel herunterrannten, und als sie näher kamen, sahen wir, dass Anna ein Kind auf dem Arm trug.

»Wir haben längst den Motor gehört«, rief Rolf, als die kleine Gruppe in Hörweite war, »da wussten wir, dass jemand kommt. Ein großes Ereignis, oft geschieht dies hier draußen nicht. Ge-nau genommen seid ihr erst der zweite Besuch, dabei wohnen wir schon sechs Jahre hier.«

Mich wunderte es nicht. Bei einer solchen Anreise überlegte es sich jeder mehrmals, ob er die Strapazen auf sich nahm.

Baby Baju wurde jetzt vertäut. Das dichte Dschungelgrün war durch eine lichte Wiesenlandschaft abgelöst worden. Seit Wochen hatten wir keine offenen Flächen mehr gesehen, schon gar nicht Kühe, die auf diesen weideten. Pferde grasten in der Ferne, dort, wo wir auf dem Hügel die Farm ausmachen konn-ten: Sie war in Eigenregie komplett aus Holz gebaut und sah fast ein bisschen wie eine Almhütte aus. Dies war das Zuhause von Rolf, Anna, den zwei jungen Landwirten, und ihren zwei Kin-dern. Der Junge, Paul, war drei, seine Schwester Flora knapp ein Jahr alt. Paul hopste ständig um uns herum, freute sich wie ein Schneekönig, uns auf dem Weg zur Ranch alles zeigen zu können.

Nachdem wir im eigenen Ofen gebackenes Brot und selbst gemachten Käse verspeist hatten, durfte Stefan eine Runde mit dem Traktor fahren, danach philosophierten die beiden Männer ausgiebig über ein Wasserrad, mit dem ausreichend Strom vorhanden wäre, um ein ganzes Kühlhaus zu unterhalten.

»Jetzt ist es zu spät, nach Hause zu fahren«, konstatierte Rolf schließlich. »Gleich ist es stockfinster, da könnt ihr nicht mehr fort.«

»Das Gästebett ist frisch bezogen«, bemerkte Anna mit einem einladenden Lächeln. Paul schaute uns ebenfalls bittend an. Da konnten wir nicht Nein sagen.

Abends, nach einigen Gläsern Cuba Libre, erzählten Rolf und Anna, wie ihr Leben aussah, wie sie Strom durch Solarzellen erhielten, durch ihre Hühner Fleisch und Eier hätten, wie sie in einem Teich Fische züchten würden. Eigentlich lebten sie ähnlich autark wie wir – nur mit festem Boden unter den Füßen.

»Aber braucht ihr nicht Geld für Kleidung, Arztrechnungen oder fürs Haus?« Stefan und ich fragten unisono.

»Einmal in der Woche fahre ich nach Fronteras«, sagte Rolf. »Dort repariere ich auf Segelschiffen Kühlsysteme oder installiere neue. Das reicht, um die notwendigen Ausgaben zu finanzieren und hin und wieder nach Deutschland zu den Großeltern zu fliegen.« Wir hatten schon gehört, dass am Río Dulce ein Deutscher leben würde, der sich mit Kühlsystemen auskennen sollte. Sein Ruf war ihm vorausgeeilt.

»Uns nimmt er immer mit«, fügte Anna hinzu, »denn Rolf passt gleichzeitig auf den Katamaran eines Freundes auf. Dort können wir dann auch wohnen. Abends essen wir in der Casa Perico und treffen anderen Stammtischdeutsche – unser Highlight der Woche.« Sie lachte.

»Und was ist, wenn die Kinder zur Schule müssen?«, fragte ich.

Der Plan war, so erfuhren wir, noch ein paar Jahre auf der Farm zu wohnen, bis Paul und Flora im schulpflichtigen Alter seien. Dann würde man sehen müssen … Noch stehe nichts fest.

Bevor wir uns für die Nacht verabschiedeten, fragte Anna: »Wollt ihr morgen reiten? Wir haben zwei Pferde, die würden wir euch gern für einen Ausritt überlassen. Wenn man ewig auf dem Wasser ist, könnte das doch eine attraktive Abwechslung sein.«

Reiten? Des Öfteren hatten wir auf unseren Urlaubsreisen auf Pferden gesessen, aber immer war ein Guide dabei gewesen. Rolf schien unsere Gedanken erraten zu haben, denn er sagte: »Die schmeißen euch nicht ab – ihr müsst ihnen nur die Führung überlassen.«

»Okay«, sagte Stefan. »Wir probieren es aus.«

Rolf hatte bereits die Pferde gesattelt, als wir am nächsten Morgen nach dem Frühstück nach draußen traten. Zusammen mit den Kindern rannten wir den Hügel hinunter zu der Stelle, wo die Pferde standen. Wir saßen auf, Rolf gab uns noch ein paar Tipps, und nach einem Klaps ging es los. Wir galoppierten über Wiesen, Flächen voller Farn, keine Menschenseele weit und breit. Aber ganz wohl fühlten wir uns nicht, da wir das Gelände nicht kannten, und schon bald kehrten wir um.

Als wir zurück zur *Baju* wollten, fragte Rolf: »Könnt ihr euch nicht vorstellen, auf dem Nebenhügel zu leben?« Es war deutlich zu spüren, dass die Familie es gut gefunden hätte, wenn wir länger geblieben wären.

Stefan winkte ab. »Unsere Welt ist eine andere, wir hoffen, ihr versteht das ...«

Ja, er verstand. Fröhlich winkten sie uns nach, als wir *Baby Baju* ins Wasser ließen und die Paddel in die Hand nahmen.

Langsam neigte sich die Hurrikansaison dem Ende zu. Und passend dazu waren unsere neuen Segel fertig. Während der Wochen auf Kuba war die Genua gerissen, und wir hatten sie dort nur notdürftig reparieren können. Von anderen Seglern hatten wir erfahren, dass am Río Dulce ein Italiener wohne, Carlo, der Segel anfertigen würde. Jedes Jahr würde er in der Hurrikanzeit nach Guatemala fliegen, um seine Dienste anzubieten.

»Er ist wirklich sehr gut«, hatte man uns versichert.

Nach einigem Herumfragen hatten wir Carlo ausfindig gemacht, ihm unsere Wünsche geschildert und einen Termin mit ihm verabredet. Als er zu uns aufs Boot kam, nahm er die Maße mit einem speziellen Meterband, erstaunlich schnell war er damit fertig. Wir selbst hatten vorher alles exakt berechnet, aber von unseren Zahlen wollte er nichts wissen. Den Zettel, auf dem wir alles notiert hatten, würdigte er keines Blickes. Stattdessen riet er uns, noch ein kleineres Vorsegel nähen zu lassen, um es bei starkem Wind zu nutzen. Das Segel würde dann besser stehen und der Katamaran insgesamt besser performen. Am Ende bestellten wir bei Carlo also nicht nur ein neues Segel, sondern zwei.

Zum Schluss sagte er: »In einem Monat ist alles fertig, dann bringe ich euch die Sachen vorbei.«

Sprachlos schauten Stefan und ich uns an. Beide dachten wir dasselbe: Das ist doch jetzt alles sehr schnell gegangen. Können wir diesem Mann überhaupt vertrauen? Immerhin hatte er von uns einen Auftrag erhalten, der ihm rund 3500 Euro einbrachte. Passten die Segel nicht richtig, konnte man alles in die Tonne schmeißen.

Carlo, dem unsere Unsicherheit nicht entgangen war, sagte: »Bezahlt wird, nachdem ihr die Segel erhalten habt.«

Bevor Carlo zum Ausmessen auftauchte, waren wir damit beschäftigt gewesen, einen Spinnaker, den wir unterwegs geschenkt bekommen hatten, zu nähen. Stefan hatte die verrückte Idee, wir könnten dies allein bewerkstelligen. Allerdings mussten wir zugeben: Wir waren mit unserem Tun völlig überfordert. Entscheidend beim Spinnaker war die perfekte Form – und das genau war unser Problem. Wir bekamen sie nicht hin.

Carlo sah den ausgebreiteten, zerrissenen Spinnaker auf dem Holzboden der Marina liegen. Er hatte die Situation sofort erfasst und meinte, nachdem unser Geschäft mit den beiden neuen Segeln per Handschlag getätigt war: »Kommt doch bei mir vorbei, dann können wir ihn zusammen nähen. So wird es eine Ewigkeit dauern.«

Ohne groß darüber nachzudenken, nickten Stefan und ich. Ehrlich gesagt, waren wir froh, dass uns beim Flicken ein professioneller Segelmacher helfen wollte.

Wenige Tage später fuhren wir mit unserem Dinghi ein weiteres Mal einen schmalen Nebenfluss des Río Dulce hoch. Nach gut vierzig Minuten hörten wir die Klänge einer Verdi-Oper, die durch dichtes Dschungelgrün zu uns drangen. Die Musik war unser Wegweiser. Wenig später konnten wir zu unserer rechten Seite Carlos abgeschieden gelegenes Anwesen erkennen, mehrere Häuser und eine Art Loft, umgeben von einer riesigen Gartenanlage mit Swimmingpool. Das Boot machten wir an einem Baum fest, unmittelbar neben dem Motorboot des Italieners.

Vorsichtig bewegten wir uns vorwärts, denn im Gegensatz zu Rolf und seiner Familie schien uns hier niemand zu hören. Nach einigen Schritten eröffnete sich auf einmal dieses unglaubliche Bild: Da saß Carlo in seinem offenen Loft – nur ein Dach schützte ihn vor Regen – vor einer Nähmaschine, eine Brille auf der Nase, und nähte vollkommen vertieft Bahnen von leuchtend weißem Segelleinen für uns zusammen. Es schien der schönste Arbeitsplatz der Welt zu sein.

Carlo war um die sechzig und hatte schüttere grau-schwarze Haare. Er trug braune Shorts, schwarze Crocs, und unter dem pinkfarbenen Poloshirt wölbte sich ein kleiner Bauch – er schien kein Kostverächter zu sein. Als er unsere Anwesenheit endlich bemerkte, hob er den Kopf: »Entschuldigung«, sagte er, wobei er die Brille abnahm. »Für die Nähmaschine muss ich den Generator anschmeißen, der ist aber genauso laut wie die Brüllaffen. Das kann ich nur ertragen, wenn ich die Musik laut stelle. Oder Kopfhörer aufsetze.«

Einen halben Tag blieben wir bei ihm. Der Stoff, den er für unsere Segel ausgesucht hatte, war von feinster Qualität, das merkte man schon beim Anfassen. Er erklärte, dass er alles aus Italien importiere. Dabei legte er unsere neue, fast fertige Genua zur Seite, sollten wir doch nun den mitgebrachten Spinnaker ausrollen. Über sechs Stunden flickten wir diesen wieder zusammen, ohne dass Carlo einen Cent dafür nahm. Was wir in dieser Zeit von ihm über Segel lernten, war unglaublich. Er erzählte uns, dass er bei den Top-Regatten in Italien ein gefragter Segelmacher sei.

»Aber wenn du so gut im Geschäft bist, warum hockst du hier am Río Dulce?«

»Dafür gibt es eine einfache Erklärung. In Italien nähe ich nicht mehr eigenhändig, da entwerfe ich nur noch und gebe die Aufträge an Firmen weiter. Hier, in Guatemala, mache ich noch jeden Handgriff selbst, nehme die Maße, schneide die Bahnen zurecht, nähe sie zusammen. Ich stelle das ganze Produkt alleine her, wie damals, als ich mit diesem Beruf begann. Beide Welten zu haben, das ist mein Glück.«

Endgültig waren wir überzeugt, dass Carlo die besten Segel der Welt für *Baju* nähen würde. Es muss wohl kaum erwähnt werden, dass sie wirklich top waren – auf dem Wasser, bei Wind und Wetter, konnten wir später den Unterschied zu unserem alten Segel feststellen. Selbst nach zwei Jahren Segelerfahrung hatten wir, was die Bedeutung des Materials betraf, noch nicht ausgelernt.

Das Tor zum Pazifik

»*Baju*«, sagte jemand hinter mir. Ich stand in Utila beim Zoll und wollte unsere Papiere zum Einklarieren vorbereiten. Das gleichnamige Eiland vor Honduras gilt als »Insel der Glückseligen«. Als ich mich umdrehte, sah ich Damian und seine Freundin Nora. Sofort erinnerte ich mich an die beiden Engländer und freute mich, sie wiederzusehen. Inzwischen war es Januar 2011.

»Hey, wie geht es euch?«, fragte ich Damian und Nora. »Ich habe euer Boot überhaupt nicht in der Bucht gesehen.«

»Das liegt daran, dass wir ein neues Schiff haben«, erklärte Damian.

Nora und Damian hatten wir auf Dominica kennengelernt. Sie hatten sich ein Boot gekauft, es restauriert und hübsch hergerichtet, um es wieder zu veräußern – für sehr viel mehr Geld als der ursprüngliche Kaufpreis. Von dem Erlös erwarben sie ein größeres Schiff, das sie ebenfalls schöner gestalteten, um es wieder mit Gewinn loszuwerden. Dieses Prinzip setzten sie fort, hatten aber selten mehr als 2000 Pfund auf dem Konto. Wir fanden das sehr mutig. Zugleich erschien uns diese Summe allerdings als viel zu gering; damit war es kaum möglich, entspannt ein Jahr zu überbrücken.

Viel erstaunlicher war in diesem Moment aber etwas anderes: Sie waren nicht mehr zu zweit. Damian trug in seinen Armen ein Baby.

»Das ist ja eine Überraschung«, sagte Stefan, und wir erfuhren, dass ihr Baby Katy hieß und sechs Monate alt war.

»Und hast du dein Kind in der Karibik zur Welt gebracht?«, fragte ich Nora.

Nora schüttelte den Kopf: »Nein, ich bin für die Geburt nach England geflogen. Und als ich wieder einigermaßen fit war, das ging eigentlich relativ schnell, kehrte ich mit Katy zurück auf die *Dark Star*.«

Wir verbrachten die Tage mit Nora und Damian mit Surfen, Schnorcheln und Volleyballspielen. Katy war überall dabei, quietschte vergnügt, wenn sie mit uns im Wasser war, und schlief ruhig, wenn wir abends am Strand ein Lagerfeuer machten und grillten, eingecremt mit Babyöl gegen Sandfliegen.

Die Kleine war dabei, die Welt im Krabbelmodus zu erobern.

»Ist das nicht gefährlich, wenn ihr segelt?«, fragte ich.

»Keine Spur«, meinte Nora. »Aus England habe ich einen Spezialsitz aus Gummi mitgebracht, da kommt Katy rein, wenn wir segeln. Der rutscht nicht von der Stelle, kann also nicht über Bord gehen.«

Der Sitz sah schon etwas merkwürdig aus, fast wie ein Toilette, aber wenn er seinen Dienst erfüllte und sich das Baby darin wohlfühlte, war es bestimmt eine ideale Lösung. Katys Bett hatten Damian und Nora rundum mit Kissen ausgestopft, sodass sie bei hohem Wellengang nirgendwo hart anstoßen und sich wehtun konnte. Die Windeln wurden mit auf den Müllpartys verbrannt, die Segler immer wieder veranstalteten, um den angesammelten Abfall zu vernichten. Mir gefiel, dass die beiden Briten so locker mit ihrem Kind umgingen.

Kurze Zeit später hörten wir von einem schrecklichen Vorfall in der Bucht Bahía del Diamante. Ursprünglich hatten wir dort ankern wollen, bevor wir auf eine Warnung vor Raubüberfällen hin entschieden, das Festland von Honduras zu meiden. Ein Segler war dort ums Leben gekommen, erschossen von Piraten. Vater und Tochter waren auf einem Segelboot zu den Bay Islands unterwegs gewesen. Wir kannten sie nicht, aber viele der Segler, so auch Zlatan, mit denen wir darüber sprachen. Wahrscheinlich fehlte ihnen die Kraft, den Weg fortzusetzen. Die Segelstrecke zu den Bay Islands war eine gegen den Wind und gegen die Strömung. Vielleicht hatten sie aber auch Probleme mit dem Schiff gehabt und damit keine andere Wahl.

Ihre Entscheidung kostete den Vater das Leben – er wurde vor den Augen seiner Tochter erschossen. Stefan sagte: »Ohne die Warnung hätten wir die Bucht angelaufen ...« Nie wurde geklärt, warum man den Vater tötete und die Tochter nicht und wie es zu dieser Eskalation überhaupt kam.

Unser nächstes Ziel war Bocas del Toro. Diese Provinz im Nordwesten von Panama mit ihren vorgelagerten Inseln sollte ein Backpacker-Dorado sein. Und das war es auch. Die Naturstrände der Isla Bastimentos waren die schönsten Strände, die wir auf unserer Reise ansteuerten. Es gab dort nicht nur weißen, naturbelassenen Strand und Palmen – ohne Hotels und Liegestühle –, sondern auch hohe Wellen sowie einen Dschungel mit seinen vielen unbeschreiblichen Geräuschen und dem typischen Urwaldgeruch.

Stefans 40. Geburtstag nahte, und wir feierten ihn in diesem Meeresnationalpark mit einer rauschenden Party. Freunde und Bekannte segelten herbei, und natürlich war auch Zlatan mit von der Partie. Pünktlich war er eingetroffen, im Schlepptau hatte er einige Backpacker, über die Hälfte davon weiblichen Geschlechts. Vanessa war darunter, mit Sicherheit auch die Argentinierin.

Unser nächstes Ziel waren die San-Blas-Inseln – einen von den Insulanern selbst verwaltetes Archipel. Über diese autonome Inselgruppe, die auch Kuna Yala genannt wird, hatte ich schon viel gelesen. Bewohnt wird sie von den Kuna-Indianern. Einst hatten sie kaum Kleidung getragen, sehr zum Unmut der europäischen Missionare, die auf Kuna Yala ihre Botschaften unters Volk bringen wollten. Die Ureinwohner, die ihre Körper bemalten, überlegten, was sie tun konnten, um ihre Tradition aufrechterhalten zu können und gleichzeitig die Missionare zufriedenzustellen. Ihre Lösung: Sie zogen sich Kleider an, auf denen sie ihre Körperbemalungen in Form von Stickereien appliziert hatten, ihre Molas. Und an dieser neuen »Kleiderordnung« halten sie bis heute fest.

Die Kuna-Indianer leben nicht vollkommen abgeschieden, vor einigen Inseln ankerten ausländische Yachten, auf der Hauptinsel El Porvenir gibt es sogar einen kleinen Flugplatz – aber dennoch spielte der Tourismus hier keine so große Rolle wie sonst üblich auf den Karibikinseln. Die Menschen lebten vom Fischfang und vom Verkauf ihrer Stickereiarbeiten. Häufig kamen ganze Familien in einem Einbaum angepaddelt und boten Fische, selbst gebackenes Brot oder ihre Molas an.

Viele Dörfer, die wir sahen, bestanden aus Hütten, ohne Strom. Hier hatte der Dorfälteste das Sagen, und ihn mussten wir auch fragen, wenn wir uns in einer Ortschaft umsehen wollten. Die Menschen lebten ihre Traditionen, ohne dass man den Eindruck hatte, bei ihren Dörfern würde es sich um Museumsdörfer handeln.

Von den San-Blas-Inseln aus brachen wir auf Richtung Colón, einer Stadt am atlantischen Zugang zum Panamakanal.

»Heike, siehst du auch, was ich sehe?« Stefan wies aufs offene Meer hinaus. Es war nicht zu ignorieren. Schon von Weitem waren große Felder im Meer zu erkennen, die auf aufgewühltes Wasser hindeuteten. Es war sogar derart aufgepeitscht, dass es regelrecht blubberte, als würde ein heftiger Hagelschauer genau auf diese lokale Ozeanfläche niedergehen. »Das müssen wir uns unbedingt anschauen«, fuhr Stefan fort. »Nichts wie mitten hinein in dieses Schlachtfeld. Klar zum Wenden!«

»Ist klar.«

»Ree!«

Mittlerweile lief das Segelmanöver, um eine Wende zu fahren, eingespielt ab. Wir nahmen Kurs auf das bewegte Wasser vor uns.

»Sieh nur, wie die Seevögel über dem Spektakel kreisen.« Stefan blickte gebannt auf das Schauspiel.

»Ein bisschen unheimlich ist das ja«, gab ich zu bedenken. »Wir wissen gar nicht, was da los ist.«

Das änderte sich bald. Als wir näher an die Fläche kamen, konnten wir aus dem Wasser springende Thunfische ausmachen und – Haie. Gigantisch. Gefährlich. Und hungrig. Noch nie hatten wir jagende Haie in dieser Menge beobachten können.

Wir sahen sogar einen Walhai, den größten Fisch der Ozeane. Eindeutig konnten wir sein abgeflachtes Maul erkennen. Er war ungefähr sechs Meter lang, demnach musste es sich um einen Baby-Walhai handeln. Gerne wären wir mit ihm geschnorchelt, denn seine kleinen Zähne zermalmen vornehmlich Plankton und Kleinstlebewesen. Aber in diesem Haifischbecken war viel zu viel los, und man konnte nicht wissen, wonach die anderen Haie, ihrem Jagdtrieb folgend, alles schnappten. Zudem war ich noch mitgenommen von meinem Hai-Erlebnis vor der kolumbianischen Insel Providencia.

Ich war an dem Tag allein schnorcheln gegangen. Plötzlich erblickte ich weiter weg etwas Großes und Graues, das in dem flachen Gewässer – es war höchstens zwei Meter tief – seltsam hin und her wirbelte. Um es besser sehen zu können, schwamm ich näher heran. Es war ein Hai, der plötzlich auf mich zuschoss. Schnell hielt ich meine Flossen vors Gesicht, die Taucherbrille hatte ich noch auf. Weshalb auch immer, auf einmal trat er den Rückzug an. Panisch schrie ich: »Hai! Hai!« Stefan kam mir nicht zu Hilfe, obwohl er mich gesehen hatte.

Nachdem ich auf dem Boot war, zitterte und weinte ich, so fertig war ich mit den Nerven.

»Stell dich nicht so an, es war bestimmt nicht so schlimm, du übertreibst«, sagte Stefan, wenig tröstlich.

»Das nächste Mal nehme ich mir ein Tauchermesser mit«, antwortete ich. »Auf dich ist kein Verlass!«

»Das hilft nichts, denn unter Wasser hat man nicht die Kraft, das Messer richtig einzusetzen.«

»Aber irgendwie muss ich mir ja helfen, wenn du mir nicht hilfst.«

Später, bei unserem gemeinsamen Sundowner vorn im Netz auf der *Baju* mit Nora, Damian und dem Baby, hatte ich Stefan gefragt: »Warum hast du mir nicht geholfen, als ich um Hilfe schrie?«

»Was hätte ich denn machen sollen? Zu dir hinschwimmen? Und dann?«

»Zu mir hinschwimmen, ja, und mich beruhigen. Oder mit dem Dinghi kommen und mich retten.«

»Bis ich das Beiboot ins Wasser gelassen hätte, wärst du schon längst an Bord gewesen.«

»Stefan, es geht doch darum, mir das Gefühl zu geben, dass du nicht zuschaust, wenn ein Hai mich attackiert, sondern dass du Manns genug bist, mich zu retten. Oder irgendwas unternimmst. Es geht doch nicht, dass du gar nichts machst.«

Ein Streit lag in der Luft, Damian, der das mitbekam, versuchte die Situation zu retten. Auf seine lustige Art sagte er: »Heike, ich wäre mit einem Messer zwischen den Zähnen zu dir gesprungen, hätte mit dem Hai gekämpft und dich sicher zurück aufs Boot gebracht!« Bei dieser Vorstellung lachten wir alle.

Warscheinlich hatte Stefan Angst vor dem Hai und wollte sich nicht selber in Gefahr bringen. Schlangen und Haie waren einfach nicht sein Ding.

Die Fahrt durch den Panamakanal war nicht einfach eine Tour, sondern eine große Unternehmung, die vorab organisiert werden wollte. Als Erstes hatten wir uns in Colón anzumelden. Mit dieser Prozedur ging einher, dass ein Vermesser zu uns an Bord kam, der genau das tat, was seine Berufsbezeichnung von ihm verlangte. Er vermaß den Katamaran, anschließend durften wir 900 Dollar für die Passage bezahlen. Als Nächstes mussten wir uns um sogenannte Leinenhändler bemühen, die bei den Schleusen helfen sollten. Es war nicht erlaubt, allein den Kanal zu durchqueren.

Auch emotional war die zweitägige Durchfahrt etwas Besonderes: Man ließ mit ihr die Karibik hinter sich. Man wusste, es gab kein Zurück mehr. Kaum ein Segler fuhr gegen den Wind, gegen die Strömung. Es hieß, ab jetzt müsse man um die Welt segeln, um wieder daheim anzukommen.

Aus diesem Grund waren auf dem Pazifik auch die echten Abenteurer unter den Seglern unterwegs. Wir begegneten nicht mehr jenen, die ein halbes Jahr in Deutschland lebten und ein halbes Jahr in der Karibik. Die Karibiksegler waren in Temperament und Charakter anders als die Mittelmeersegler gewesen, aber jetzt trafen wir Leute, die ähnlich langfristige Pläne hatten wie wir.

Zlatan hatten wir überreden wollen, mitzukommen, aber er lehnte kategorisch ab: »Für mich ist das der Weg nach Australien, und das ist der Weg nach Hause. Dazu bin ich noch nicht bereit. Aber wenn ihr in Sydney seid, ich habe dort im Hafen eine Mooring – an der Kette könnt ihr die *Baju* festmachen. Und bei meinen Eltern ist immer ein Bett frei, falls es euch ins Outback ziehen sollte.« Wir hatten tatsächlich vor, die *Baju* ein Jahr an Land zu stellen und mit einem Geländewagen, einem Defender, Australien zu umrunden.

Es dauerte eine Weile, bis wir unseren »Kanaltermin« bekamen. Aber dann war es endlich so weit. Um sechs Uhr abends sollte es losgehen, und um sechs Uhr ging es auch in die Warteposition direkt vor dem Kanal. Über Funk erfuhren wir aber, dass es noch längern dauern könne, bis eine Fahrt möglich sei, es stürme und regne zu heftig, um die Schleusen zu betätigen.

Der Start unserer Passage auf dem achtzig Kilometer langen Kanal, der die Karibische See mit dem Pazifik verbindet, verspätete sich also. Ich las in einem Buch, dass er 1914 eröffnet wurde, seitdem hätten ihn mehr als eine Million Schiffe durchquert. Beim scheinbar endlosen Warten – es verging eine Stunde nach der anderen – konnte ich mir das nicht mehr vorstellen. Ich klappte das Buch zu, ich war zu aufgeregt, um mich weiter auf Fakten dieser Art konzentrieren zu können.

Doch dann hieß es, jetzt könne man es wagen. Da war es eine Stunde vor Mitternacht, und wir alle wären eingeschlafen, wenn das ausgeschüttete Adrenalin uns nicht wach gehalten hätte. Im Kanal herrschte ein 24-Stunden-Betrieb, ständig begegneten wir Kähnen und Containerschiffen, manchmal nicht einmal zehn Meter von der *Baju* entfernt. In der Zwischenzeit war auch ein Lotse an Bord gekommen, der entsprechende Kommandos gab. Kein Wunder, dass die Panamapassage so teuer war.

»Ist es nicht ein bisschen übertrieben, extra einen Lotsen für ein kleines Segelboot abzustellen?«, fragte ich Stefan. »Der Kanal ist doch strahlend hell erleuchtet. Hier ist es bei Weitem nicht so finster wie in der Straße von Gibraltar.«

»Warte ab, bis du in der ersten Schleuse bist, dann wirst du anders denken«, sagte Stefan. Er sollte recht behalten.

Der Lotse stand nicht hinter dem Steuer, die ganzen Manöver hatte Stefan auszuführen. Meine Hände hätten bestimmt gezittert, aber er war vollkommen relaxed, meinte, er sei schon oft durch den Nord-Ostsee-Kanal gefahren, da gäbe es auch Schleusen.

Lange waren wir noch nicht unterwegs, als die erste von insgesamt drei Locks bewältigt werden musste, die Gatúnschleuse. Ein Wasserhöhenunterschied von mehreren Metern war auszugleichen. Genauer gesagt: Unser Katamaran musste auf die Höhe des Gatúnsees gehoben werden. In dieser Schleuse, die wie die anderen beiden Miraflores-Schleusen rund 300 Meter lang und 33 Meter breit war, wurde die *Baju* mit vier Leinen in der Kammer festgemacht – deshalb wurden auch vier Leinenhändler benötigt. Nachdem uns mehrere Boote im Lock folgten, wurde das Schleusentor geschlossen. Es knirschte mächtig. Knapp 200 Millionen Liter Wasser werden für einen einzigen Schleusengang gebraucht. Danach wurde geflutet. Das war richtig anstrengend, denn durch das Fluten entstanden Wasserwirbel, und das Boot schlingerte hin und her. Aus diesem Grund war es vorher mit Autoreifen als Schutz ausstaffiert worden, sollte es einmal gegen eine Schleusenwand knallen.

Als ich später bei einem anderen Boot als Leinenhändler half, hatte ich keine Chance, meine Leine zu halten. Durch den gewaltigen Druck rutschte sie mir aus der Hand, und da ich keine Handschuhe trug, brannte anschließend meine rot aufgerissene Haut höllisch. Segler helfen sich im Panamakanal oft untereinander, nach dem Motto: »Du hilfst bei mir als Leinenhändler, dann helfe ich bei dir als Leinenhändler.« Natürlich konnte man sich diese Dienste auch erkaufen. Wir nutzten die Eine-Hand-wäscht-die-andere-Methode.

Als am nächsten Morgen die Sonne schien, sahen wir eine wunderschöne Dschungellandschaft. Gern wären wir langsamer gefahren, um die Natur genießen zu können, aber wir mussten laut Verordnung mit acht Knoten durch die Passage jagen. Anhalten war verboten. Der Lotse ließ die Webcam des Towers auf uns richten, damit Familie und Freunde in Deutschland alles live mitverfolgen konnten. Wir holten unsere Deutschlandflagge heraus und winkten ihnen zu. Sie konnten miterleben, wie wir jubelnd in den Pazifik einfuhren. Eine neue Etappe begann. 160 Tage waren wir mit der *Baju* im Mittelmeer gewesen, 971 Tage im Atlantik. Wie lange würden wir im Pazifik sein?

In Panama City angekommen, wussten wir: In den nächsten zwei, drei Jahren würde das unsere letzte Großstadt sein. »Jetzt wird ordentlich proviantiert«, sagte Stefan fröhlich. »Wir kaufen so viel Alkohol wie möglich. Später soll er ja verdammt teuer sein.« Allein über tausend US-Dollar gaben wir in einem Dutyfree-Laden für 130 Liter Rum aus. Im Pazifik war Alkohol eine Tauschwährung, ein inoffizielles Zahlungsmittel. Dies war nicht gerade die feinste Art, um etwas zu erwerben, aber bei einer Inflation von manchmal tausend Prozent eine große Versuchung. Aber wir bunkerten nicht nur Rum, sondern wir schleppten auch 180 Liter Wein, Wodka und zehn Paletten Bier an Bord. »Alkohol, bis der Arzt kommt«, sagte ich trocken. Weiterhin umfasste unser Großeinkauf: Cola-Dosen, Zahnpasta, Sonnencreme, Schokolade, in Öl eingelegte getrocknete Tomaten, Unmengen von Fleisch, das wir einkochten, und viele andere Leckereien.

Die *Baju* wurde immer schwerer. Klar, dass wir Vorher-Nacher-Bilder machten. Der Unterschied war nicht zu übersehen. Eine Tonne hatte das Boot bestimmt zugeladen. Wobei ein Katamaran-Segler es überhaupt nicht mag, wenn sein Boot so viel an Gewicht zulegt: Je schwerer es ist, desto unsicherer wird es. Der Katamaran surft dann nicht mehr auf den Wellen, sondern gräbt sich ein. Das ist ein Nachteil dieses Schiffstyps, Einrumpfboote können viel mehr zuladen.

Wir horteten aber nicht nur Lebensmittel, sondern alle möglichen Schiffsersatzteile, Filter, Popnieten, Motorenöle, eine neue Ankerkette und vieles mehr. Wir hatten Listen gemacht, die wir abhakten, um nichts zu vergessen. Zwei, drei Wochen dauerte unser Einkaufsbummel, danach waren wir richtig geschafft.

»Was bin ich froh, dass wir uns auf den Galapagos-Inseln ausruhen können«, stöhnte ich, als wir einen weiteren Einkauf auf der *Baju* verstaut hatten.

»Hast du eigentlich eine Genehmigung bekommen?«, fragte Stefan, nachdem er sich eine Dose Bier mit einem lauten Zischen geöffnet hatte.

Ich nickte. Über das Internet hatte ich zu einem Agenten E-Mail-Kontakt aufgenommen. Um einen »Autografen« zu erhalten, die Erlaubnis, Charles Darwins Forschungsinseln betreten zu dürfen, hatten wir unsere Pässe und die Bootspapiere scannen und dem Agenten schicken müssen. Weiter hatten wir genaue Ankunfts- und Abfahrtszeiten anzugeben, ebenso die Namen der Inseln, die wir besuchen wollten. Drei größere Inseln standen zur Auswahl, keineswegs durfte man vor unbewohnten Inseln vor Anker gehen.

Das ganze Verfahren war etwas aufwendig, aber allemal besser, als an einer gebuchten Tour teilzunehmen und hinter Touristen herzustapfen. Die einzigartige Tierwelt der Galapagosinseln wollten wir ganz allein beobachten, uns Zeit dafür nehmen, mit dem Fahrrad über die Inseln radeln, auch nach einem eigenen Rhythmus einen grünen Leguan, einen Iguana, beobachten oder die berühmten Schildkröten.

Fast drei Monate blieben wir auf den Galapagosinseln, von Juni bis August 2011. Und wir haben sie tatsächlich gesehen, die Riesenschildkröten mit ihren verschiedenen Panzerformen und die Meeresechsen, die nur dort leben. Millionen von Fotos machten wir, wie sie Algen fraßen, wie sie im Wasser schwammen, wie sie an Land gingen oder langsam über das schwarze Lavagestein zogen oder flink hinüber huschten. Mir kam es vor, als würden wir in einer Mondlandschaft, in einer vollkommen fremden Welt umherwandeln, über uns ein blauer Himmel von intensiver Leuchtkraft.

San Cristóbal war unsere erste Anlaufstelle gewesen, die östlichste der Galapagosinseln. Und noch bevor wir den Anker geschmissen hatten, bekamen wir einen unerwarteten Chartergast. Ein Seelöwe stemmte sich auf unsere hintere Badeplattform und machte es sich auf ihr gemütlich.

Nachdem der Seelöwe Augenkontakt mit uns aufgenommen hatte, inspizierte er erst einmal den Katamaran, wobei das Tier etwas ungeschickt über das Deck watschelte. Es gefiel ihm wohl das, was er da sah, denn am Ende wollte er gar nicht mehr zurück ins Wasser. Die *Baju* war ein optimaler Sonnenplatz, warum sollte man den auch verlassen?

Verspielt, wie der Seelöwe war, ließ er sich dann doch hin und wieder ins Wasser, um mit uns zu schnorcheln oder zusammen mit anderen Artgenossen durchs Wasser zu fetzen.

Von einem Mitarbeiter einer Tauchschule hatten wir erfahren, dass man Seelöwen, sollte man sie loswerden wollen, mit Süßwasser besprühen müsse, das würden sie nicht mögen und freiwillig ihren angestammten Platz räumen. Den Ratschlag testeten wir erst aus, als wir nach zwei Wochen zu einer nächsten Insel segeln wollten, nach Santa Cruz. Den Seelöwen, den wir inzwischen auf den Namen Fritzi getauft hatten, konnten wir nicht mitnehmen, das war klar. Das Meer vor Sankt Cristóbal war seine Heimat.

Santa Cruz war die zweitgrößte Insel des Galapagos-Archipels. Der wichtigste Ort dieses Eilands ist Puerto Ayora, Heimat der Charles Darwin Forschungsstation, ein großes Gelände mit vielen einzelnen Bauten. Noch heute wird die spezielle Lage der Galapagosinseln genutzt, um zu forschen. So wie wir es verstanden, ging es weiterhin darum, Darwins Theorie über die Evolution der Arten durch Mutation und Selektion zu stützen. Auf den Galapagosinseln konnte man Darwins Theorie »beweisen«, weil dieses Archipel nie mit einer Landmasse verbunden, durch die exponierte Lage schwer zugänglich, zu keiner Zeit von Menschen besiedelt und erdhistorisch ziemlich jung war. Hatte es ein Tier einmal auf diese Vulkaninseln geschafft, lebte es vollkommen isoliert und hatte quasi keine Feinde, musste aber dennoch in diesem kargen Klima das Überleben lernen. Alle Anpassungsänderungen waren dadurch in diesem Biotop nachzuvollziehen – die bekanntesten Beispiele dafür sind neben den Galapagos- oder Darwinfinken die von uns bestaunten Riesenschildkröten.

Dadurch, dass sich die Nahrungsbeschaffenheit auf den einzelnen Inseln unterschiedlich darstellte, entwickelten jene Schildkröten, die gemütlich am Boden grasen konnten und keine Mangelprobleme hatten, runde, also schildkrötenübliche Panzer. Auf den trockeneren Inseln, auf denen sich die Nahrungssuche schwieriger gestaltete und die Reptilien sich auch vom Buschgestrüpp ernähren mussten, setzte sich die vorn hoch aufgestellte Sattelform durch. Auf diese Weise konnten die Tiere ihren langen Hals besser nach oben recken.

Einmal entdeckten wir im struppigen Gehölz zwei große Schildkrötenexemplare und waren überrascht, wie schnell diese

Urtiere auf den Beinen waren. Auf einer kleinen Lichtung machten die beiden halt – und der eine der beiden kletterte in Zeitlupe auf den Panzer seiner Partnerin. »Wer sagt eigentlich«, flüsterte mir Stefan zu, »dass man mit hundert keinen Sex mehr haben darf?« Irgendetwas ging aber schief, denn er hielt sich nicht lange oben auf ihr. »Wahrscheinlich hat er Erektionsprobleme oder sie Kopfschmerzen«, bemerkte ich leise zu Stefan. Von uns konnten sie sich keinesfalls gestört fühlen. Wir hielten uns dezent im Hintergrund und machten – typisch Spanner! – Fotos.

Überhaupt war es jeden Tag beeindruckend, wie nah die Tiere einen Menschen herankommen ließen. Nie fühlten sie sich von Zweibeinern gestört, wenn sie sich in der Sonne aalten (Meerechsen), faul am Strand lagen (Seelöwen) oder in den Wellen spielten (Meeresschildkröten). Ständig schwebten die verschiedensten Vögel um uns herum.

Der 6. August 2011 war unser letzter Tag auf den Galapagosinseln, die wir nur sehr widerwillig hinter uns ließen.

Ka'oha nui – »Hallo« auf Marquesanisch

Vor uns lag die längste Segelstrecke der klassischen Barfuß-route. Während Stefan unter strahlend blauem Himmel ins Logbuch schrieb, hatte ich nur einen Wunsch: die Sonne auf meiner Haut zu spüren. Ich zog mich aus und lief nach vorne zum Netz. Das Netz war überhaupt das Beste am Katamaran, das hatte ich schon empfunden, als ich das erste Mal auf einem solchen Boot war. Hatten wir keine Chartergäste, nahmen wir fast jede Mahlzeit auf dem Netz ein. Dazu spannten wir ein Sonnensegel auf und saßen im Schneidersitz auf den schönen Kissen. Nach dem Essen konnte man sich einfach ausstrecken und bei einem leicht kühlenden Wind Siesta machen.

Jetzt legte ich mich auf den Rücken, sofort spürte ich die intensive Sonne. Ich schloss meine Augen und hörte unter mir das Meer rauschen. Die *Baju* rockte, und ab und zu bekam mein Rücken eine erfrischende Abkühlung durch ein paar Wasser-spritzer, immer dann, wenn wir in ein Wellental eintauchten und bald danach das Schiff wieder in die Höhe gehoben wurde. Als ich kurz die Augen öffnete, blendeten mich die weißen Segel. An dem Anblick, wie sich das blitzende Weiß gegen den blauen Himmel abhob, konnte ich mich nie sattsehen. Unzählige Fotos hatte ich schon von diesem Motiv gemacht. Einmal hatte ich meiner Schwester einige solcher Blau-Weiß-Aufnahmen geschickt. Sie schrieb zurück, das seien doch etwas langweilige Fotos. Danach wurde mir klar: Erst wenn man selber spürt, wie nahe man der Natur in diesem Moment der Aufnahme ist, kann man ein solches Foto verstehen. Zeigte man mir Bilder von großen weißen Segeln gegen einen leuchtend blauen Himmel, stieg in mir sofort dieses unbeschreibliche Freiheitsgefühl auf. Unweigerlich nahm ich den kühlenden Wind wahr, die brennende Sonne, roch das Salz. Plötzlich fiel ein Schatten auf mein Gesicht.

»Hey, wer steht mir da in der Sonne? Frechheit!«

Stefan stand vor mir und betrachtete mich. Er selber war nur mit Shorts bekleidet. Wow, was für ein durchtrainierter Körper. Wir sahen uns beide an, und unsere Blicke wurden intensiver und intensiver. Er beugte sich zu mir runter und begann mich zu küssen.

»Okay, der Ausblick ist auch nicht schlecht«, sagte ich.

Wir genossen unsere Zweisamkeit. Die *Baju* hatte ihren Rhythmus, wir unseren eigenen.

Wenige Tage später, ich lag lesend im Salon, hörte ich Stefan draußen rufen. »Da vorne, Land!«

Schnell rannte ich an Deck und stellte mich zu Stefan. »Das sind die Marquesas«, sagte er und vor Freude und Erleichterung fielen wir uns in die Arme. Siebzehn Tage hatten wir nur auf Wasser geschaut, ein ewiges tiefes Blau, eine leuchtend blaue Welt, die unablässig auf und nieder wogte. Links vom Boot war es blau, schaute man nach steuerbord, war es auch blau. Es war unsere längste Segelstrecke nonstop auf dem Meer gewesen, doch war sie viel entspannter als die Atlantiküberquerung. Die See war glatt, oft herrschte Flaute, und auf dem Pazifik gab es viel weniger Schiffe als auf dem Atlantik. Eigentlich war weit und breit nie ein Schiff zu sehen, ein einziges Mal entdeckten wir einen chinesischen Frachter. Immerhin hatten wir ein neues automatisches Identifikationssystem installiert, AIS genannt, das vor anderen Booten in einem Umkreis von dreißig Seemeilen warnte. Doch nie piepte es. Eine Kollision schien nahezu unmöglich. Und vor Zwischenfällen mit Piraten mussten wir auch keine Angst haben. Man hatte uns versichert, im pazifischen Raum seien Überfälle dieser Art nicht bekannt. Stefan und ich hatten dadurch nachts ruhig schlafen können, keiner hielt wie sonst Wache.

»Wir haben es geschafft«, sagte ich nach einer angemessenen Schweigeminute. »Das war eine lange Zeit, aber wir beide sind am Leben, kein Segel ist gerissen. Wir können stolz auf uns sein.«

»Aber ehrlich gesagt, ich bin auch froh, endlich von Bord gehen zu können. Endlich wieder laufen können und Leute treffen. Zum Schluss fragte ich mich schon, ob es überhaupt noch Land gibt.«

Wir waren beide müde. Viel hatten wir uns mit uns selbst beschäftigt, auch damit, den Körper immer auszugleichen, ihn anzupassen an die Wellen und die Schiffsbewegungen. Zum Schluss war uns sogar die Lust vergangen, irgendetwas zu kochen. Nach zehn Tagen hatten wir nichts Frisches mehr, abgesehen von Zwiebeln und Knoblauch und einem Sack grüne Maracujas, die wir auf den Galapagosinseln selbst gepflückt hatten. Diese reiften langsam zu gelben, schrumpeligen Früchten heran, sodass unser morgendlicher Bananen-Maracuja-Shake zur Pflicht wurde. Skorbut konnten wir damit ausschließen. Selbst die Bananen, die wir grün eingekauft hatten, waren so schnell reif geworden, dass bald keine mehr übrig gewesen waren. Die Karotten mussten wir über Bord kippen. Schlecht geworden. Ein Fehlkauf. Fisch, eingekocht, und auch Gulasch konnten wir nicht mehr sehen. Fisch frisch zu fangen, was uns sonst immer Spaß brachte, winkten wir ab, Lethargie hatte sich ausgebreitet. Es wurde Zeit, dass wir an Land kamen. Nach knapp 3000 Seemeilen, also rund 5500 Kilometern, mussten wir uns für diesen Wunsch nicht schämen.

Vor uns lag die Küste Fatu Hivas, einer zur Südgruppe der französisch-polynesischen Marquesas gehörenden Insel. In der Bucht, die wir am 30. August zuerst ansegelten, wurden wir mit Hupen und Willkommensrufen empfangen, obwohl nur zwei Boote dort ankerten. Die *Aquamante* von Daphne und Vries sowie die Sailingyacht *Kreta* von Rob und Wanda. Weil alle vier

Segler Holländer waren, hisste Stefan statt der französischen Gastlandflagge seine orangefarbene Hose.

Normalerweise hätten in der Bucht dreißig, vierzig Yachten gelegen, aber wir waren spät dran in der Saison. Daphne rief uns zu: »Kommt heute Abend rüber zu uns aufs Boot, wir geben für euch ein Willkommensessen!« Das Angebot nahmen wir sofort an, und als wir zusammensaßen und Daphnes weltbeste Pasta aßen, kamen unsere Gastgeber kaum zu Wort. Aus Stefan brach ein Schwall von Worten heraus, als hätte er Jahre in einem Schweigekloster zugebracht.

»Und was ist aus Fritzi geworden? Eurem Seelöwenhaustier?«, fragte Vries, nachdem Stefan einmal eine Redepause eingelegt hatte. »Wolltet ihr ihn nicht mitnehmen?«

Daphne und Vries hatten wir in San Cristóbal auf Galapagos kennengelernt. Eines Nachmittags schlenderten wir mit einem Eis die Hafenmole entlang. Das Paar saß in einem Café, vor ihnen stand ein Laptop, daneben lag ein Handfunkgerät, zu ihren Füßen ein wasserdichter Seesack.

»Das sind Segler«, sagte ich zu Stefan. »Denen gehört bestimmt das holländische Boot in unserer Bucht, die *Aquamante*. Komm, wir sagen mal Hallo!«

Seitdem waren wir in ständigem Kontakt geblieben. Vries war einst Banker gewesen und hatte sich im Zuge einer Restrukturierung seines Unternehmens ausbezahlen lassen. Daphne, seine Frau, war einige Jahre jünger als er, sehnig, mit einem warmen Lächeln, die haselnussbraunen Haare hatte sie oft zurückgebunden, kleine Locken kräuselten sich um ihr Gesicht. Die *Aquamante* war so ziemlich das entgegengesetzte Modell zur *Baju*. Das Boot der Holländer war eine Luxusyacht, ausgestattet mit feinstem Teakholz und vollgepackt mit komplizierten Systemen wie Hydraulik und einem Generator. Eine Espressomaschine fehlte natürlich auch nicht. So unterschiedlich die beiden Schiffe auch waren, wir verstanden uns von Anfang an. Wir hatten die gleichen Interessen, zudem war ihre Route identisch mit unserer. Entweder sie folgten uns oder wir ihnen.

»Die Südsee wäre viel zu warm für ihn gewesen«, erklärte ich lachend. »Und stellt euch nur mal vor, wie es gewesen wäre, wenn der Quarantäne-Beauftragte Französisch-Polynesiens gefragt hätte: ›Irgendwelche Tiere an Bord – Hund, Katze, Papagei?‹ Und wir geantwortet hätten: ›Nein, weder Hund, Katze noch Papagei, aber einen Seelöwen.‹ Den Blick des Beamten hätte ich gern gesehen.«

Wir lachten und stießen mit einem Glas Wein auf unser Wiedersehen an. Es war schön, wieder unter Freunden zu sein.

Am nächsten Morgen wachten Stefan und ich mit dem befriedigenden Gedanken auf: Wir sind in der Südsee. Inmitten hoher Berge und unseres geliebten Dschungels. Statt blau war nun alles grün. Dazwischen gewaltige Felsformationen mit Wasserfällen.

Wir dachten an den ersten Weltumsegler, den portugiesischen Seefahrer Ferdinand Magellan, der im 16. Jahrhundert aufgebrochen war, wohl weil er eine geheime Karte entdeckt hatte, die darauf deutete, dass es eine Durchfahrt zum Pazifik gab – die heutige Magellanstraße. Er segelte dann auch durch den Pazifik, aber an den Marquesas-Inseln vorbei. Mit dem Ergebnis, dass die Hälfte seiner Mannschaft verhungerte. Für uns Segler des 21. Jahrhunderts war die Inselkette der erste logische Stopp nach der Überquerung des Stillen Ozeans, wie Magellan den Pazifik auch genannt hatte.

»Hätte er nur nicht all die Südseeinseln verpasst, der Unglücksrabe«, sagte Stefan. »Vieles wäre sicher anders verlaufen.« Der Portugiese stieg erst auf den Marianen wieder an Land, bevor er zu den Philippinen weitersegelte. Hier starb er, getroffen von einem vergifteten Pfeil der Einheimischen.

Auf den anderen beiden Booten war es noch still, aber uns hielt nichts mehr. Dadurch, dass die Marquesas – obwohl für uns am Ende der Welt gelegen – zu Frankreich und somit zur

Europäischen Union gehören, mussten wir nicht umständlich ein- und ausklarieren. Es gab auch keine Restriktionen über die Länge unseres Aufenthalts wie in anderen Ländern. Wir konnten bleiben, solange wie wir wollten.

Wir ließen *Baby Baju* zu Wasser, und kurze Zeit später standen wir mit unseren Macheten mitten im Busch. Es war gut, dass wir diese säbelartigen Messer mitgenommen hatten, nirgendwo gab es Pfade, wir mussten uns mit viel Kraft einen Weg durch das dichte Grün bahnen. Überall entdeckten wir hohe Büsche, an denen rote oder grüne Chilischoten hingen, Bäume mit Limonen, fußballgroßen Grapefruits (Pomellos genannt), Guaven und Früchten, die wir nicht kannten.

Zwischen dem changierenden Grün flirrten bunte Kolibris, hin und wieder hörten wir die wilden Ziegen meckern, die »Cook-Nachfahren«, von denen uns Wolfgang Hausner erzählt hatte. Ohne natürliche Feinde – außer den Menschen, die sie jagen, und die jagen sie in dieser Gegend einzig für den Eigenbedarf – konnten sie sich auf den Inseln ungefährdet und zahlreich vermehren.

In den Seglerbüchern hatten wir die Kapitel über die Südsee regelrecht eingeatmet und uns doch gefragt, ob von dieser Südseeromantik noch etwas übrig geblieben oder ob das schon damals pure Phantasie war.

Jetzt wanderten wir in diesem Paradies umher, einem großen Garten Eden. Man musste nur die Hand ausstrecken, um die Früchte zu ernten. Um Fleisch und Fisch zu bekommen, musste man nur eine Ziege erlegen oder einen Fisch in der Bucht harpunieren.

Ziege war überhaupt das Nationalgericht der Polynesier, gleich danach folgte *Poisson cru*, roher Fisch, eingelegt in Kokosmilch und Limetten.

In dem an der Bucht gelegenen Dorf lächelten uns erneut alle an, denen wir begegneten, und begrüßten uns mit »Ka'oha nui«, dem marquesanischen Willkommensgruß. Insgesamt wohnten dort vielleicht fünfzig Menschen, wobei wir meist nur Männer, jüngere Kinder und ältere Frauen sahen. Stefan fragte einen Mann nach Gemüse, da wir einen Auberginenstrauch in seinem Garten ausgemacht hatten. »Pflückt euch ein paar Früchte, wenn ihr möchtet«, entgegnete der Fremde. Und das taten wir voller Freude. Drei Stück, mehr traute ich mich nicht zu nehmen, das entsprechende Pastarezept schon im Kopf. Doch womit sollten wir das Gemüse zahlen? Natürlich hätten wir ihm Geld in der lokalen Währung geben können, aber Stefan hatte einen besseren Einfall. Er kramte aus seinem Rucksack eine kleine Flasche Rum hervor – in dieser Gegend fast unbezahlbar. In Panama City hatten wir dafür einen Dollar pro Flasche bezahlt. Eine 0,75-Liter-Flasche kostete auf den Marquesas, wie wir später feststellten, bis zu zwanzig Euro. Das war Absicht, denn da es nicht viel Arbeit auf den Inseln gab, hatte der französische Staat Angst, es würde viel zu viel Alkohol getrunken werden. Augenblicklich breitete sich ein Strahlen auf dem Gesicht des Mannes aus, als er sah, was für ein gutes Geschäft er gemacht hatte.

Wir fragten ihn noch nach einer Bäckerei, doch der Mann schüttelte den Kopf und gab uns zu verstehen, dass es in diesem Dorf keine gebe, nur im nächsten, in Omoa – dabei wies er mit der Hand über einen etwas höheren Hügel –, könne man Brot kaufen. Der Weg würde fünf, sechs Stunden dauern, man könne mit einem Speedboot dorthin fahren, dann ginge es schneller. Wir bedankten uns für den Tipp und verabschiedeten uns.

In der Zwischenzeit hatte sich eine ältere Frau zu uns gesellt, einen Jungen neben sich, wohl ihr Enkel. Sie hielt uns die Hand des Kindes hin, die schrecklich gerötet war, sichtlich Folge einer Verbrennung. Ich versprach, später wiederzukommen, mit einer Salbe, die vielleicht helfen könnte. Obwohl ich ja kaum Französisch konnte, schien sie mich verstanden zu haben, denn sie nickte, zeigte mit ihrer Hand zu einem Haus – ich nahm an, dass sie darin wohnte – und ging mit dem Jungen weiter.

Als wir wieder an Bord der *Baju* waren, füllte ich etwas von unserer Heilsalbe in einen kleinen Tiegel ab, um sie der Frau zu bringen. In dem Ort gab es keine medizinische Versorgung, auch nicht in dem zweiten Inseldorf, wie ich erfuhr. Doch ganz so abgeschnitten waren die Menschen auf Fatu Hiva nicht, wie wir zuerst dachten. Fast jeder Marquesaner besaß einen Kühlschrank, gefüllt mit Cola und anderen Softdrinks, und natürlich war es ein Anliegen der Franzosen, dass man günstig Baguettes und Chips erstehen konnte. Diese Lebensmittel wurden subventioniert, ansonsten war auf den Inseln alles unglaublich teuer, so wie man es uns prophezeit hatte.

In den nächsten Tagen sollten wir sehen, wie ein Versorgungsschiff in der Bucht von Omoa ankerte. Es fuhr von Insel zu Insel, ein Arzt war an Bord, die Mannschaft nahm Bestellungen auf, und von Mehl bis hin zu Elektrogeräten transportierte es alles mögliche. Am meisten aber Kobra, getrocknete Kokosnüsse zur Herstellung von Kokosnussöl. Die *Aranui* war ein auf dem Wasser schwimmendes Kaufhaus, ihre Ankunft ein Event, es wurden für die Touristen an Bord polynesische Tänze aufgeführt und für die Crew des Versorgungsschiffs – immerhin fünfzig Mann – ein Essen zubereitet.

Am nächsten Tag hatten wir den Plan, den Hügel nach Omoa zu überqueren, die Vorstellung von frischem Baguette lockte. Zurück wollten wir mit einem der Boote fahren, von denen der Mann erzählte, mit dem wir den Auberginen-Rum-Tauschhandel betrieben hatten. Es war ein wunderbarer Pfad, ein Robinson-Crusoe-Gefühl machte sich in uns breit, die Erkundung einer Insel, die in Reiseführern als »am schwersten zu erreichende Insel in Französisch-Polynesien« beschrieben wird – doch ohne die Angst, keine Chance zu haben, von ihr wieder fortzukommen.

Obwohl wir nur T-Shirts und Shorts trugen, war schnell alles durchgeschwitzt. Der Hügel war gar nicht so sanft, wie wir anfangs vermutet hatten, es ging steil bergauf und auch wieder steil bergab, immer wieder von Neuem. Nach fünfeinhalb Stunden hatten wir es geschafft, genau wie der »Auberginenhändler« gesagt hatte.

Die kleine Bäckerei in Omoa fanden wir schnell, der Ort hatte vielleicht vierzig Einwohner mehr als Hanavave – und galt deshalb als das »Hauptdorf«. Herrlicher Geruch von frisch gebackenem Brot zog uns an, und der Bäcker, dunkelhaarig und kräftig wie alle Menschen, denen wir bislang begegnet waren, strahlte, als wir seinen Laden betraten. Es war eine Art Tante-Emma-Laden, in dem es von Käse bis Kakao alles gab, doch alles in überschaubaren Mengen. Von jedem Produkt maximal zwei weitere. Die roten Preisschilder verrieten, was vom Staat subventioniert wurde.

Nachdem wir unsere Baguettes im Rucksack verstaut hatten, fasste der Bäcker uns an den Ärmeln und schob uns in einen Nebenraum, in dem eine riesengroße bemalte Trommel stand, eine Tam-Tam. Mit einer freundlichen Geste lud er uns zu einer Drumsession ein – und schon stellte er sich hinter seine Tam-Tam. Wir folgen ihm, und dann ging es los. Anfangs versuchte er noch, uns die ihm seit seiner Geburt vertrauten Rhythmen beizubringen, doch das funktionierte nicht so richtig, sie waren so völlig anders als die, die wir kannten. Somit wurde es am Ende eine sehr eigenwillige Session, die dem Bäcker und uns aber nicht minder gut gefiel. Zum Abschied schenkte er uns einen gigantischen Schokoladenkuchen, gerade frisch gebacken und gut verpackt in einer Alufolie. Der wurde unsere Rettung, denn als wir zur Bucht gingen, um mit einem der Speedboote zurück nach Hanavave zu fahren, gab man uns zu verstehen: »Die Wellen sind zu hoch, es ist zu gefährlich, kein Boot verlässt in den nächsten Stunden den Hafen.« Was hieß: Wir mussten zu Fuß zurück. Damit hatten wir nicht gerechnet. Erst in der Dunkelheit kamen wir wieder in Hanavave an, den Kuchen hatten wir auf unserer Wanderung zum größten Teil aufgegessen.

In den Folgetagen wuschen wir Wäsche – nach siebzehn Tagen auf See war das fällig –, erledigten kleine Schiffsreparaturen –

selbst im Paradies konnten wir nicht alle Pflichten vernachlässigen, auch wenn wir es gern getan hätten. Danach unternahmen wir weite Wanderungen über schroffes Felsgestein, sammelten Früchte auf den Wegen zu den Wasserfällen.

Wir blieben länger auf Fatu Hiva, als wir beabsichtigt hatten, auch wenn Stefan nicht kiten konnte, genauso wenig wie windsurfen oder tauchen, da es sehr schnell in die Tiefe ging und es keine Korallenbänke gab. Es waren die Menschen, die uns daran hinderten, schnell wieder den Anker zu lichten. Vom ersten Tag an waren wir in die Dorfgemeinschaft integriert. Die Bewohner spielten mit uns Volleyball, und sie fragten uns, wenn sie mit ihren Booten in das »Hauptdorf« fuhren, ob sie Baguette für uns mitbringen sollten. Einige von ihnen waren richtige Freediver und tauchten nach Langusten, die sie gern gegen Flip-Flops, Werkzeuge oder Seifen eintauschten.

Doch schließlich entschieden wir, unser Polynesien-Abenteuer fortzusetzen. Hiva Oa sollte unser nächstes Ziel sein, auf der »Erde der Männer«, wie die Polynesier die Insel nannten, befand sich Gauguins Grab. Überall wuchsen auf Hiva Oa Blumen, sodass die *Baju* bald wie ein Floristenladen roch. Danach ging es weiter zur kleinsten bewohnten Insel der Marquesas – Tahuata. Die Menschen von Tahuata nahmen uns ähnlich freundlich auf wie schon auf den anderen Inseln, und nachdem man uns auf einer Palmenplantage gezeigt hatte, wie Dächer und Schalen aus Palmenblättern geflochten werden, klopfte einer der Einheimischen Stefan auf die Schulter.

»Willst du morgen mit mir kommen, ich will auf Ziegenjagd gehen?«

»Unbedingt«, antwortete Stefan, ohne zu zögern. »Kann Heike mitkommen?«

»Warum nicht.« Der Mann verzog keine Miene, dabei war uns längst klar geworden, dass Frauen auf den Marquesas nicht unbedingt mit auf die Jagd gingen. »Ich heiße übrigens Teeii«, fügte der Jäger hinzu, der sicher zu den Dorfältesten gehörte, so wie sein Gesicht von Falten durchzogen war. »Zieht aber auf jeden Fall feste Schuhe an. Und nehmt Macheten mit. Wir treffen uns gegen Mittag am Strand.«

Den Rest des Tages war Stefan aufgeregt wie ein kleines Kind. »Und was passiert, wenn die Ziege tot ist? Wie wird sie ausgenommen? Wie werden wir das Fleisch verarbeiten?«

»Du hast schon die größten Fische harpuniert, ausgenommen und filetiert«, antwortete ich. »Da wirst du bei einer Ziege so viel nicht falsch machen können.«

Meine Absicht war es gewesen, ihn zu beruhigen, doch die Wirkung war gleich null. Schon in der nächsten Minute sagte er: »Ich kann mir gar nicht vorstellen, was wir mit der toten Ziege anstellen sollen … Heike, wie nimmt man denn eine Ziege aus?«

Ich schwieg, auch bei den nächsten Fragen. Stefan führte ohnehin schon längst eine Art Selbstgespräch.

Am nächsten Mittag waren wir ausgerüstet mit festem Schuhzeug, langen Hosen und langen T-Shirts. Eine Vorsichtsmaßnahme gegen Moskitos. Was aber kaum etwas nützte, denn am Ende des Tages kehrten wir mit mindestens tausend Stichen zurück. Teeii, der schon am Strand auf uns wartete, überprüfte unser Schuhwerk – er schien zufrieden zu sein, denn er sagte nichts, schnappte sich seinen khakifarbenen Armeerucksack und packte seine zwei Macheten, die er im Sand abgelegt hatte. Und los ging es.

»Wir haben drei Patronen – also drei Versuche«, konstatierte der Marqueser im Gehen. »Patronen mit Kaliber 22 sind hier eine Rarität.«

Hätten wir das gewusst, wir hätten welche aus Panama mitgenommen. »Bei der nächsten Weltumsegelung denken wir daran«, sagte Stefan entschlossen, »da bringen wir Patronen jeglichen Kalibers mit. Aber bist du sicher, dass wir mit den drei Patronen eine Ziege erlegen werden?«

»Wenn wir welche hören oder sogar sehen, ist die Chance groß, auch eine zu töten.«

Wir machten uns auf und marschierten zunächst einen Berg hinauf. Immer wieder setzten wir die Macheten ein, um uns einen Weg durchs Gestrüpp zu bahnen. Teeii führte unseren kleinen Trupp an und war so flink, dass wir kaum mitkamen. Zum Glück gibt es auf den Marquesas keine Schlangen, längst wäre ich umgekehrt (und Stefan noch viel früher).

Plötzlich blieb Teeii stehen. »Psst«, flüsterte er leise und legte sich auf die Lauer. Tatsächlich vernahmen wir gleich darauf ein Meckern. Und kurz danach erblickten wir eine kleine Gruppe von vier oder fünf Tieren, die an einem Steilhang oberhalb von uns vorbeizog. Teeii bedeutete uns, dass er von hier aus alleine auf die Pirsch gehen wolle. Wir, die Amateur-Ziegenjäger, würden doch zu holprig durchs Gebüsch stolpern. So nahm unser »Sniper« vorübergehend allein die Verfolgung auf. Vorher ermahnte er uns, keinen Laut von uns zu geben, um ja nicht die Ziegen zu verjagen.

Etliche Moskitostiche später hörten wir endlich einen Schuss. Gespannt erwarteten wir nun, dass Teeii uns zu sich rief, aber nichts dergleichen geschah. Mmmh? Hatte er vielleicht danebengeschossen und war den Tieren gefolgt, um doch noch eins zu erwischen? Wir warteten eine Weile, dann beschlossen wir, dem Jäger zu folgen.

Es war ein schwer zu durchdringendes Gelände, mit steilen, steinigen Abhängen, das Geröll rutschte nur so unter unseren Füßen weg. An einigen Stellen bewegten wir uns auf allen vieren vorwärts. Nirgendwo konnten wir Teeii sehen, und so beschlossen wir, die Jagd abzubrechen.

Wir wanderten Richtung Meer, ein gründliches Seewasserbad, davon waren wir überzeugt, würde die Auswirkungen der Moskitostiche lindern. Nach einer kurzen Verschnaufpause machten wir uns auf den Weg zur Plantage, schließlich interessierte es uns brennend, was aus »unserem« Ziegenabenteuer geworden war. Schon von Weitem sahen wir Teeii, von Nahem sein langes Gesicht. Sein Gewehr lag zerlegt auf einem Kobratrockenplatz.

»Materialversagen«, erläuterte Teeii.

»Und was heißt das?«, fragte Stefan.

»Beim ersten Schuss hat sich etwas im Schlitten verklemmt. Ich habe das aber erst gemerkt, als ich den zweiten Schuss abfeuern wollte.«

Teeii wirkte so geknickt, als er weiter sein Gewehr auseinandernahm und es reinigte, dass man es kaum ertragen konnte. Wahrscheinlich hatte der Arme den Frauen der Plantage bereits ein großartiges Festmahl versprochen.

Am nächsten Tag gingen wir schnorcheln. Die Attraktion in unserer Bucht waren Mantas, die riesigen Raumschiffen gleich mit mehr als fünf, sechs Metern Flügelspannweite durch das Wasser schwebten. Wir saßen gerade in unserem Beiboot, bereit, ins Wasser zu springen, als wir zum ersten Mal die großen Schwanzflossen entdeckten. Stefan schrie: »Mantas!«, und wir standen wie elektrisiert im Dinghi, als es auf einmal schwarz unter uns wurde. Einer der Mantas tauchte direkt unter unserem Boot hindurch. Nachdem nichts geschah und wir uns von dem Schrecken erholt hatten, betrachteten wir uns die fliegenden Untertassen mit ihren weißen Bäuchen genauer.

»Die tun nichts«, erklärte Stefan. »Fressen nur Plankton. Komm, die schauen wir uns mal aus der Nähe an.«

Wir sprangen direkt vor ihren großen Mäulern ins Wasser. Wie überdimensional große Staubsauger zogen die Mantas Krill, Plankton, Quallen und Fischeier in sich hinein. Zwischendurch drehten sie unter Wasser Pirouetten, Schrauben, führten Saltos vor, mit einer majestätischen Gelassenheit und Eleganz, die einfach umwerfend waren. Wir hatten schon einiges unter Wasser erlebt, aber dies schlug alles um Längen.

Am Tag nach unserem Schnorchelerlebnis kam Teeii in die Bucht, in der *Baju* lag. Von der früheren Niedergeschlagenheit keine Spur mehr.

»Heute Abend seid ihr eingeladen«, rief er uns zu. »Es gibt Ziege in Kokosnuss.«

»Na, das ist eine Überraschung«, sagte Stefan. »Und wir bringen die Getränke mit.«

»Und Teller und Besteck! Wir haben nicht so viel davon. Und sagt auch den anderen Yachties Bescheid, dass sie kommen sollen«, rief nun der Ziegenjäger, da er sich schon wieder auf seinen Rückweg gemacht hatte und sich nicht mehr zu uns umdrehte.

Bevor wir uns zum Strand aufmachten, zusammen mit Seglern von zwei anderen Booten, die gerade mit uns in der Bucht lagen, beobachteten wir ein Phänomen, das sich Green Flash nannte. Bei wolkenlosem Himmel, kurz bevor die Sonne im Wasser versinkt, färbt sich ihre Korona grün, sodass für einen Augenblick die letzten Sonnenstrahlen über dem Horizont grün aufblitzen. Die ganze Zeit in der Karibik wollte ich einen Green Flash erleben – jeder Segler erzählte davon –, doch nie hatte es geklappt. Endlich, im Pazifik, durfte auch ich einen bewundern. Ein unglaubliches Naturschauspiel.

Noch war es nicht ganz dunkel, als wir auf der Plantage eintrafen. Und wir staunten nicht schlecht über das, was man uns nun präsentierte. Ein Büfett mit Ziegeneintopf, *Poisson cru*, gekochtem Wildschwein, Reis, Brotfrucht und Pomelos. Wir holten Plastikteller, -becher und die Weinflaschen aus dem Rucksack, die wir als Gastgeschenk mitgebracht hatten. Man forderte uns auf, kräftig zuzulangen, und das ließen wir uns nicht zweimal sagen. Erst als ich nahezu satt war, fiel mir auf, dass niemand von den Inselbewohnern etwas von den Speisen genommen hatte.

»Habt ihr keinen Hunger?«

Verlegen lächelten sie uns an.

»Oder besitzt ihr keine Teller? Stefan und ich können von einem Teller essen.« Was war das für eine Frage, wir hatten doch selbst gesehen, wie sie Schüsseln aus Palmenblättern herstellten, die waren doch nicht nur für die Touristen gedacht, oder?

»Ich denke, die sind zu schüchtern«, mischte sich Stefan ein. »Anders gesagt: Gastfreundschaft ist für sie, dass sie erst zu essen anfangen, wenn wir nichts mehr möchten.«

Ein Stück von dem wunderbar weichen und mürben Ziegenfleisch – stundenlang mussten die Frauen das ansonsten recht zähe Fleisch auf dem Herd gekocht haben – fiel mir von der Gabel. In Deutschland hatte ich eine solche Gastfreundschaft nie erlebt, da hatte jeder das beste Stück Fleisch im Visier.

Nach dem Essen setzten wir uns um ein Feuer, und schon wurden wir mit Fragen gelöchert.

»Warum habt ihr keine Kinder? Wir sehen keine …«

Wie sollte man das erklären? Egoismus? Freiheitsdrang?

Wir zuckten mit den Schultern und lächelten.

»Und wo ist eure Familie? Ihr seid nur zu zweit auf dem Boot.«

Etwas zu unternehmen, so weit weg von Vater und Mutter, von Geschwistern, Tanten und Onkeln – für Polynesier war es unmöglich, das zu begreifen.

»Für uns ist es ein Traum, so zu leben …«, fing Stefan zu erzählen an, wurde aber sofort von Teeii unterbrochen. »Ohne Familie gibt es kein Traumleben.« Heftig nickten die anderen, die mit uns um das Feuer saßen.

Wieder schwiegen wir: Für sie war es unvorstellbar, dass das, was wir gerade auf den Marquesas erfuhren, genau das war, was wir uns unter einem perfekten Blauwasserleben immer vorgestellt hatten.

Endstation Paradies

Die Trommeln hallten durch die Dunkelheit, jeden Abend vibrierte die Luft von den Trommelschlägen und dem Gesang der Menschen auf Nuku Hiva. Dazu führten sie ihre traditionellen Tänze auf, Männer stampften mit ihren kräftigen Füßen in den Boden, Frauen wiegten sich im Schneidersitz und gaben hohe Laute von sich. Sie bereiteten sich auf das Marquesa Art Festival vor, ein alle vier Jahre wiederkehrendes Großereignis, das 2011 Jahre auf Nuku Hiva zelebriert wurde.

Bewohner der Nachbarinseln würden zu dem Fest kommen, aber auch aus Hawaii, Fidschi und Tonga, einzelne Gruppen im Wettstreit gegeneinander antreten, noch dazu sollten viele Aufführungen an den historischen Kultstätten stattfinden, die mitten im Dschungel lagen und die ohnehin schon mystische Atmosphäre sicher verstärken würden. Bislang wurde nur unter dem Dach einer offenen Lagerhalle in Taiohae geprobt, der Hauptstadt aller Marquesas-Inseln, ohne bunte Blumenkränze und Kostüme, ohne die Bemalung der Krieger.

Noch acht Wochen waren es bis zur Eröffnungsveranstaltung, und Abend für Abend studierte man in Taiohae die alten Gesänge und Tänze ein. Es war hinreißend, den rund sechzig Menschen zuzuschauen, die Klänge gingen direkt unter die Haut. Meine Kamera glühte, so viele Bilder hatte ich gemacht.

Ganz ohne Drogen überwältigte uns jeden Abend, den wir als Zuschauer zubrachten, nach und nach ein tranceartiges Gefühl. Auf keinen Fall wollten wir das Festival verpassen, es wurde Teil unseres Traums vom Südseeabenteuer. Polynesien.

Die Bucht der Hauptstadt war wunderschön und erstaunlich belebt. Es gab ein Hôtel de Ville, das Bürgermeisterhaus, eine Gendarmerie, eine Crêperie, ein Krankenhaus sowie eine Schule – auf sie gingen auch alle schulpflichtigen Kinder der Nachbarninseln, meist wohnten sie in der Woche bei Verwandten oder im schuleigenen Internat, um erst am Wochenende zu ihren Familien zurückzukehren, wenn überhaupt. Zudem gab es eine Bank, eine Post und erstaunlich viele Autos.

In der Nordbucht Nuku Hivas, Anaho, lernten wir beim Kiten Jarik kennen, einen Marquesaner, der über zehn Jahre auf Hawaii gelebt hatte und perfekt Englisch sprach. Er war in seine Heimat zurückgekehrt, weil seine Familie größere Ländereien auf der Insel besaß und er sich um sie kümmern wollte. Jarik war sein europäischer Name, seinen polynesischen konnten wir auch nach mehrtägigem Üben nicht aussprechen. Seine lange, dicke schwarze Mähne hatte er zu einem Zopf geflochten. Er sah aus wie ein Surfguru, mit wasser- und windgegerbter Haut, der sein Surfbrett aus einer alten Holzplanke formt, statt eines aus Plastik zu kaufen. Er hatte auch tatsächlich auf Hawaii gesurft, aber nicht, um in der Welle ein kurzes Vergnügen zu suchen, sondern um Inspiration zu finden. Und er hatte die ganz großen Wellen geritten. Immer hatte er ein Lächeln auf den Lippen, als würde ihn die Mystik der Landschaften beseelen, stets kreisten seine Gedanken um die Umwelt und seine Mitmenschen, um ein Leben im Einklang mit der Natur in dieser paradiesischen Umgebung, um Spiritualität und Religion. Er selbst stellte sich nie in den Mittelpunkt.

Die Melodien der Tanzproben konnten wir inzwischen mitsummen, auch einige sich wiederholende Strophen, obwohl wir den Inhalt nicht verstanden – wir zählten wirklich schon zum eingefleischten Fanclub. Nicht ein abendliches Spektakel ließen wir uns entgehen, und wenn die Männer mit ihren nackten, schwitzenden Oberkörpern zu ihren Kriegsbeilen oder Holzstäben griffen und ihr martialisches Geschrei herausbrüllten, lief uns jedes Mal ein Schauer über den Rücken. Das war ergreifend, und fast schien man zu glauben, zu den Wurzeln der uns völlig fremden Kultur vordringen zu können.

Ein Riese von einem Mann, bestimmt einen Kopf größer als Stefan, mit einem immens dicken Bauch, kam Abend für Abend in einem roten T-Shirt. Er war eindeutig der Choreograf. Es war zu erkennen, dass er noch längst nicht zufrieden mit der Performance seiner Tanz- und Gesangsgruppe war.

»Ich weiß gar nicht, was der hat«, sagte Stefan. »Ich finde das jetzt schon sensationell.«

Wir überlegten, ob wir die acht Wochen bis zum Festival in Taiohae bleiben oder zu den Tuamotus aufbrechen und später zurückkehren sollten. Die Tuamotus-Atolle liegen 450 Seemeilen von den Marquesas entfernt und eignen sich hervorragend zum Tauchen und Kiten, was für uns schließlich den Ausschlag gab.

Am nächsten Morgen, es war der 8. Oktober 2011, ein Samstag, standen wir um fünf Uhr in der Früh auf. Es war noch stockdunkel. In Taiohae begann der Hauptstadtmarkt wegen der Hitze um vier, und um sechs Uhr war er dann wie ein kurzzeitiger Spuk auch schon wieder vorbei. Wir hatten einige frische Sachen eingekauft, bevor wir den Anker lichteten. Gurken, Auberginen, Kartoffeln und Kürbisse.

Als wir an der Südküste von Nuku Hiva entlangsegelten, steuerten wir eine von außergewöhnlichen Felsformationen vulkanischen Ursprungs eingeschlossene Bucht an, die seltsam zweigeteilt war – mit einer kleineren Unterbucht sowie einer unberührten Hauptbucht, die durch einen endlos schönen, nicht weißen, sondern eher goldschimmernden Strand ins Auge stach.

So nah wie möglich wollten wir am Ufer vor Anker gehen, aufgrund unseres geringen Tiefgangs von nur siebzig Zentimetern waren wir meistens die Einzigen, die so nah am Strand ankern konnten.

Einem Reiseführer hatte ich entnommen, dass es sich um die Hakatea-Bucht handelte und es in der Nähe einen spektakulären Wasserfall gab, den Te Vai Po. Das Wasser sollte dort 350 Meter in die Tiefe stürzen. Das mussten wir uns unbedingt ansehen.

Am Nachmittag trafen wir dann zum ersten Mal jenen Mann, der unsere Weltumsegelung in einen Albtraum verwandeln sollte. Wir waren vom Strand aus zwanzig Minuten ins Dorf Hakau'i gelaufen. Mitten in der Ortschaft stand ein Mann bei einem Pferd. Er stellte sich als Arihano vor. Wie viele der Inselbewohner hatte er einen sehr kräftigen Körperbau, dunkles Haar und Tätowierungen. Arihano war damals 31, wie ich später erfuhr, aber wie alle erwachsenen Marquesaner wirkte er älter auf uns.

Wir grüßten uns nur kurz, anschließend kamen wir auf der staubigen und mit vielen Schlaglöchern versehenen Sandstraße mit einem Ehepaar ins Gespräch. Nach einer netten kleinen Unterhaltung, bei der jeder erzählte, was er so machte – der Mann hieß Tainui und war Fischer – verabredeten wir uns für den nächsten Tag, um Früchte zu tauschen. Tainui sagte, er bräuchte unbedingt ein Lasso für sein Pferd, und Rum wäre auch willkommen.

Unser Wecker klingelte am Sonntag um sechs, immerhin nicht um fünf. Wir frühstückten, packten unsere Wasserflaschen, ein Handtuch und etwas zu essen in den Rucksack. Für Tainui steckten wir eine kleine Flasche Rum, ein Seil und noch ein paar andere Dinge ein. Vom Schiff aus hatten wir die elliptisch geformten, hellgrünen Blätter der Bananenstauden gesehen, oftmals eingerissen, weshalb sie immer aussahen, als hätte gerade ein Wind in ihnen getobt. Wir freuten uns auf die Bananenstaude, die uns Tainui zum Tausch angeboten hatte.

Diesmal fuhren wir mit dem Dinghi direkt ins Dorf und ersparten uns auf diese Weise den Fußmarsch an der Küste entlang. Es war Ebbe, trotzdem konnten wir in den dortigen Flusslauf ein Stück hineinfahren. Schließlich klappte Stefan den Motor hoch, und wir stiefelten im knöcheltiefen Wasser bis zum Ende des Bachs, fast bis zur Haustür von Tainui. So brauchten wir die Früchte später nicht zu tragen, sondern konnten sie im Beiboot problemlos auf die *Baju* bringen.

Tainuis Haus war im Grunde kein Haus, sondern eine Hütte, so klein, dass das Bett draußen stand. Alles war offen, auch die Feuerstelle in der Nähe der Schlafstätte, auf der ein Kessel stand, wahrscheinlich, um Wasser warm zu machen.

Wir holten unsere Tauschgegenstände aus dem Rucksack.

»Natürlich kann ich euch eine Bananenstaude besorgen«, meinte Tainui, nachdem wir gesagt hatten, dass wir solche vom Boot aus gesehen hätten. »Aber ich muss sie erst vom Feld holen. Ähnlich sieht es bei den Pampelmusen aus.« Der Marquesaner war ein schmaler Mann, fast schon dürr, ein Gesichtstattoo betonte sein harsches Profil. Seine Frau war klein und rundlich – genau das Gegenteil ihres Mannes. Sie war schüchtern und hielt sich im Hintergrund, während Tainui die Führung der Gespräche übernahm und die Geschäfte abwickelte.

Stolz erzählte er, dass er sich endlich ein Auto hatte kaufen können, wobei er auf einen alten Jeep wies, der nicht weit entfernt von der aus Stein gemauerten Hütte parkte. Ich hatte angenommen, dass dieses blecherne Gebilde nicht mehr fahrtüchtig war und nun in der Wildnis vor sich hin rostete. Keineswegs. 3000 Euro hätte er allein für den Transport des Autos von Papeete, der auf der Insel Tahiti gelegenen Hauptstadt von Französisch-Polynesien, nach Nuku Hiva bezahlt, erklärte er. Aber dafür könne er nun sein Obst und das Gemüse bequem vom Feld zu seinem Haus fahren, um es dann der *Aranui*, dem Versorgungsschiff, das alle paar Wochen in der Bucht ankerte, zum Verkauf mitzugeben. Zu Fuß sei es vorher alles sehr mühsam gewesen, und auch das Pferd sei keine große Erleichterung gewesen.

Es war kaum vorstellbar, dass der Mann 3000 Euro allein für den Transport des Wagens bezahlt hatte. Was er für den Jeep selbst hatte hinlegen müssen, da fragten wir lieber erst gar nicht nach.

»Und wie sieht es mit Sprit aus?«, fragte Stefan. »Eine Tankstelle habe ich bislang nur in der Hauptstadt Taiohae gesehen.«

Ein breites Grinsen zeigte sich auf dem Gesicht des Händlers: »Dort wäre es sowieso zu teuer. Ich mache es selbst, aus Kokosnussöl.« Danach zeigte er uns Kanister, in denen er seinen Treibstoff aufbewahrte.

»Und wie bekommt ihr Strom?«

»Wir haben keinen Strom aus der Steckdose«, erklärte der Polynesier. »Für die wenigen Häuser hier in der Gegend scheint es sich nicht zu lohnen, extra Leitungen zu legen. Aber abends, bei Einbruch der Dunkelheit, haben wir trotzdem Licht. Auf dem Dach ist ein kleines Solarpaneel angebracht.« Er wies mit seiner Hand zur Hütte hoch. Hightech mitten im Dschungel, dabei besaß das Paar nicht einmal ein Radio. Stefan und Tainui fingen augenblicklich zu fachsimpeln an, tauschten Solarstromtipps aus. Der Polynesier wollte sich eine größere Solaranlage zulegen, aus verständlichen Gründen.

»Wir würden gern einen Fernseher haben, und ein Kühlschrank wäre auch schön.« Eine solche Anlage kostete aber, wie wir erfuhren, neu rund 2000 Euro.

3000 Euro für den Autotransport, 2000 Euro für eine bessere Solaranlage – bei den bestimmt nicht mit Frankreich oder Deutschland zu vergleichenden Insellöhnen waren das horrende Preise.

Danach verabschiedeten wir uns von dem Ehepaar und sagten, dass wir nach unserem Marsch zum Wasserfall alles abholen würden. Klar, meinten die beiden, das gehe in Ordnung, und sie zeigten uns, in welche Richtung wir gehen sollten.

Kurz nachdem wir uns auf dem Weg gemacht hatten, entdeckten wir eine Telefonzelle. Keine geteerte Straße, kein Strom – wie sollte da eine Telefonzelle funktionieren? Sie funktionierte auch nicht. Als Stefan den Hörer abnahm, war kein Signal zu vernehmen. Totenstille. Hatte man einst die Hoffnung gehabt, als man sie aufstellte, dass sich mehr Leute entschieden, sich in dieser Gegend niederzulassen? Wir konnten darüber nur spekulieren.

Wir gingen an einer Schlucht entlang, mal bergauf, mal bergab. Überall waren Schilder aufgestellt: »Achtung Steinschlag!« Das war keine Ermutigung, um länger als nötig in der Schlucht zu verweilen, obwohl es an einigen Stellen spektakuläre Ausblicke auf Blätterdächer und verschlungene Lianen gab. Als wir ans Ende der Schlucht kamen, hörten wir zwar den dahinterliegenden Wasserfall, den Te Vai Po, aber wir konnten nicht zu ihm hin, wenigstens nicht zu Fuß.

»Komm, wir schwimmen«, sagte Stefan und war im nächsten Moment dabei, sich auszuziehen.

Das Wasser war eiskalt und nach der tropischen Hitze im ersten Moment eine wunderbare Erfrischung. Aber für die Strecke, die vor uns lag, hätte man gut einen Neoprenanzug gebrauchen können. Mit ziemlich schnellen Zügen erreichten wir den Wasserfall und waren überwältigt von seinem Anblick. Er war in glitzernde Nebelschleier gehüllt, die durch den Aufprall des Wassers auf Wasser entstanden.

Nachdem wir uns mit dem mitgebrachten Handtuch abgetrocknet hatten, holten wir unsere Peanutbutter- und Nutella-Sandwiches und Früchte aus unserem Rucksack heraus. Auf dem Rückweg trafen wir auf eine Gruppe von Touristen, Individualtouristen, insgesamt fünf Personen. Wir warnten sie vor dem kalten Wasser. Es sollten die einzigen Touristen bleiben, denen wir auf den Marquesas begegneten.

Zurück in der kleinen Siedlung Hakau'i wollten wir unsere Einkäufe abholen, aber gerade als wir ankamen, trat Arihano aus einem der größeren Häuser in diesem Miniaturdorf. Auf dem Dach war eine große Solaranlage installiert, hier musste jemand leben, der wesentlich mehr Geld besaß als Tainui und seine Frau. Ohne weiter darüber nachzudenken, ging ich davon aus, dass der junge Mann, mit dem wir uns tags zuvor kurz unterhalten hatten, in dem Haus wohnte.

Arihano trug heute weiße Shorts und Flip-Flops, der Oberkörper war frei, und eine Sonnenbrille steckte in seinem schwarzen Haar. Freundlich winkte er uns zu und fragte auf Französisch. »Wollt ihr nicht mit mir zusammen essen, ich habe gerade Poisson cru gekocht?«

Fremden gegenüber zeigte man sich auf den Marquesas gastfreundlich – wie oft hatten wir das erlebt, nie hatten wir Erfahrungen gemacht, die Argwohn gerechtfertigt hätten. Es war in diesem Teil der Welt das Normalste, Menschen, auf die man traf, zum Essen einzuladen.

Stefan blickte mich an, seit unserer Sandwich-Früchte-Mahlzeit waren über zwei Stunden vergangen, es war kurz nach zwölf Uhr. Zeit fürs Mittagessen. Ihm war anzusehen, dass er gern das Angebot angenommen hätte, hungrig, wie er war, und auch neugierig auf die Inselbewohner. Ich aber war nach unserer Wanderung zu müde und sagte: »Lass uns lieber aufs Boot gehen, ich bin müde.«

Um nicht unhöflich zu erscheinen, unterhielten wir uns noch eine Weile mit ihm. Arihano fragte, ob der Katamaran in der Bucht unserer wäre. Wir bejahten. Schließlich schenkte er uns fünf Pampelmusen.

»Gibt es hier auf Nuku Hiva vielleicht eine Möglichkeit, auf Ziegenjagd zu gehen?«, fragte Stefan.

Schon einmal hatte Stefan auf dieser Insel einen ähnlichen Versuch unternommen. Im Norden der Insel trafen wir auf einen Ziegenjäger – nur kamen wir drei Tage zu spät. Der Polynesier hatte gerade vier Ziegen erlegt, in den nächsten Wochen, so gab er Stefan zu verstehen, würde er nicht mehr auf die Jagd gehen. Ziegen wurden hier ja nicht zum Spaß erschossen, einzig, wenn Fleisch benötigt wurde. Stefan hatte dies geärgert. »Es scheint wie verhext zu sein, anscheinend soll ich keine Ziegen jagen. Erst die Panne mit dem Gewehr, und jetzt sind wir zu spät dran.«

Doch Arihano erklärte sich sofort bereit, Stefan auf die Jagd mitzunehmen: »Sicher, das ist überhaupt kein Problem. Heute Nachmittag?«

Stefan sagte sofort zu. »Falls du kein Gewehr hast, ich habe an Bord eine Pistole, auch Patronen, die kann ich mitbringen.«

»Nicht nötig«, winkte der Polynesier ab. »Ich hab alles, was wir dafür brauchen.«

Im Stillen wunderte ich mich, dass er genügend Munition besaß. Sie war, wie wir wussten, Mangelware. Aber das Haus, aus dem er gekommen war, deutete ja nicht gerade auf einen Geldmangel hin.

»Wir können doch morgen los«, sagte ich zu Stefan.

Stefan schüttelte den Kopf. »Jetzt oder nie. Wie wär's mit drei Uhr?«

Arihano nickte. »Okay, dann hole ich euch ab. Ich stehe am Strand und pfeife.«

»Perfekt!«

Bevor wir nach unserer knapp fünfstündigen Wanderung zurück aufs Boot gegangen waren, hatten wir bei dem freundlichen Ehepaar unsere Tauschobjekte eingesammelt. Wieder an Deck der *Baju* machten wir uns einen Kaffee, aßen etwas, relaxten. In dieser Zeit kehrten die fünf Touristen zurück, die sich am Strand ausbreiteten und badeten. Wir winkten ihnen zu.

Plötzlich hörten wir ein Pfeifen. Jetzt schon? Ich hatte doch gerade erst angefangen, mich zu entspannen. Aufbruch und Hektik konnte ich jetzt gar nicht gebrauchen. Ich wollte lieber auf dem Boot bleiben. Und als mir auch noch die Mücken von der letzten Jagd einfielen, sagte ich zu Stefan: »Für heute brauche ich keine Abenteuer mehr. Womöglich auf allen vieren im Gestrüpp herumkriechen? Nein danke.«

Da der Pfiff von Arihano auch für ihn überraschend gekommen war, versuchte Stefan nicht, mich umzustimmen, sondern war beschäftigt, schnell seine Sachen zusammenzupacken und eine lange Hose anzuziehen. Ich füllte ihm noch einen Liter Wasser in eine Flasche ein, und Stefan sagte: »Ich steck mir eine Flasche von dem braunen Rum ein, als Dankeschön, dass er mich auf die Jagd mitgenommen hat.«

»Ja, mach das«, entgegnete ich. »Und hast du Hut und Sonnenbrille mit? Und die Machete?«

»Oh Mist, das hätte ich glatt vergessen.«

Rasch stieg er ins Dinghi, das noch von unserer Rückkehr am Mittag im Wasser schaukelte, und drehte sich noch einmal kurz zu mir um: »Falls Daphne und Vries kommen, sag ihnen Bescheid, dass wir bei meiner Rückkehr am Strand ein Ziegen-Barbecue machen!«

»Werde ich tun!« Ich musste bereits brüllen, damit Stefan meine Worte noch hören konnte.

Noch immer sah ich ihm nach. Warum tat ich das? War man 24 Stunden am Tag zusammen, Woche für Woche, Monat für Monat, Jahr für Jahr, freute man sich darauf, wenn man mal alleine sein und durchatmen konnte, keinen anderen Menschen neben sich zu spüren. Da schaute man seinem Partner beim Abschied, obwohl man ihn über alles liebte, nicht nach. Es stand uns ja keine lange Trennung bevor, Stefan unternahm keine groß angelegte Expedition ins Landesinnere, am Abend würde er wieder zurück sein. Dennoch wandte ich mich erst von ihm ab, als die beiden Männer im Wald verschwunden waren, zuletzt sah ich Stefan mit seinem Rucksack auf dem Rücken.

Wieso hat Arihano ihm nicht geholfen, das schwere Beiboot aus dem Wasser zu ziehen?, dachte ich noch. Waren Kinder am Strand oder Fischer – sie kamen immer alle angelaufen, um mit kleineren oder größeren Kräften dabei zu helfen, *Baby Baju* an Land zu hieven. Arihano jedoch war abseits stehen geblieben, am Rand der Palmen. Irgendwie seltsam.

Ich machte mir einen zweiten Kaffee – und es fiel mir ein Satz ein, den Stefan schon mehrmals geäußert hatte: »Schlafen kannst du, wenn du tot bist.« Er hatte ihn immer angebracht, wenn ich zu müde war, ihn bei einer Unternehmung zu begleiten – und meist hatte er mich damit auch überreden können. Dieses Mal hatte er ihn nicht gesagt.

Die nächsten Stunden waren wunderbar. Ich las, schlief, nahm

Funkverbindung mit Daphne und Vries auf: »Stefan ist losgegangen, um Ziegen zu schießen. Kommt doch heute Abend zum BBQ bei Sonnenuntergang an den Strand.« Nachdem wir noch einige Informationen ausgetauscht hatten, verabschiedete sich Vries wie immer mit den Worten: »*Aquamante*, Stand-by auf Kanal 6, *over and out*.«

Die Yacht der Holländer ankerte am späten Nachmittag hinter der *Baju*, in weit tieferem Gewässer. Wir nahmen uns wahr, suchten uns aber nicht gegenseitig auf, sie waren ein Seglerpaar wie wir, das wusste, wann man die Privatsphäre anderer zu wahren hatte. Sie konnten sich denken, dass ich es genießen würde, einmal ein paar Stunden für mich zu haben. Im Nachhinein erfuhr ich, dass Daphne sich große Sorgen gemacht hatte, als die Dunkelheit hereinbrach und Stefan immer noch nicht zurück war. Aber höflich, wie sie waren, wäre es ihnen aufdringlich vorgekommen, hätten sie mich angefunkt.

Ich selbst wurde überhaupt nicht unruhig. Typisch Stefan, dachte ich. Spät los, und dann mussten sie bestimmt eine Stunde laufen, um überhaupt in ein Gebiet zu kommen, in dem die wilden Ziegen lebten. Wahrscheinlich hatte alles länger gedauert, wahrscheinlich hatten sie keine Taschenlampe dabei. In meiner Vorstellung sah ich die zwei bei Ziegenbraten und Rum am Lagerfeuer sitzen. Stefan hätte kaum gesagt: »Es ist spät, ich muss zurück aufs Boot.« Oder: »Ich muss Heike Bescheid sagen.« Wenn er sich keine Sorgen machte, dann tat ich es auch nicht. Nach siebzehn gemeinsamen Jahren war das für mich normal. Verrückte Dinge zu tun, das passte eben zu Stefan.

Zufrieden mit dem Leben aß ich unsere Avocados. Ein weiterer Tag in der Sonne wäre ihnen nicht gut bekommen. Fast schon hatte ich ein schlechtes Gewissen, weil ich wusste, dass Stefan diese Baumfrüchte ebenfalls über alles liebte. Gut, er hatte ja seinen Ziegenbraten, das war sicher auch nicht schlecht.

Die letzte Avocado war ausgelöffelt, noch ein Stück Baguette zum Schluss, eigentlich könnte ich jetzt erneut Funkkontakt mit Daphne und Vries aufnehmen, überlegte ich. Und erzählen, dass es wohl heute kein Barbecue geben wird.

In diesem Moment hörte ich jemanden rufen: »Heike.«

Das Meer ist meine Rettung

»Du stirbst jetzt.« Arihanos Augen haben einen starren Ausdruck angenommen. Er meint, was er sagt. Er wird gleich abdrücken. Reflexartig reiße ich mit der linken Hand den Lauf seines Gewehrs hoch und schreie: »Nein!« Einfach nur »Nein«.

Zwischen mir und dem Jäger kommt es zu einer Rangelei. Schließlich liege ich auf den Knien, mein Kopf ist auf den Waldboden gepresst. Noch immer umklammere ich mit der linken Hand den Gewehrlauf. Arihano muss auf mir liegen, ich registriere den Druck auf meinem Rücken. Zugleich bemerke ich, dass ich die Taschenlampe nicht mehr in der Hand halte. In dem Gerangel muss ich sie verloren haben.

Irgendwie gelingt es mir, an den Abzug des Gewehrs zu gelangen. Ich drücke ab, doch es passiert nichts. Vielleicht ist das Gewehr nicht geladen? Der Mann würgt mich, nimmt mich in den Schwitzkasten. Ich denke: Es ist vorbei. Ich werde sterben. Doch merkwürdigerweise spüre ich keine Furcht vor dem Tod.

Im nächsten Moment fesselt der Marquesaner meine Hände mit einem Plastikseil hinter meinem Rücken und schlägt meinen Kopf mehrmals auf die Erde. Dann drückt er brutal meinen Hals zu und brüllt: »Sei endlich still, schrei nicht so rum!«

Während ich nach Luft schnappe, versuche ich einen klaren Gedanken zu fassen: Dadurch, dass er mir die Luft abgedrückt hat, demonstriert er mir seine Macht. Er hat mir gezeigt, was passiert, wenn ich mich wehre. Schreien macht auch keinen Sinn, das Dorf liegt weit weg, niemand wird mich hören. Ich kann mich nur noch mit Worten befreien. Noch immer habe ich nicht genügend Sauerstoff in meinem Körper, als er meinen Kopf hochreißt.

»Ich mache nichts. Was willst du von mir?«

»Ich will Sex, und die vier anderen, die bei Stefan sind, wollen Geld.«

Oh Gott.

Der Tätowierte ist nicht allein. Er und seine Kameraden haben Stefan in ihrem Gewahrsam, er ist gar nicht verletzt, sie wollen nur Geld. Lösegeld. Der Typ wird mich vergewaltigen, paddelt dann lautlos zum Boot zurück, um das Schiff auszurauben. Die erste Feststellung erschreckt mich mehr als die zweite. Wie kann ich ihn davon abbringen, dass er mich missbraucht? Mir fällt ein, was wir einmal gesagt hatten, Stefan und ich. Beide waren wir uns einig, dass wir bei unserer Weltumsegelung nie Angst vor der Natur haben müssten, immer nur vor Menschen. Und ich hatte mir klargemacht, sollten wir es einmal mit Piraterie zu tun bekommen, so wäre ich als Frau besonders gefährdet. Um mich zu schützen, hatte ich mir eine Strategie ausgedacht. Ich würde erzählen, sie könnten keinen Sex mit mir haben, weil ich Aids hätte. Dass ein Pirat Kondome aus seiner Hosentasche zieht und sie benutzt, konnte ich mir nicht vorstellen. Vielleicht hilft diese Taktik jetzt, überlege ich. Doch erst versuche ich einen anderen Weg:

»Du willst gar keinen Sex. Eigentlich willst du nur Geld. Auf dem Boot ist ganz viel Geld. Wir können es zusammen holen ...«

»Irrtum. Ich will Sex.« Der Mann lässt nicht locker.

»Du wirst aber sterben. Ich bin krank, ich habe Aids. HIV.«

Doch er lässt nicht von mir ab, sei es, weil er meine Lüge durchschaut, sei es, weil er nur das französische Wort für Aids kennt, SIDA, das mir in meiner Panik nicht einfallen will.

Mit der rechten Hand hält der Marquesaner meine gefesselten Hände fest, mit der linken betatscht er meine Brust. Erst durch das T-Shirt, das ich trage, dann darunter. Danach schiebt er seine Hand in meine orangefarbene weite Hose. Ich spüre seinen Atem in meinem Nacken. Ich versuche seine Hand weg-zudrücken, was mir mit meinen gefesselten Händen nicht gelin-gen will. Sein Atem beschleunigt sich. »Nein, du willst keinen Sex mit mir haben.« Ich versuche weiter, mit ihm zu diskutie-ren. Was für eine absurde Situation.

Auf einmal lässt er ab von mir. Er wirkt überrascht und selt-sam planlos. Mir wird schwindelig. Ich habe das Gefühl, weg-zukippen. Um nicht zu fallen, lehne ich mich mit der Stirn an einen Baum, der in unmittelbarer Nähe steht. Mit den gefessel-ten Händen kann ich mich nicht abstützen. Ich sage: »*Fatigué, fatigué*« und glaube damit auszudrücken, dass ich Gleichge-wichtsstörungen habe. *Fatigué* heißt aber etwas anderes, näm-lich »müde«. Tatsächlich antwortet Arihano: »Atme erst einmal tief ein und aus.« Das sagt derselbe Mann, der mich umbringen und vergewaltigen wollte. Das Gefühl, schutzlos ausgeliefert zu sein und nicht zu wissen, was Arihano noch alles mit mir ma-chen wird, ist unerträglich.

Ich frage nach Wasser, in der Hoffnung, den Schmerz in mei-ner Kehle lindern zu können. Doch statt mir Wasser zu geben, befiehlt er: »Setz dich auf die Plastikplane.« Auf dem Boden sehe ich erst jetzt eine riesige, vor einem Baum ausgebreitete Plastikplane. Er muss sie, wie zuvor meine Fesseln, aus dem Rucksack geholt und vor den Baum gelegt haben, ohne dass ich es bemerkte.

Ich will mich neben die Plane setzen. Da sie mehrere Meter groß ist, habe ich Angst, dass er mich darin einwickeln will. »Nein, auf die Plane!« Ich folge seinem Befehl. Er nimmt seine Schnur und bindet mich an den Händen und am Hals an dem Baum fest. Ich würge, und es tut höllisch weh. Ich halte meinen Hinterkopf eng an die Rinde gepresst, um mehr Luft zu bekom-men. Dann bindet er meine Füße zusammen, die ich auf der Plane ausstrecken soll. Schließlich packt er meine Beine in die Plastik-plane ein. Warum nur meine Beine? Was hat er mit mir vor?

In den Mund stopft er mir ein altes T-Shirt, das er ebenfalls seinem Rucksack entnommen hat – war das alles geplant? –,

203

und zieht mir die losen Stoffenden über die Nase, sodass ich erneut fast keine Luft mehr bekomme. Ich schüttle mich, versuche Laute von mir zu geben, um ihm verständlich zu machen, dass ich nicht atmen kann. Er zerrt das T-Shirt wieder heraus und stopft es diesmal nur in den Mund. Wenigstens lässt er meine Nase frei, damit ich Luft kriege. Als er damit fertig ist, erklärt er: »Ich gehe zum Boot und hole das Geld. Wenn ich wiederkomme, gehen wir zu den anderen, zu Stefan.«

Als er fort ist, fange ich augenblicklich an, mich zu bewegen, reibe die Plastikschnüre am Baum. Versuchen Gefangene in Filmen nicht immer genau das: sich ihrer Fesseln durch Reiben an einem Gegenstand zu entledigen?

Plötzlich steht Arihano wieder vor mir, fährt mich auf Französisch an, ohne dass ich ein Wort verstehen kann. Ich erschrecke furchtbar, weil er völlig unbemerkt von mir aufgetaucht ist. Er zieht die Fesseln strammer.

Danach geht er ein zweites Mal weg. Ich muss mir Zeit lassen. Darf keine Bewegungen machen, die Geräusche hervorrufen, bis er tatsächlich weiter entfernt ist. Geduld, Heike, Geduld. Du hast genügend Zeit, wenn er jetzt erst einmal zur *Baju* paddelt.

Zum Glück bin ich sehr gelenkig, kann mich so biegen, dass ich sehen kann, wie er meine Hände festgezurrt hat. Mit meinem Daumen gelingt es mir, einen Knoten zu lockern. Schließlich ist die rechte Hand befreit.

Flucht – ich muss weglaufen. Ich darf dabei keinen Lärm machen, obwohl das Unterholz trocken ist und bei jedem Schritt kracht. Das T-Shirt, das muss ich mitnehmen. Das ist wichtig für eine DNA-Analyse. Ich halte es in der linken Hand, an der noch die Fessel baumelt. Vorsichtig mache ich ein paar Schritte. Wieder knackt das Unterholz. Es ist so trocken, dass ich keinen einzigen lautlosen Schritt gehen kann. Bei jedem geringsten Geräusch zucke ich zusammen und bleibe stehen. Wird er mich hören? Ist es besser, mich zu verstecken? Renne ich einfach irgendwohin, kann es sein, dass ich ihm in die Arme laufe. Andererseits: Verberge ich mich im Gebüsch, wird er bestimmt mein panisches Atmen hören.

Mit einem Mal scheint ein Lichtkegel auf und verschwindet wieder. Ich renne panisch weiter und werfe das T-Shirt auf den Boden, ich will von dem Typen nichts mehr in Händen halten. Auch die Reste der Fessel an meiner linken Hand streife ich ab, sie zu spüren ertrage ich ebenfalls nicht mehr. Die Sekunden, die das dauert, nehme ich mir.

»Renn«, flüstere ich mir zu. »Renn um dein Leben, einfach drauflos.« Und ich renne. Durch das Gestrüpp, durch die Dornen. In der Ferne höre ich die Brandung, die Wellen schlagen gegen graue Felsen. Dort will ich hin. Die Dornen schneiden meine Beine, meine Hose ist nur dreiviertellang. Schmerz spüre ich keinen, ich sehe das Blut nicht, das an meiner Haut herunterrinnt. Ohne mich umzublicken, laufe ich aufs Meer zu. Plötzlich bleibe ich stecken, ein Schuh hat sich unter einem Baumstamm festgeklemmt. Ich ziehe meinen Fuß aus dem Croc, renne mit einem Schuh weiter. Auch diesen verliere ich. Doch ich achte nicht weiter darauf. Ebenso weiß ich nicht, ob ich verfolgt werde. Vor lauter Angst traue ich mich nicht, mich umzudrehen. Ich will leben. Ich muss ans Meer.

Die Brandung ist mein Wegweiser. In der Ferne höre ich ihr Rauschen. Im Wald bin ich meinem Verfolger völlig ausgeliefert. Ich höre meinen eigenen Atem. Immer schneller renne ich. Dabei versuche ich, den vielen Ästen auszuweichen, doch in diesem Dickicht ist das kaum möglich. Ich ducke mich, weiche nach links und nach rechts aus, immer wieder fliegen mir kleine Zweige ins Gesicht.

Die Brandung wird immer lauter. Das Gestrüpp lichtet sich ein wenig, ich rieche den intensiven Duft von Limonen. Gestern hatten Stefan und ich eine Wiese in der Nähe des Strands entdeckt, an der Limonenbäume wuchsen. Unzählige grüne Limetten hatten daruntergelegen, reif, einfach zum Aufsammeln. Sobald ich sie unter meinen Füßen spüre, habe ich das Schlimmste hinter mir. Von dort ist das Wasser nicht mehr weit.

Das Dunkel um mich herum ist jetzt nicht mehr ganz so schwarz. Mein rechter Oberarm brennt, ein Dorn hat sich tief in meiner Haut festgehakt und eine Wunde hinterlassen. Weiter. Nur weiter. Plötzlich berühren meine Fußsohlen die Schalen der Zitrusfrüchte. Dazwischen Gras. Es ist jetzt leichter, voranzukommen, keine Äste versperren mir den Weg. Dann sehe ich etwas Helles vor mir. Das muss der Strand sein, der sich von dem fast schwarzen Meer abhebt. Meine Augen sind auf eine weiße runde Boje gerichtet, die die Bootseinfahrt markiert. Sie leuchtet richtig. Rechts und links von der Boje sind Korallenbänke, hier kann ich nicht ins Wasser. Aber bei der Einfahrt. Als ich dort ankomme, springe ich in die Wellen, schmeiße mich ins Meer, schlucke salziges Wasser. Augenblicklich saugen sich meine Klamotten mit Wasser voll.

Nach einigen Brustzügen halte ich mich für einen Moment an einer weißen Boje fest, die für Touristenboote gedacht ist. Ich verstecke meinen Kopf dahinter. Irgendwo weiter vorne müsste unser Beiboot am Strand liegen, aber ich kann es nicht erkennen. Vielleicht ist die Entfernung zu groß, vielleicht hat der Täter es sich schon geschnappt und ist hinter mir her. Ich lasse die Boje los und schwimme so schnell ich kann weiter. Meine Beine brennen, das Salzwasser frisst sich in die blutigen Schürfwunden. Meine Hose hat sich voll Wasser gesaugt. Um besser schwimmen zu können, ziehe ich sie aus.

Wo soll ich hinschwimmen? Rechts in der Bucht liegt die *Baju*. Weit dahinter die Segelyacht von Daphne und Vries. Vielleicht ist Arihano auf unserem Boot. Ich habe keine Alternative. Ich muss zur *Aquamante*. Ein Zug nach dem anderen. Die Kraft lässt nach. Ich schaffe es nicht, denke ich – und ahne nichts davon, dass mein Verfolger mich in diesem Moment vom Strand aus beobachtet.

Ein lauter Schrei. »Heike!« Es ist nicht die Stimme von Arihano. Es ist die Stimme von Daphne.

Wo sind meine Schuhe?

Daphne sieht mich vom Boot aus verwirrt an.

»Heike!«, schreit sie. »Was ist passiert?«

»Pst, pst«, flüsterte ich, »der Typ, der Typ ...« Ich wiederhole die Worte mehrmals, die Angst, von ihm entdeckt zu werden, sitzt mir immer noch im Nacken.

»Ich schaffe es nicht mehr«, keuche ich. »Ich kann nicht mehr.« Trotzdem schwimme ich die letzten Meter weiter.

Die Holländerin lässt die Badeleiter herunter. Als ich sie endlich erreiche, klammere ich mich an den Leitersprossen fest. Daphne zieht mich die Stufen hinauf, eine nach der anderen. An der Reling steht Vries. Sein Gesicht ist angespannt.

Mein ganzer Körper zittert, vorsichtig geleiten mich die beiden Freunde aufs Deck, drücken sacht meine Schultern herunter, damit ich mich hinsetze. Daphne streichelt mich. Ich schluchze und kann kein Wort hervorbringen.

»Es ist alles gut«, sagt sie, es ist jetzt eher ein Wispern. Fragend sieht sie mich an. »Was für ein Typ?« Doch sie dringt nicht weiter in mich. »Du musst aus den nassen Sachen raus und duschen, das hilft. Warm duschen.« Auf ihrer Yacht gibt es warmes Wasser.

Da ich wie benommen bin und mich nicht bewegen kann, streift sie mir mein T-Shirt und meine Unterwäsche vom Leib und drückt mir den Duschkopf in die Hand. Unweigerlich gehe ich sparsam mit dem Süßwasser um, eine alte Angewohnheit.

»Heike, nun dusch aber richtig«, fordert mich Daphne auf, der meine Zurückhaltung nicht entgangen war. »Lass das Wasser richtig laufen.« Das warme Wasser fühlt sich angenehm auf meiner kalten Haut an.

Nachdem ich die Brause abstelle, hüllt mich Daphne wie ein kleines Kind in ein großes Handtuch, trocknet mich ab, zieht mir trockene Sachen von sich an. Nichts kann ich selbst machen. Aber langsam spüre ich wieder etwas, Erleichterung, dass es endlich vorbei ist. Aber wo ist Stefan? Sofort tauchen die schrecklichen wieder Gedanken auf. Was hat dieser Typ mit Stefan gemacht?

Vries, der in der Zwischenzeit Tee zubereitet hat, sagt, dass ich ihn trinken soll. Wir sitzen im Cockpit der Yacht.

»Kannst du jetzt erzählen?«, fragen mich beide.

Ich nicke und schildere in allen Details, was ich in den letzten Stunden erlebt habe. Verwirrung, Unfassbarkeit spiegelt sich auf ihren Gesichtern. Als ich fertig bin, bemerkt Vries nur: »Wir müssen sofort die Gendarmerie anrufen.«

Alles Weitere nimmt er in die Hand. Über sein Satellitentelefon will er die Polizei informieren. Er landet nicht gleich bei der richtigen Stelle, sondern bei einer Frau, die aber eine Verbindung zur Gendarmerie in Taiohae herstellt. In einer Kurzversion gibt er meine Geschichte wieder.

Schließlich ist das Telefonat beendet. Vries dreht sich zu mir um und sagt: »Sie werden, so schnell es geht, kommen. Ich werde in der Zwischenzeit an Land gehen und nachschauen, ob ich Stefan finden kann.«

»Nein!«, schreit Daphne. »Wir bleiben hier nicht allein zurück. Da sind fünf Leute dort draußen. Wer weiß, was dir und was uns geschehen kann.«

Ich stimme ihr zu: »Wir sollten zusammenbleiben, keiner sollte die *Aquamante* verlassen.«

Vries nickt. Dann kommt er auf die Idee, mit dem Horn SOS zu blasen, drei mal kurz, drei mal lang, drei mal kurz; für Stefan, als Aufmunterung, als Mutmacher … Laut hallt es durch die Bucht, das muss Stefan gehört haben. Wir sind erleichtert, wenigstens irgendwas gemacht zu haben.

Unterdessen springt in Taiohae das Polizeiboot nicht an, und die Beamten machen sich mit einem Boot der Feuerwehr auf den Weg. Zwei Stunden nachdem Daphnes Mann mit ihnen gesprochen hatte, machen sie neben der *Aquamante* fest. Drei Polizisten betreten die Yacht, zwei Feuerwehrmänner, auch ein Arzt ist dabei. Sie tragen kugelsichere Westen, Stiefel, haben Pistolen bei sich. Es sind Franzosen. Alle sind groß, schlank, kräftig gebaut. Der Älteste von ihnen ist der Leiter der Truppe.

Noch einmal erzähle ich die ganze Geschichte, diesmal auf Englisch. Doufré, einer der Feuerwehrmänner, der erst seit Kurzem auf Nuku Hiva lebt und selbst Segler ist, kann, ungewöhnlich für einen Franzosen, hervorragend Englisch. Er übersetzt meine Worte ins Französische, sodass die Polizisten meiner Darstellung folgen können.

»Wie sah der Täter aus?«

Wie soll ich einen Marquesaner beschreiben, wo sie doch für mich alle sehr ähnlich aussehen, denke ich. Ebenso hätte man mich bitten können, einen Chinesen zu beschreiben.

Ich stottere ein wenig herum: »Groß, kräftig, dunkelhaarig, Marquesaner.« Die Gendarmen sind nicht glücklich, dass ich keine genaueren Angaben machen kann, auch wenn sie keine Miene verziehen. Nachdem ich erzählt habe, was ich weiß, sagt der Leiter: »Wir fahren jetzt mit dir an Land, wir wollen den Weg nachgehen, den du uns geschildert hast.«

Am Strand sehe ich etwas, was mich überrascht: Unser Dinghi ist angebunden. Vorher war es das nicht gewesen. Jeden Einzelnen aus der Gruppe frage ich fast schon panisch: »Habt ihr das Dinghi angebunden? Wer hat das Dinghi angebunden?« Jeder schüttelt den Kopf. Schlagartig wird mir klar: Arihano hat, als er mich am Baum gefesselt zurückließ, nichts weiter gemacht, als *Baby Baju* festzubinden. Deshalb ist er so schnell wiedergekommen. Er wollte noch gar nicht auf den Katamaran, er wollte nur verhindern, dass das Beiboot weggetrieben wird. Als wir das Land betraten, hatte ich ihm doch von der Flut erzählt.

Würde sie kommen, würde das Dinghi weg sein. Ich hatte also kaum Zeit gehabt, um mich zu befreien.

»Wo ist der Pfad?« Die Polizisten werden ungeduldig.

Am Strand laufe ich jenen Teil des Waldrandes ab, in den ich meiner Erinnerung nach mit Arihano gegangen bin. Doch ich finde den Weg nicht. Vielleicht auch deshalb nicht, weil mich die eben gemachte Erkenntnis noch viel zu sehr beunruhigt. Vries, der mich begleitet – Daphne ist mit dem zweiten der Feuerwehrmänner auf der *Aquamante* geblieben –, versucht mich zu beruhigen: »Alles ist in Ordnung, du wirst ihn schon noch entdecken. Das ist jetzt die Aufregung.«

»Wo ist der Pfad?«, wiederholt der Leiter der Truppe. Er zweifelt an meiner Schilderung, das meine ich seinem Gesicht anmerken zu können. Er und seine beiden Kollegen sind Inselpolizisten, wahrscheinlich ist ihnen in ihrer Laufbahn eine solche Geschichte noch nicht untergekommen. Wie sollen sie mir auch glauben, wenn ich den Täter noch nicht einmal richtig beschreiben kann.

Dann aber entdecke ich den richtigen Weg, zumindest glaube ich dies fest, doch im nächsten Moment verzweifle ich schon wieder. Ich finde den Baum nicht, von dem ich berichtet habe und an dem mich Arihano gefesselt hat. Es ist so dunkel, trotz der Taschenlampen, die wir dabeihaben. Jeder Busch kommt mir vor, als hätte ich ihn noch nie gesehen.

»Halt! Hier ist etwas!« Vries hat etwas gefunden. Er marschiert als Letzter in unserem Trupp. »Ein T-Shirt und eine Fessel!« Er hält die Sachen hoch – an Spurensicherung denkt in diesem Moment keiner, nicht einmal die Inselpolizisten haben Plastiktüten dabei. Erstaunt betrachte ich die beiden Dinge, merke, wie ich beobachtet werde, dann nicke ich: »Das ist das T-Shirt, das er mir in den Mund gestopft hat. Und mit dieser Fessel hat er meine Hände zusammengebunden.«

Im nächsten Augenblick erkenne ich auch den Baum wieder. Ein seltsames Gefühl der Erleichterung macht sich in mir breit. Nun ist ein Beweis erbracht, die Gendarmen müssen mir jetzt glauben. Das, was ich ihnen dargelegt habe, ist tatsächlich passiert. Ich habe nichts zusammengesponnen, um mich wichtigzumachen.

Die Polizisten werden jetzt noch aktiver als zuvor, ihre Körper spannen sich, sie sind hoch konzentriert bei der Sache, während sie alles in Augenschein nehmen. T-Shirt und Fesseln lassen sie an Ort und Stelle liegen. In der Nacht wird es noch regnen – die meisten der Spuren sind danach verwischt.

Später wird ein Sondereinsatzkommando von zwanzig Leuten aus Papeete Millimeter für Millimeter die Bucht absuchen. Sie werden noch unsere Taschenlampe finden und das T-Shirt, das Arihano getragen hat. Die Plastikplane und die anderen Fesseln bleiben verschwunden, es ist anzunehmen, dass der Täter sie wieder in seinem Rucksack verstaut hat, nachdem ich ihm davongelaufen bin. Und niemand spürt meine weißen Crocs auf.

In meinem Kopf kreist die Frage nach dem Verbleib meiner Schuhe. Ich nehme mir vor, sie dem Täter zu stellen, sollte ich einmal mit ihm konfrontiert werden. Die Psychologin, die ich einige Wochen später in Deutschland aufsuchen sollte, sagte mir: »Die Frage steht stellvertretend dafür, dass Sie alle Einzelheiten wissen wollen.«

»Wir müssen noch ins Dorf«, sagt der Einsatzleiter. Es ist verständlich, dass sie nach Hakau'i wollen, hatte ich ihnen ja erzählt, dass Stefan und ich Arihano dort getroffen haben, als er aus einem der größeren Häuser getreten war.

»Kann ich nicht vorher auf unseren Katamaran und mir andere Sachen anziehen?«, frage ich. Daphnes T-Shirt schlabbert an meinem Körper herum, ich habe keine Unterwäsche an, ihre Schuhe sind mir viel zu groß. Doch die Polizisten sagen, während sie mich von oben bis unten mustern: »Das passt doch! Wir dürfen keine Zeit verlieren, wir sollten sofort los.« Ein Gefühl der Verlorenheit steigt in mir auf.

Die drei Gendarmen laufen voraus, ich stolpere hinterher. Als Einzige habe ich keine Taschenlampe, als wir die Siedlung erreichen. Ihre Pistolen sind im Anschlag. Einer von ihnen, ein Riesenkerl, der bislang nichts gesagt hat, schiebt mich hinter seinen Rücken und raunt mir auf Französisch zu: »Du bleibst hinter mir.« Da ich seine Worte verstanden habe, tapse ich hinter ihm her, hinter seinem Rücken, wie er es befohlen hat, barfuß in Daphnes Crocs. Ich habe das Gefühl, als würde ich alles, was vor sich geht, beobachten, ohne Teil des Geschehens zu sein.

Alles ist dunkel, in keinem Fenster brennt ein Licht. *Wie spät mag es sein?*, überlege ich. Bestimmt weit nach Mitternacht. Genau weiß ich das aber nicht, ich schätze, ein, zwei Uhr.

»Welches Haus?«, fragt der Anführer des Trios.

Ich zeige auf das Gebäude, aus dem Arihano herausgekommen war.

Der Gendarm schaut mich komisch an. »Da wohnt kein junger Mann«, sagt er, »nur ein älteres Ehepaar.« Wieder tauchen Zweifel auf. Hinterher stellt sich heraus, dass in dem Haus tatsächlich nur ein älteres Paar lebt, dieses aber für einige Zeit fort musste und den Täter, der ein Neffe ist, gebeten hatte, auf es aufzupassen. Jetzt aber ist es leer, jedenfalls macht niemand auf, obwohl an allen Fenster und Türen geklopft und gerüttelt wird.

Vielleicht weil der Einsatzleiter denkt, ich hätte ihm Unsinn erzählt, geht er hinüber zum Nebenhaus, klopft dort an. Ein Mann, sichtlich verschlafen, streckt seinen Kopf zur Tür heraus. Die beiden unterhalten sich auf Französisch, ich verstehe nichts. Dabei gucken sie mich ständig an. Die Hunde im Dorf bellen laut und hektisch, unruhig geworden ob der ungewohnten nächtlichen Geräusche. Die beiden anderen Polizisten stehen ausdruckslos da, haben ihre Waffen weiterhin im Anschlag. Die Atmosphäre ist gespenstisch.

Was der von den Polizisten aufgeweckte Mann berichtet hat, teilt man mir nicht mit.

Als Nächstes suchen wir den Fischer Tainui und seine Frau auf. Die beiden liegen vor der Hütte in ihrem Bett, über ihnen der Sternenhimmel. Erschrocken fahren sie hoch, als sie merken, dass da etwas nicht stimmt. Sie sitzen auf ihrer Matratze, wir stehen.

Der Einsatzleiter fragt: »Ist euch ein Mann bekannt, der hier im Ort auf das Haus des älteren Ehepaares aufpasst?« Aha, denke ich, das muss der ältere Gendarm von dem Mann erfahren haben, den er geweckt hat. Der Leiter erwähnt noch den Namen des Paares, aber er ist mir so fremd, dass ich ihn nicht behalte.

Schweigen.

Der Polizist wiederholt seine Frage. Tainuis Frau scheint sich zu erinnern, denn auf einmal sagt sie: »Arihano?«

Plötzlich wird sie von ihrem Mann angebrüllt. Obwohl ich kein Wort verstehe, da er in der Sprache der Einheimischen herumschreit, begreife ich an seiner Reaktion, was er von ihr will: »Misch dich nicht ein, das geht dich nichts an, du kennst diese Menschen nicht.«

Ist der Fischer vielleicht auch in diese Geschichte verwickelt? Sie müssen Arihano gesehen haben, in einem solch kleinen Ort fällt jeder Fremde auf.

Ich bitte den Einsatzleiter, die Frau zu bitten, erneut den Namen zu sagen, den sie eben ausgesprochen hat. Ängstlich blickt sie zu ihrem Mann, aber sie traut sich nicht, der Aufforderung des Polizisten Folge zu leisten. Doch dann öffnet sie ihre Lippen erneut.

»Arihano«, sagt sie, es ist kaum mehr als ein Wispern.

»Ja, das ist der Mann, den ich meine.« Ich bin aufgeregt, da ich mich bestätigt fühle, habe aber weiterhin das Gefühl, dass die Polizisten nicht völlig von meiner Aussage überzeugt sind.

Das Gespräch mit dem Ehepaar verläuft im Sande. Langsam komme ich mir fehl am Platze vor, will nur noch zurück aufs Boot. Nichts geht weiter. Und wo ist Stefan? Wir müssen doch nach Stefan suchen, nicht nach dem Täter! In dem Schrecken hat sich dieser Gedanke für eine Weile in den Hintergrund geschoben, jetzt kehrt er mit aller Wucht zurück.

Als wir wieder am Strand bei den Booten sind, höre ich: »Wir fahren jetzt zurück nach Taiohae.« Die Worte dringen nur langsam zu mir durch. Nein, ich will nicht in die Hauptstadt. Stefan ist nicht in der Hauptstadt. Aber wo ist er dann? Immer noch in den Bergen mit den anderen vier Typen? Was hat das überhaupt alles zu bedeuten? Ich fühle mich wie in Trance, denke daran, dass der Täter irgendwo im Wald frei herumläuft. Vielleicht ist er sogar ganz in der Nähe.

»Ich komme nicht mit«, sage ich müde zu den Polizisten.

»Du kommst mit, wir müssen dich vernehmen.«

»Vries, sag denen, dass ich hierbleiben will, um Stefan zu suchen.«

Sosehr er sich auch bemüht, mir bleibt keine Wahl. Ich muss mit zur Vernehmung nach Taiohae.

Plötzlich fällt mir ein: »Ich habe den Täter fotografiert, zusammen mit Stefan. Die Kamera ist auf der *Baju*.« Im Stillen denke ich: Hoffentlich hat Stefan den Fotoapparat nicht mitgenommen. Beim besten Willen kann ich mich nicht daran erinnern, ob er sie nach unserer Wanderung aus seinem Rucksack genommen hat. Gut möglich, dass er es nicht getan hat, um die Ziegenjagd zu dokumentieren.

»Also gut«, sagt der Leiter der Truppe. »Erst aufs Schiff, dann zur Polizeistelle.«

Einer der Feuerwehrmänner, soll mich begleiten, da er sich am besten mit mir verständigen kann.

Wir beide betreten den Katamaran. Allein. Niemand hat darüber nachgedacht. Es hätte uns alles mögliche auf dem Schiff erwarten können, etwa eine Gruppe von Männern, die uns in ihre Gewalt nehmen. Aber zum Glück hat sich dort niemand versteckt, auch ist nichts verwüstet. Arihano war nach meiner Flucht offenbar nicht auf der *Baju*.

Und dann sehe ich sie – mitten auf dem Salontisch liegt die Kamera. Es ist nicht nur Glück, sondern ein Geschenk Gottes. Mit den Bildern wird es möglich sein, den Täter zu identifizieren, der mich töten wollte.

Bevor der Feuerwehrmann und ich zum Speedboot der Feuerwehr fahren, ziehe ich mich schnell um, nehme die Pässe von

Stefan und mir mit, auch ein bisschen Geld und schließe zuletzt das Boot ab. Wann ich wiederkomme? Ich weiß es nicht.

Die Speedbootfahrt nach Taiohae dauert dreißig Minuten. Ich verkrieche mich hinter dem Steuermann, trotzdem spritzen mich die Wellen nass. Die Nacht ist rabenschwarz, der Wellengang enorm, wir fahren direkt an der Küste entlang zur Hauptstadt.

Es ist immer noch stockfinster, als ich mit den drei Gendarmen die Polizeistation in Taiohae betrete. Nachdem sie die Bilder von Arihano und Stefan gesehen haben, scheinen sie mir mehr Respekt entgegenzubringen. Der Täter, so schließe ich daraus, ist ihnen wohl kein Fremder.

Danach werden meine Personalien aufgenommen, ich erzähle noch einmal den Tathergang und werde mit Fragen zu Stefan gelöchert. Auch über den Grund, aus dem er mit einem fremden Marquesaner auf Ziegenjagd gegangen ist. Irgendwann ist die Anhörung beendet. Nach sieben Stunden. Ich kann nicht mehr. Inzwischen hatte man entschieden, ein Sondereinsatzkommando einzusetzen, das am nächsten Tag auf Nuku Hiva eintrifft und sich sofort auf die Suche nach dem Täter und nach Stefan macht.

»Kann man nach Stefan nicht mit einem Hubschrauber suchen?«, frage ich später den Leiter des SEK. Das SEK gehört zur Gendarmerie und ist dem französischen Verteidigungsministerium unterstellt, demnach eine militärische Einheit. Sein Leiter ist groß, hat schwarze Haare, arbeitet seit zwei Jahren in Französisch-Polynesien und spricht sehr gut Englisch.

Sofort habe ich das Gefühl, dass er alles im Griff hat. Seine Truppe vertraut ihm, und es ist nicht zu übersehen, dass er von ihnen respektiert wird.

»Von hier aus kann man nicht mal international telefonieren«, erhalte ich zur Antwort. »Was ich sagen will: In ganz Französisch-Polynesien gibt es nur einen Helikopter. Der ist auf Tahiti stationiert, und die Strecke von Tahiti nach Nuku Hiva ist zu lang.«

Draußen ist es hell, als ich am Montagmorgen die Polizeistation verlasse. Die Sonne scheint, die Luft ist feuchtschwül. Es riecht nach frischem Baguette. Es ist alles so, wie es immer ist. Wie jeden Tag. Aber nichts ist mehr, wie es zuvor war. Für mich hat eine neue Zeitrechnung begonnen. Ich zähle die einzelnen Stunden, seitdem ich Stefan nicht mehr gesehen habe. Es sind viele, viel zu viele.

Zusammen mit dem Feuerwehrmann kaufe ich ein Baguette, danach fahren wir auf seinem Motorrad zu ihm nach Hause, zu seiner Frau und seinem Kind. Gemeinsam frühstücken wir, doch ich bekomme kaum einen Bissen hinrunter. Immerhin schaffe ich es, einige Schlucke heißen Kaffee zu trinken. Er tut gut.

Keine Minute bin ich allein. Schließlich will mich der nette Feuerwehrmann zur *Aquamante* bringen. Vorher kaufe ich ein örtliches Handy, damit die Polizisten mich jederzeit erreichen können, sollten sie Neues über Stefan erfahren.

Von der *Aquamante* aus berichten wir Stefans Bruder, was passiert ist und das Stefan vermisst wird. Abends bin ich wieder auf der Wache. Die Anhörungen nehmen kein Ende.

Am Dienstag kontaktiere ich den Vermögensverwalter von Stefan, schreibe ihm eine E-Mail. Mir ist eingefallen, dass die Typen vielleicht Stefan entführt haben und bald Lösegeld fordern könnten. Dafür muss ich ganz schnell an viel Geld kommen.

Krampfhaft versuche ich, mich an Details zu erinnern, die mir bislang noch nicht eingefallen sind. Und was hat Arihano gesagt, das einen Hinweis darauf liefern könnte, wo Stefan ist?

Ich überlege und überlege, während ich in der Kabine liege. Ich weiß am Ende nur eines: Ich will mit, wenn das SEK nach Stefan sucht.

»Schlafen kannst du, wenn du tot bist«

In den nächsten Tagen wurde ich immer wieder stundenlang vom SEK vernommen. Die Polizeistation in Taiohae wurde für einhalb Wochen mein Zuhause; Wasser und Kaffee holte ich mir mittlerweile selbst. Vries und Daphne waren am Abend meine Rettung, sie hatten die Anker in der Hakatea-Bucht gelichtet und ihn neu in der von Taiohae geworfen.

Am Mittwochnachmittag kam es zu einer Nachstellung der Tat. Ich zeigte den SEK-Beamten den Baum, wiederholte, dass ich beim Weglaufen meine Schuhe verloren hätte. Die Schuhe gingen mir nicht aus dem Kopf.

Nachdem wir wieder aus dem Wald herausgetreten waren und am Strand auf das Boot warteten, fragte ich den Chef des SEK: »Was wird Stefan passiert sein?«

Bevor er mir antworten konnte, kam einer seiner Leute angerannt und flüsterte ihm etwas ins Ohr. Danach sagte der Chef zu mir: »*They found things.*« Man hatte also Sachen gefunden. Ich dachte bei »Sachen« an Stefans Rucksack, an die Wasserflasche. Ein Ort tauchte in meinem Kopf auf, der bewies, dass jemand ein Lager aufgeschlagen hatte. Der Chef fragte mich kurz danach, ob ich Zahnunterlagen von Stefan hätte. Es war erstaunlich, aber ich dachte mir nichts dabei, dachte nicht daran, dass mithilfe von Zahnunterlagen Leichen identifiziert werden. Da der herbeigelaufene Polizist irgendwie positiv geklungen hatte, dachte ich stattdessen, fast erleichtert: Endlich, jetzt wird sich sicher bald klären, wo Stefan ist. In den vergangenen zwei Tagen hatte es nicht die geringste Spur gegeben, ich hatte nachts nicht schlafen können und nichts gegessen. Daphne tat ihr Bestes, schmierte Brote, kochte Pasta – aber ich bekam nichts hinunter.

In der einen Minute glaubte ich fest daran, dass Stefan noch lebte, in der nächsten konnte ich mir nicht vorstellen, ihn jemals wieder lebend zu sehen. Nicht nach all dem, was ich in dieser Nacht erlebt hatte, in der Arihano nach mir rief. Dieses Hin und Her war kaum auszuhalten. Manchmal glaubte ich, verrückt zu werden. Doch dann riss ich mich wieder zusammen, denn noch war nichts gewiss.

Immer klarer kristallisierte sich heraus, dass Arihano keine Mitstreiter hatte, sondern alles im Alleingang geplant haben musste. Was genau das Vorhaben des Täters aber gewesen war, konnte niemand plausibel rekonstruieren.

Der SEK-Leiter verabschiedete sich von mir, sagte, es gäbe Dringendes zu tun. Seine Miene verriet nichts, jedenfalls nichts, was mich ihn besorgt anblicken ließ. Vielleicht wollte ich dies auch nicht so genau sehen.

Am Nachmittag brachte ich die *Baju* mit Vries und dem Feuerwehrmann nach Taiohae. Es war ein komisches Gefühl, mit zwei Männern, aber nicht mit Stefan an Bord zu sein, den Anker zu lichten und die Küste entlangzumotoren. Ich ließ den Wassermacher laufen, wollte, dass alles in Ordnung ist, wenn Stefan seinen geliebten Katamaran wieder betrat. Trotzdem wohnte ich weiterhin auf der Yacht von Vries und Daphne. Allein auf der *Baju*, das hielt ich nicht aus.

Nachdem der Anker geworfen war, starrte ich aufs Wasser. Was waren das für Sachen, die man gefunden hatte? Wozu brauchten die Ermittler Stefans Zahnunterlagen? Bevor ich mir verschiedene Szenarien auszumalen begann, scheuchte ich die Fragen aus meinem Kopf. Ich denke, es war eine Schutzmaßnahme.

Gegen halb neun Uhr abends, ich war wieder auf der *Aquamante*, klingelte mein Handy. Es meldete sich die einzige Polizistin, die zum Sondereinsatzkommando gehörte und mich vernommen hatte. An ihr Gesicht vermag ich mich nicht mehr zu erinnern.

»Bitte«, sagte sie, »komm zur Gendarmerie.«

Etwas in mir wollte nicht, zeigte Widerstand. »Muss das sein? Ich kann nicht mehr. Ich bin müde. Es war heute eine lange Anhörung.«

Dann äußerte sie etwas, von dem ich nur drei Worte behalten hatte: »*dead or alive*«. Eigentlich hatte ich nur ein Wort aufgenommen, nämlich letzteres. Daraus schloss ich: Stefan war am Leben. Und weil sie es mir nicht am Telefon sagen wollen, muss ich persönlich auf der Polizeistation erscheinen.

Vries ließ sofort das Beiboot ins Wasser. Zusammen fuhren wir zum Anleger, und nach zehn Minuten Fußweg, hinter einer kleinen Anhöhe, hatten wir die Gendarmerie erreicht. Den Weg kannte ich mittlerweile im Schlaf, so oft war ich ihn gegangen.

Keiner der Polizisten saß an seinem Schreibtisch, alle standen, keiner sagte etwas. Die Atmosphäre war merkwürdig angespannt. Hier stimmte etwas nicht. Hier ging es nicht um *alive*, das sah anders aus, das war zu spüren.

»Was ist?«, fragte ich.

Weder der Leiter des SEK noch die Polizistin sagten etwas. Jeglichen Augenkontakt mit mir vermieden sie. Schließlich hörte ich wie aus weiter Ferne: »Wir warten noch auf den Übersetzer. Wir können das nicht ohne ihn machen.« Wenn sie nicht ohne Übersetzer anfangen konnten, dann musste »das« etwas Schlimmes sein. Gute Nachrichten kennen keine Sprachbarrieren.

Alle schauten mich an, ich dachte nur: Sie wissen es, nur ich weiß es nicht. Laut sagte ich: »Ich will nicht auf den Übersetzer warten, ich will es jetzt erfahren.«

Die Beamten führten mich in das einzige Zimmer, zu dem es eine Tür gab. Ansonsten war die Gendarmerie ein einziger offener Raum.

»Heike, setz dich doch bitte«, sagte der SEK-Leiter.

Ich ließ mich auf einen Stuhl nieder, Vries nahm neben mir Platz, alle anderen standen weiterhin um uns herum. Gerade als ich aufschreien wollte: »Es geht so nicht weiter«, erschien Joseph Jaffé in der Tür, der Übersetzer. Der SEK-Chef begann mit seinen Ausführungen. Auf Französisch. Auf Vries' Gesicht, das ich beobachtete, zeichnete sich Schrecken ab, er stieß nur ein »*Oh God*« hervor. Bevor Joseph Jaffé das Gesagte ins Deutsche übersetzte, wusste ich, was passiert war. Stefan ist nicht mehr am Leben. Er ist tot.

Der Übersetzer sprach bedächtig, versuchte, dadurch die Worte weniger brutal klingen zu lassen: »Es ist eine Feuerstelle gefunden worden, mit menschlichen Überresten. Man geht davon aus, dass sie von Stefan stammen. Hundertprozentig kann man das aber nicht sagen. Das wird man mit Sicherheit erst nach einer Zahnanalyse beantworten können.«

Ich schrie auf, heulte, wusste nicht, wohin mit meiner Verzweiflung. Vries nahm mich in den Arm. Die Worte waren glasklar zu mir durchgedrungen. Zwar hatte man gemeint, man könne noch nichts mit hundertprozentiger Gewissheit sagen – doch für mich gab es keinen Zweifel: Stefan war nicht mehr am Leben. Nur war dies die Gewissheit, die ich nicht hatte hören wollen.

Nachdem ich mich ein wenig gefasst hatte, fragte ich nach Details, fast merkwürdig sachlich: »Wie ist er gestorben? Wo ist das passiert? Ist er erschossen worden? Was genau habt ihr gefunden?«

»Es ist genug für heute«, entschied der SEK-Leiter. »Du musst das erst einmal verarbeiten.«

Wieder heulte ich. Seit drei Tagen war Stefan bereits tot.

Am Freitag kam das Ergebnis der Zahnanalyse. Der Test hatte den Nachweis erbracht. Weltweit ging diese Nachricht durch die Presse.

Aber wie war es dazu gekommen, dass der Mann, der mich vergewaltigen und wohl auch töten oder was auch immer mit mir machen wollte, Stefan verbrannte? War es ein Unfall gewesen und hatte er Spuren verwischen wollen? Dann dachte ich wieder an die Plastikplane, die er aus seinem Rucksack hervorgeholt hatte, ebenso wie die Schnüre. Alles musste eiskalt geplant gewesen sein. Oder wozu brauchte man eine solche Plane und derartige Fesseln, wenn man darauf aus war, tatsächlich nur eine Ziege zu schießen? Und dass er sich einen Abend aussuchte, in dem er nahezu allein im Ort war, weil die meisten anderen Bewohner zu einem Fest unterwegs waren – sprach das nicht für einen beabsichtigten Mord? Doch warum? Warum wir? Was hatten wir ihm getan?

Hätte er uns beide verbrannt – nichts wäre von uns übrig geblieben. Man hätte irgendwann begonnen, uns zu vermissen. Aber hätte man uns gefunden? Kaum. Der Täter hätte zur *Baju* fahren und den Anker lichten können. Der Katamaran wäre aufs Meer hinausgetrieben. Es wäre unmöglich geworden, ihm auf die Spur zu kommen.

An diesem Freitag erfuhr ich mehr Einzelheiten und erhielt Antworten auf meine Fragen. Es vernahmen mich morgens eine Polizistin und der Chef der gesamten Polizeibrigade auf Nuku Hiva war, ein dunkelhaariger, schmaler Mann mit ernstem Blick, ein zäher Typ, einer, der nicht aufgibt, bevor ein Fall geklärt ist.

»Wieso stieß man auf diese Feuerstelle? Es gibt doch sicher unzählige davon auf der Insel?«, fragte ich.

»Die Feuerstelle war sechsmal größer, als wenn ein normaler Jäger Feuer gemacht hätte. Das fiel auf.«

»Heißt das, dass Stefan dort verbrannt worden ist, wo man ihn getötet hat? In der Presse heißt es, man hat ihn zerstückelt. Stimmt das?«

»Die Wahrscheinlichkeit ist groß.«

»Wurde er vorher erschossen?«

»Wir haben nirgendwo eine Patrone gefunden. Weder in der Umgebung noch in der Asche.«

»Könnt ihr sagen, wann Stefan verbrannt wurde?«

»Noch in der Nacht von Sonntag auf Montag, das jedenfalls vermuten wir.«

»Wie lange dauert es, bis so ein Körper verbrennt?«

»Der Täter muss die ganze Nacht gearbeitet haben.«

»Was?«

»Entschuldige, Heike, aber es ist wahnsinnig viel Arbeit, einen Menschen zu verbrennen.«

»Ist nichts übrig geblieben?«

»Ein Stück Muskel sowie ein Stück Knochen und Zähne. Diese beiden Teile fand man in dem Bach direkt neben der Feuerstelle. Der Täter hat wohl, als der Morgen dämmerte, Angst gehabt, dass der Rauch sichtbar wird und deswegen die Reste ins Wasser gekippt. Stefans Zähne hingegen fand man an der Feuerstelle. Deshalb konnten wir mithilfe von forensischen Spezialisten eine DNA-Analyse in Frankreich machen lassen. Ein Experte auf dem Gebiet der Zahnanalyse hat von Stefans Zahnarzt in Deutschland Unterlagen gefaxt bekommen. Er war in der Lage, fünf Zähne als die von Stefan zu identifizieren.«

Ich kann nicht glauben, dass man Stefan zerstückelte. Ich will es auch nicht glauben.

»Wir haben aber noch einige andere Sachen gefunden – schaffst du es, sie dir anzusehen?« Der Chef beobachtet mich, versucht herauszufinden, was er mir zumuten kann.

»Ja«, sagte ich.

Man zeigte mir zwei einzelne Gläser mit deutlichen Brandzeichen in einer Plastiktüte, die ich als verbrannte Sonnenbrillengläser identifizierte. Die Marke Ray Ban war zu erkennen.

»Hatte Stefan eine Ray-Ban-Brille?«

»Er hat eigentlich nie Markenklamotten getragen … aber halt, die Brille, ja, die habe ich in Belize am Strand gefunden …«

Ich identifizierte noch ein gefundenes T-Shirt. Vom Täter. Und unsere Taschenlampe hatte man am Strand gefunden.

»Kann ich mir die Feuerstelle ansehen?«, fragte ich schließlich leise.

»Der Staatsanwalt wird sie sich heute Nachmittag anschauen, du kannst mit ihm gehen.«

Ich wollte den Ort sehen, an dem Stefan gestorben war. Ich wollte sehen, was er zuletzt gesehen hatte, die Luft einatmen, die er eingeatmet hatte. Den Weg gehen, den er gegangen ist. Ich wollte ihm noch einmal nah sein.

Das Gespräch mit den beiden Gendarmen hatte ich konzentriert verfolgt und war nicht ein einziges Mal in Tränen ausgebrochen. Erst als ich mittags in einer Wäscherei stand, um zwei Tüten mit Wäsche abzugeben, konnte ich nichts sagen, da mir unentwegt Tränen über die Wangen liefen. Die Frau hinter dem Tresen, die, wie alle auf der Insel, über das Geschehen Bescheid wusste, meinte: »Gib mal her, ich mach das schon.« Sie nahm mir die beiden Tüten aus der Hand, ich war wie versteinert.

Den Staatsanwalt treffe ich auf der Polizeiwache. Wir werden einander vorgestellt. Er spricht sein Beileid aus. Mit einem Speedboot fahren einige Polizisten, der Staatsanwalt, der Übersetzer Joseph, Vries und ich die dreißig Minuten zur Bucht vor dem Dorf Hakau'i. Wir gehen einen Pfad entlang, den ich nicht kenne, einer der SEK-Beamten erklärt: »Vorher existierte hier kein Weg – wir sind so oft hin- und hergelaufen, dass es nun einer ist.«

»Ist das der Weg, den auch Stefan gegangen ist?«, frage ich.

»Ganz genau wissen wir es nicht, aber wir hatten einheimische Jäger als Unterstützung dabei. Sie führten uns durch dieses Dickicht.«

Das Terrain ist steinig. Kein Ort, um eine Leiche gut abtransportieren oder beerdigen zu können. Man würde mit ihr ständig abrutschen. Um diesen Weg zu gehen, versuche ich – wie so oft in den letzten Tagen – messerscharf zu beobachten, das Schreckliche zu rationalisieren. Außer Vries ist keiner da, der mich psychologisch stützt. Ich muss mich auf mich selbst verlassen, auf meinen Verstand, um nicht durchzudrehen. Meine Mutter wollte sofort kommen, als sie alles erfuhr. Doch ich riet ihr davon ab, um sie zu schonen.

Der Weg führt in ein anderes Tal. Sicher sind wir schon fünf, sechs Kilometer gelaufen. An einer Stelle sind Seile gespannt, an denen der Staatsanwalt und ich uns festhalten, sonst hätte der unfeste Boden uns in tiefere Regionen befördert. Nach einer Weile vernehmen wir durchdringendes Gemecker. Ziegen! Das immerhin war keine Lüge. Arihano hatte Stefan in ein Gebiet geführt, in dem man Ziegen schießen konnte.

Einer der SEK-Leute sagt: »Hier droht Steinschlag, wir müssen aufpassen. Wenn ihr hört, dass Steine rollen, nehmt eine gebückte Haltung an und schützt euren Kopf.« Ich achte kaum auf die Worte, denn ich muss an das Telefonat denken, das ich mit Simon gehabt hatte. Er hatte von einem riesigen Scheiterhaufen gesprochen, als er von den Umständen erfuhr, durch die sein Bruder gestorben war. Scheiterhaufen – ich hatte dieses Wort mit Schrecken aufgenommen, nun war es wieder da. Musste es bei einem solchen Feuer nicht einen Waldbrand gegeben haben, so trocken, wie das Holz hier ist? Ich fange an, nach blattlosen Bäumen Ausschau zu halten. Entdecke aber keinen einzigen.

Nach drei weiteren Schritten sagte der Chef des SEK: »Hier ist es.«

Im ersten Moment schaue ich mich verdutzt um. Wo ist denn die Stelle? Den Waldbrand noch im Kopf, übersehe ich die Feuerstelle am Boden. Durchmesser: ein Meter mal einszwanzig. Der erste Gedanke: Niemals kann ein ganzer Körper hier verbrannt worden sein. Stefan muss zerstückelt worden sein, ich werde um diese Tatsache nicht herumkommen. Der SEK-Chef, den ich anschaue, nickt nur.

Man kann von dieser Feuerstelle aus nicht weitergehen. Der Ort ist eine Art Sackgasse. Wieder eine Sackgasse. Der Täter hatte auch mich in eine Sackgasse geführt. Rechts von der Feuerstelle verläuft der Bach, irgendwo weiter hinten stürzt er in die Tiefe. Das ist an den Geräuschen zu hören. Zu sehen ist der Wasserfall jedoch nicht. Links geht es steil bergauf. Stefan ist da bestimmt hochgeklettert, überlege ich, um von oben nach Ziegen Ausschau zu halten. Es ist schön hier, dieser Ort muss ihm gefallen haben.

Langsam setze ich mich auf den Boden, mit Blick auf die Feuerstelle. Schweigen. Ich nehme Abschied von Stefan. Denke daran, was wohl passiert wäre, wenn ich mit ihm mitgegangen und nicht auf dem Boot geblieben wäre. Hätten wir eine Chance gehabt? Zwei gegen einen? Zwei ohne Waffe gegen einen Bewaffneten? Vielleicht, vielleicht auch nicht. Und was wäre passiert, wenn ich mich nicht befreit hätte? Hätte er mich zu dem toten Stefan geführt und ich hätte zusehen müssen, wie er ihn verbrennt? Hätte er mich vorher vergewaltigt, getötet? Nein, mit diesen Fragen will ich mich jetzt nicht quälen.

Ich will an Stefan denken. Siebzehn Jahre waren wir zusammen, fast vier Jahre haben wir unseren Traum gelebt – sind gesegelt und haben dabei die Welt gesehen, andere Menschen und Kulturen kennengelernt. Und jetzt sind wir beide aus dem Traum gefallen. Stefans Sicht vom Tod war immer sehr abgeklärt gewesen. Als ich im Juli 2011 erfuhr, dass mein Vater nach langer Krankheit gestorben war, und ich in Tränen ausbrach, sagte Stefan zu mir: »Tot ist tot. Warum weinst du?«

Plötzlich hören wir ein Donnern.

»Rennt!«, ruft ein Polizist. »Steinschlag. Lauft schnell!«

Alle rennen, die Polizisten hasten aber noch aus einem anderen Grund los: Sie wollen sichergehen, dass dort oben auf dem Geröllhaufen nicht der Täter ist und einen Steinschlag ausgelöst hat. Die Polizei geht, wie ich daran sehe, nicht von einem Unfall aus, obwohl ein solcher in diesem gefährlichen Gebiet plausibel wäre. Ein solcher Brocken, der den Kopf trifft – kaum jemand wird das überleben. Stefan könnte sich beim Herumklettern ja das Genick gebrochen haben. Und weil Arihano nicht wusste, wie er es mir sagen sollte, hat er mit dem Feuer alle Hinweise beseitigen wollen. Der Staatsanwalt schüttelt den Kopf, während wir in Sicherheit sind, auf die Polizisten warten und ich ihm meine Theorie dargelegt habe. Er sagt: »Ich vermute, das war Raubmord.«

Der Steinschlag war nichts weiter als ein natürlicher Steinschlag gewesen, das teilen uns die wiederkehrenden SEK-Leute mit. Der Staatsanwalt hat nichts anderes erwartet. Ich muss daran denken, wie schlecht Stefan darin war, Gefahren frühzeitig zu erkennen. Ein Fingerspitzengefühl für sie zu haben. In der Welt, in der er lebte, war alles harmonisch. Sagte ich über einen Menschen, bei dem würde etwas nicht stimmen, lachte er nur, ging einfach darüber hinweg, meinte, ich würde alles viel zu schwarzsehen. Was, wenn der Täter ihn mit seinem Gewehr bedroht hat und Stefan einfach nur über ihn lachte, ihn nicht ernst genommen hat? Vielleicht rastet so ein Mensch dann aus? Vielleicht hat Stefan die Situation völlig falsch eingeschätzt.

Als wir nach vier Stunden wieder in die Bucht kommen, müssen wir auf das Speedboot warten. Wir gehen hinüber in das am Strand eingerichtete Lager, in dem in den letzten Tagen zwanzig SEK-Leute unermüdlich im Einsatz waren.

Das Camp ist offen, sehr spartanisch, die Männer schlafen in Hängematten. Ein paar spielen Karten an dem einzigen Tisch, einer duscht sich vor der Überdachung mit einem Wasserschlauch ab. Ich setze mich zu den Leuten an den Tisch. Sie bieten mir etwas zu essen und zu trinken an.

Der Staatsanwalt und der SEK-Chef warten am Strand. Sie wollen den Männern wohl ihre wenige Freizeit gönnen. Vries ist auch bei ihnen.

Später erfahre ich, dass an genau diesem Tisch die Asche der Feuerstelle durchsucht wurde – denn als sie gefunden wurde, fing es zu regnen an, und man packte die Asche in Plastiksäcke, um sie im Trockenen nach Gegenständen zu untersuchen.

In der Gegenwart der SEK-Leute fühle ich mich sicher, sie geben mir die Gewissheit, das alles Menschenmögliche getan wird, den frei herumlaufenden Täter zu fassen und Klarheit in die Sache zu bringen. Das SEK – das ist nicht nur eine Einheit, ein Name, ein Sondereinsatzkommando, nein, dadurch, dass ich in ihre Gesichter sehe, unsere Augen sich treffen, sind es Menschen, die mir helfen, mich unterstützen. Und vor allem sind es keine Mitleidsblicke, wie ich sie später noch oft erleben soll, die sie mir zuwerfen, nein, es sind Blicke, die mir erzählen, wie stark ich bin, dass ich mich gewehrt und überlebt habe.

Sechs Monate später - die Gegenüberstellung

Ich blicke auf eine dicke Wolkendecke. Seit Stunden sitze ich im Flugzeug. Von Frankfurt bin ich auf dem Weg nach Los Angeles, dann, nach dem Zwischenstopp, geht es weiter nach Tahiti. Es ist der 15. April 2012. Seit 189 Tagen ist Stefan nicht mehr am Leben.

Während ich auf das weiße Wolkenmeer unter mir schaue, muss ich unweigerlich an Henri Arihano Haiti denken. Sieben Wochen hatte er sich auf der Insel verstecken können. Am 28. November 2011 um 19.45 Uhr stellte er sich der Polizei. Genauer gesagt: Er lief zu seinem Elternhaus, und sein Vater rief bei der Gendarmerie an: »Mein Sohn stellt sich.« Der Vater hatte von Anfang an der Polizei geholfen, lief sogar mit einem Megafon über die Insel und rief nach seinem Sohn. Über die stellvertretende Bürgermeisterin von Taiohae hatte er mir sogar ausrichten lassen, ob ich nicht zu einem Gottesdienst kommen würde, es täte ihm so leid, was sein Sohn getan hätte, er könne es nicht verstehen und wolle sich bei mir entschuldigen.

Sieben Wochen sind eine lange Zeit, um nicht gefunden zu werden. Zumal in einem Gebiet, das kaum bewohnt ist und zum größten Teil aus Wildnis besteht. Die Berge sind auf Nuku Hiva bis zu tausend Meter hoch. Nachts ist es kalt, es regnet jeden Tag. Um zu überleben, muss er von den Inselbewohnern Unterstützung bekommen haben. Essen. Decken. Frische, warme Kleidung. Anfangs fürchteten die Einheimischen den »bösen Täter«, lokale Jäger stellten sich auf die Seite der Polizei. Doch irgendwann kippte die Stimmung – die Polizisten sind Franzosen, und Franzosen sind bei den Marquesanern diejenigen, die

die Macht haben. Nicht gerade eine Situation, die zur größten Beliebtheit beiträgt. Und immer häufiger fragten sich die Frauen, wie ich mich überhaupt von einem einheimischen Jäger hatte befreien können.

Um mehr über den Täter zu erfahren, hatte ich seinen Namen eines Tages einem spontanen Einfall folgend bei Facebook eingegeben. Ich konnte es nicht fassen: Er hatte tatsächlich einen Facebook-Account. Da gab es Fotos von seinen Freunden – ihre Gesichter waren mir nicht fremd. Zwar kannte ich nicht ihre Namen, aber Stefan und ich waren ihnen auf der Insel begegnet. Dabei war Arihano noch gar nicht lange wieder auf der Insel. Erst seit Juli 2011. Vorher hatte er in Papeete gewohnt und dort auch im Gefängnis eingesessen. Papeete ist eine Stadt auf Tahiti, Hauptstadt von Französisch-Polynesien.

In den Verhören wurde Arihano gefragt, warum er Stefan getötet habe. Er äußerte mehrere Varianten. Einmal sprach er davon, dass es zum Streit gekommen sei, während dieser heftigen Auseinandersetzung hätte sich der Schuss gelöst. Dann wieder hieß es in einer neuen abstrusen Aussage, Stefan hätte ihn misshandelt.

Da ich nicht vor Ort war, erhielt ich die Informationen mal von der Polizeistation, mal aus der internationalen Presse – es war schwierig für mich, einzuschätzen, wie ich all diese wirren Aussagen einzuordnen hatte.

Dass es zu der Gegenüberstellung und Rekonstruktion kommen würde, hätte ich nicht gedacht. Polizisten, Anwälte, Übersetzer, ich – alle werden wir eingeflogen und müssen auf Nuku Hiva untergebracht werden. Ein unglaublicher Kosten- und Zeitaufwand.

Es war ungeheuer schwer für mich gewesen, das Geschehene zu verarbeiten. Nachdem ich an der Feuerstelle war, flog ich sechs Tage später nach Deutschland, elf Tage nach Stefans Tod. Inzwischen waren die ersten Reporter aus Deutschland auf Nuku Hiva eingetroffen. Ein ADAC-Mitarbeiter organisierte meine Heimreise und fragte mich vor dem Abflug: »Sind Sie suizidgefährdet?«

Im ersten Moment dachte ich tatsächlich, er hält mich zum Narren. Dann sagte ich: »Ich bin um mein Leben gerannt, ich bin froh, dass ich lebe.«

Ein eigenes Zuhause hatte ich nicht, mein Zuhause war die *Baju* gewesen. Meine Mutter, die in der Nähe von Würzburg lebt, nahm mich mit offenen Armen und großer Selbstverständlichkeit auf. Bewusst habe ich mich entschieden, keine Tabletten zu nehmen, weder Schlaftabletten noch Antidepressiva. Die Psychologin, die ich aufsuchte, meinte, dass das sehr gut sei. Mit Tabletten, so sagte sie, würde ich nur unterdrücken, dass der Körper die schrecklichen Erlebnisse verarbeiten kann. In der ersten Woche in Deutschland hatte ich, wenn ich überhaupt schlief, nur Albträume. Manchmal konnte ich mich an sie erinnern, manchmal nicht. Es war wirklich furchtbar.

Meine Erlebnisse mit dem Täter habe ich heute weitgehend verarbeitet. Das glaube ich jedenfalls. Davon ist auch die Psychologin überzeugt. Als ich um mein Leben rannte und schwamm, baute ich den angesammelten Stress in meinem Körper ab. Dadurch hatte ich mich gleichsam im doppelten Sinn selbst befreit. Ich habe mich aktiv gewehrt – damit kann der Körper besser umgehen, als wenn ich befreit worden wäre.

Dass Stefan tot ist, das habe ich noch längst nicht verarbeitet. Erst langsam realisiere ich, dass er nicht mehr wiederkommen wird. Es ist endgültig. Es ist kein Film, der irgendwann aufhört. Ich muss mich dem Gefühl einer kompletten Entwurzelung stellen. Stefan verloren, kein eigenes Zuhause, kein Berufsalltag. Sogar Winterkleidung musste ich mir erst einmal kaufen, im Pazifik war sie nicht notwendig gewesen.

Da wir nicht verheiratet waren, es keinen Partnerschaftsvertrag und offenbar auch kein Testament gab, lebe ich von meinen Ersparnissen. Seit acht Jahren, seitdem ich meinen Job aufgegeben hatte, war eine Heirat oder ein Partnerschaftsvertrag immer wieder Thema zwischen uns gewesen.

Aber Stefan lebte im Hier und Jetzt, ungetrübt von allem, was kompliziert hätte werden können. Älter werden kam in seinem

Lebenskonzept nicht vor. Als Stefan vierzig wurde, erzählte er anderen, er sei zwanzig.

Jung sein, optimistisch, lachend durch die Welt gehen – das hat er getan.

Das war etwas Wunderschönes, nicht einen einzigen Tag von unserer gemeinsamen Zeit möchte ich missen. Nur – nun war ich mit einem Mal völlig auf mich allein gestellt und nicht im Geringsten abgesichert.

Ich werde einen neuen Traum brauchen müssen, einen anderen. Mein halbes Leben habe ich für unseren Traum gelebt, habe meinen Job gekündigt, Spanisch gelernt, bin mit Stefan nach Asien gegangen. Und auf einmal ist Stefan weg. Ohne Vorankündigung. So unerwartet, wie er in Schweden in mein Leben getreten ist, so plötzlich ist er wieder verschwunden. Ich will noch einmal bei ihm sein, die Feuerstelle aufsuchen. Es kann, wenn ich auf Nuku Hiva bin, nicht nur um Arihano gehen. Nicht für mich.

Langsam verliert die Maschine an Flughöhe. Bald wird das Fahrwerk ausgefahren, und wir werden auf dem Los Angeles International Airport landen. Ich muss daran denken, wie in den vergangenen Wochen viele Menschen versucht haben, mit mir zu fühlen. Aber ganz ehrlich – das kann keiner, und eigentlich will das auch keiner wirklich. Jeder ist in seinem eigenen Alltag gefangen und will nicht mit meinen skurrilen Storys über Mordwaffen konfrontiert werden, nichts mehr über den Täter hören.

Als ich die Kostenaufstellung meiner Anwältin las, musste ich staunen. Ich, Opfer und Hauptzeuge, soll zahlen – für was? Ich verstand die Welt nicht mehr. In einem Telefonat redete sie davon, es könnte sein, dass ich vom Täter eine Entschädigung bekommen könnte. »Eine Entschädigung?«, fragte ich sie. »Wovon soll er die denn bezahlen? Er besitzt nicht einmal ein Haus?«.

Im Stillen frage ich mich jetzt: Wie setzt man eine Zahl gegen ein Leben? Wie viel Geld soll das aufwiegen, was ich verloren habe?

Nach elf Stunden im Flugzeug und einigen Beruhigungstabletten warte ich in Los Angeles auf den Weiterflug. In acht Stunden werde ich in Papeete landen. Acht Stunden! Seit ich von der Gegenüberstellung weiß, habe ich diesem Termin entgegengefiebert – und nun trennen mich nicht einmal acht Stunden von der Welt, in der Stefan ermordet wurde.

Neben mir sitzen Marquesaner, ich erkenne sie an ihrer Statur, ihren Haaren, ihren Tattoos. Einer der Männer spielt auf der Ukulele, einer kleinen Gitarre. Eigentlich eine wunderschöne Musik. Wäre ich ein normaler Tourist, es wäre eine schöne Einstimmung auf die Südsee. Aber ich empfinde die Töne als Quälerei. Unsere Blicke treffen sich, der des Ukulele-Spielers und die seiner Begleiter. Wissen sie, wer ich bin? In den letzten Tagen soll es in der heimischen Presse einige Berichte über Stefan gegeben haben. Ich wende mich von ihnen ab, mir laufen die Tränen nur so über die Wangen. Will ich wirklich in dieses Flugzeug?

Bis hierher war der Weg erträglich gewesen, aber nun fängt es an, das Zittern, das Ich-will-das-eigentlich-gar-nicht-muss-es-aber-machen. Nicht einsteigen ist aber keine Option. Ich würde es mir nie verzeihen. Ich will und muss alles tun, um die Wahrheit zu erfahren. Wenigstens will ich es versuchen.

Ich bin unendlich traurig. Auf einem Bildschirm vor dem Gate sehe ich Atolle, Taucher zwischen bunten Fischen schwimmen, schneeweiße Strände. Das war mein Leben mit Stefan. Damals. Heute ist alles anders. Nichts wird mehr so sein wie früher. Ich habe Angst. Ich bin müde, erschöpft. Was wird mich dort erwarten? Ich schlucke noch eine Tablette. Ich habe einen Deal mit mir gemacht: Diese zwei Wochen in der Südsee darf ich Beruhigungsmittel und Schlaftabletten schlucken, so viel ich mag – danach, wenn ich zurück in der Heimat bin, in Deutschland, höre ich damit auf. Dann werde ich wieder Albträume haben und diese unendliche Leere spüren, damit meine Seele nach und nach alles verarbeiten und verheilen kann.

Mich tröstet, dass ich am Flughafen von Papeete von der Polizei abgeholt werde, auch weiß ich, dass Daphne und Vries extra wegen mir nach Tahiti gesegelt sind. Sie wollen für mich da sein, wie damals.

Der SEK-Leiter, der Übersetzer Joseph und ein weiterer Polizist winken mir durch die uns noch trennende Glaswand zu, jeder von ihnen hält einen Blumenkranz in der Hand, so wie es die polynesische Höflichkeit gebietet. Familienmitgliedern, aber auch Gästen überreicht man zur Begrüßung einen Blumenkranz aus frischen Blüten. Diese hier haben einen intensiven, einen ganz speziellen Duft, einen Südseeduft, der einfach umwerfend ist.

Die drei Männer fahren mich zum Hauptquartier der Polizei, wo sie mich in einem Apartment mit Schlaf- und Wohnzimmer, Bad und Küche unterbringen (und in dem ich auch die schönen Blumenkränze aufhängen kann – in jedem Raum einen, damit sich der Duft verteilt). Das Hauptquartier der Gendarmerie liegt mitten im Zentrum von Papeete, es gleicht einer Kaserne. Einige der Gendarmen leben mit ihren Familien in diesem Komplex; das macht mir deutlich, dass ich in einem militärischen Bereich bin. Ich fühle mich in ihrer Nähe sicher.

Der SEK-Chef sagt, bevor er sich von mir verschiedet: »Du kannst mich jederzeit anrufen. Und ich meine auch jederzeit. Also Tag und Nacht.«

Nach dem Fortgang der drei Männer versuche ich, Daphne und Vries eine SMS zu schicken, merke aber, dass ich mir zuerst die SIM-Karte meines Handys aufladen muss, denn meine alte ist, wie mir mitgeteilt wird, leer. Der Emergencyplan hätte nicht einmal funktioniert – zumindest heute Nacht.

Montag, 16. April

Vormittags lade ich meine SIM-Karte auf, nachmittags habe ich einen Termin bei meiner Anwältin, einer schmalen Französin mit kurz geschnittenen dunkelbraunen Haaren, die mit ihrer Familie seit Jahren in Papeete lebt und lieber Trekkingschuhe trägt als Pumps. Der Typ durchgestylte Französin ist sie nicht, was mir gut gefällt. Wir gehen noch einmal alles durch. Meine Anwältin erklärt mir, dass mir laut den hiesigen Verordnungen des Zivilgerichts ein paar Tausend Euro an Entschädigung zustehen. Jetzt weiß ich, was ein Leben wert ist. Ein paar Tausend Euro für Stefan.

Meine Sorge, ganz auf den Anwaltskosten sitzen zu bleiben, ist mir dadurch genommen. Meine Anwältin sagt mir auch, dass ich morgen frei und am Mittwoch einen Termin beim Richter habe. »Parallel müssen wir die Unterlagen studieren und die Aussagen, damit wir für die Rekonstruierung vorbereitet sind.«

Noch in Deutschland hatte man mir mitgeteilt, dass ein Teil der Gegenüberstellung sein würde, zusammen mit Arihano vor Ort den Tatvorgang nachzuvollziehen. Zudem würde ich im Büro des Richters Detailfragen klären müssen – ein weiteres Mal mit dem in U-Haft sitzenden Marquesaner.

Wieder fließen Tränen. Tränen, die damals nicht geflossen sind, als man mich auf der Polizeistation auf Nuku Hiva verhörte.

Nach dem Termin bei der Anwältin gehe ich in einen Supermarkt. Tatsächlich habe ich vergessen, wie teuer hier alles ist. Ich habe aber auch vergessen, wie schön Französisch-Polynesien ist. Der Duft der Blumen, das Singen der Vögel, die Hitze, die fröhlichen Menschen mit den Blüten im Haar. Schon viel bin ich gereist, aber diese Südseeinselwelt ist besonders. Auch Stefan hatte das gespürt.

Kurz vor Sonnenuntergang, gegen sechs, spaziere ich an der Promenade entlang. Der Himmel ist rot, und die grünen Berge der Nachbarinsel Moorea schimmern wie Smaragde. So einsam ich mich auch fühle, ich kann die Schönheit meiner Umgebung erkennen. Das gibt mir die Hoffnung, dass es weitergeht.

Dienstag, 17. April

Früh wache ich nach einer verdammt schlechten Nacht auf. Ich fahre mit dem Bus nach Arue, zu dem lokalen Yachthafen nordöstlich von Papeete, wo die *Aquamante* liegt. Ich stehe lange am Ufer und muss weinen; so viele Erinnerungen kommen hoch.

Den ganzen Tag bleibe ich bei den Freunden, die auch Stefans Freunde waren. Nichts hat sich seitdem auf dem Schiff verändert. Alles ist vertraut und doch sehr weit weg. Ich bin wieder auf dem Wasser, habe aber nicht mehr den Bootsalltag, den meine Freunde haben. Spüre ich Neid? Nein. Ich wünsche mir nur, irgendein Alltag würde mich auffangen.

Wir reden viel. Doch dann will ich wieder an Land, will allein sein, es erschöpft mich, die ganze Zeit unter Menschen zu sein. Daphne und Vries verstehen das nur zu gut. Ich verlasse die *Aquamante* und wandere abermals die Meerpromenade von Papeete entlang. Im anliegenden Park treffe ich einige Yachties, einer von ihnen öffnet mir ein Bier, das ich mir gekauft habe. Wir kommen ins Gespräch. Derjenige, der meine Bierdose geöffnet hat, fragt, ob ich auf einem Boot hier sei.

Meine Antwort: »Diesmal nicht.«

Ich will nicht ausführlicher werden, ihm nicht erzählen, dass ich genauso wenig in einem Hotel wohne. Würde ich von meiner Geschichte erzählen, von meinem Apartment in dem Gendarmeriekomplex, wüsste ich, was folgen würde. Und statt Mitleidsblicke zu bekommen, bleibe ich lieber kurz angebunden. Soll er doch denken, ich wäre arrogant. Ich gehe zurück zur Promenade, setze mich auf eine Bank – und die Berge von Moorea erstrahlen heute im roten Glanz.

Mittwoch, 18. April

Der Termin bei dem Richter beginnt um neun Uhr morgens. Erst um achtzehn Uhr werde ich sein Büro wieder verlassen. Der Richter – schwarze Haare, helle Haut, schmales, längliches Gesicht mit wachen Augen – geht mit mir noch einmal die ganze Geschichte durch. Die Klimaanlage läuft, eine Sekretärin tippt alles mit, der Richter liest es zeitgleich am PC. Joseph, der Übersetzer, und meine Anwältin sind mit dabei. Der Richter ist jung, ich schätze ihn auf Ende dreißig. Sehr gewissenhaft und detailliert bearbeitet er diesen Fall. Er ist nun derjenige, der beauftragt, wer verhört wird und welche DNA-Analysen oder sonstige Spezialuntersuchungen in Frankreich durchgeführt werden sollen.

Allein die Akten zu diesem »Fall« sind mehrere dicke Stapel hoch, sie liegen alle auf seinem Schreibtisch, auch auf einer Ablage. Erst jetzt begreife ich, was alles dokumentiert wurde und noch immer wird. Manche Menschen wurden zum zweiten oder sogar dritten Mal verhört. Ich komme mir vor, als hätte es die letzten sechs Monate nicht gegeben. Ich bin wieder mittendrin, habe alles vor Augen.

Dennoch fällt es mir schwer, die ersten Fragen zu beantworten. Mein Geist sträubt sich noch dagegen, mich so genau zu erinnern. Doch nach und nach befinde ich mich wieder im Wald mit dem Täter und sehe jede Geste vor mir, spüre die Angst, die ich hatte. Der Richter stellt Fragen, die noch offen sind, Fragen, zu denen Arihano andere Aussagen gemacht hat als ich. So erklärte er in Bezug auf die Plastikplane, dass er sie mitgebracht hätte, damit ich mich daraufsetzen könne. Ich sollte mir doch nicht meine Kleidung schmutzig machen. Eine andere Variante: Er meinte, er hätte mich so lose gefesselt, damit ich mich befreien konnte. Im Grunde ist die Situation so: Aussage gegen Aussage (in meinem Fall) und Aussage gegen Schweigen (bei Stefan).

Angeblich gibt es mehrere DIN-A4-Seiten, auf denen Arihano handschriftlich aufgeschrieben haben soll, was in der Nacht passierte. Auf ihnen soll stehen, dass Stefan ihn an einem Fuß gefesselt, diesen an einem Baum festgemacht und ihn dann vergewaltigt haben soll. Aus Notwehr habe er, Arihano, Stefan erschossen. Ich muss lachen, als ich davon erfahre. Dem Richter sage ich: »Außer der Wahrheit will ich keine wilden Geschichten hören, keine Phantasie-, keine Horrorstorys.« Mit jeder Stunde, die ich auf dieser Insel verbringe, spüre ich, dass ich ohne die endgültige Wahrheit weiterleben muss.

Eine andere Version ist, dass Arihano eine Ziege zu töten versuchte, gestolpert sei, aus diesem Grund nicht traf und Stefan ihn deswegen ausgelacht haben soll. Für mich eine plausible Möglichkeit. Stefan mit seiner Leichtigkeit, seiner Fröhlichkeit und ohne Gespür für Gefahren kann die Lage total falsch eingeschätzt haben. Vielleicht hat er grinsend gesagt: »Oh Mann, die Ziege hättest du doch treffen müssen!« Oder: »Lass mich mal, du kriegst das eh nicht hin.« In seiner Männlichkeit verletzt, durch Sprachprobleme noch gesteigert, rächt sich Arihano, verliert die Beherrschung – aber was wollte er mit mir? Nach Aussage von Arihano war sein Verhalten mir gegenüber eine »pädagogische Erziehungsmaßnahme«. Ich sollte das empfinden, was Stefan ihm angetan hat.

Ich habe viele offene Fragen. Die wichtigsten betreffen das Tatmotiv. Warum hat er mich nicht getötet? Warum nicht vergewaltigt? Es sind Fragen, die selbst der Richter nicht beantworten kann. Die Untersuchungen können noch sehr lange dauern, das wird immer offensichtlicher.

Weiterhin erfahre ich, dass die Familie des Täters glaubt, Stefan habe ihn wirklich vergewaltigt. Ich habe plötzlich wieder Angst.

Angst habe ich auch vor der Rekonstruierung selbst. Allmählich begreife ich, was genau da ablaufen soll. Um nach Nuku Hiva zu gelangen, werde ich mit Arihano zusammen in einem Flugzeug sitzen müssen. Natürlich wird er Handschellen tragen und bewacht werden – doch wie werde ich reagieren? Selbst die angebliche Tatwaffe wird in der Maschine mit uns reisen.

Detailgetreu soll alles in der Hakatea-Bucht nachgeahmt und mit Fotos und Videoaufnahmen dokumentiert werden. Gut, dass ich mich damit nicht in Deutschland so intensiv befasst habe, sonst wäre ich kaum hier. Doch, natürlich wäre ich hier.

Der Richter wird sich, wie er mir nun erklärt, ein Bild von Stefan machen, dazu wird er weltweit Freunde befragen. Ich soll ihm eine Liste erstellen mit Namen von Menschen, die Stefan gut kannten, mit denen er zusammengearbeitet hat, Menschen, die unter anderem bezeugen können, dass er nicht schwul war. Ich kann nicht fassen, was hier geschieht.

Donnerstag, 19. April

Über drei Stunden befragt mich auf richterliche Anordnung ein französischer Psychologe: »Wie war Ihre Kindheit? Welche Werte wurden Ihnen von Ihren Eltern vermittelt?« Aber es gibt auch Fragen zu Stefan und unserem Sexualleben. Weiterhin will der Psychologe wissen: »Warum leben Sie noch, was denken Sie? Was könnte das Tatmotiv sein?« Wenn ich das nur wüsste.

Freitag, 20. April

Vries und Daphne liegen jetzt in der Marina Taina, zehn Minuten mit dem Bus Downtown von Papeete entfernt. Sie wollten, dass ich übers Wochenende zu ihnen aufs Boot komme. Bei ihrem Anruf warnten sie mich vor: »Am Horizont wirst du die *Baju* ankern sehen.«

Der kleine weiße Bus, in dem nur Einheimische sitzen, hält direkt vor der Marina.

Als ich dann am Ende des Ankerplatzes den Katamaran aus Aluminium erblicke, steigen abermals Tränen in mir auf. Ich setze mich auf den Steg und muss daran denken, dass es doch nicht richtig sein kann, mir einfach mein Zuhause so plötzlich wegzunehmen. Zum Glück erscheinen in diesem Moment Daphne und Vries und nehmen mich in den Arm.

Mit ihnen verbringe ich die nächsten zwei Tage. Ich erzähle ihnen, dass Arihano das SOS-Signal gehört habe, mit dem wir Stefan Mut machen wollten, als er die Tatwaffe zurück in das

Haus seines Onkels brachte. Er war also ganz in der Nähe gewesen.

Wieder sprechen wir über das, was geschehen ist, zwischendurch soll ich aber auch alles vergessen und ein bisschen das alte Blauwasserleben erfahren. Wir setzen die Segel. Es ist das erste Mal danach. Die Bewegungen eines Einrumpfboots sind ganz anders als bei einem Katamaran – ich registriere es sofort. In dem Augenblick, in dem ich diese Erkenntnis wahrnehme, vermisse ich Stefan. Ich vermisse unsere *Baju*. Ich blicke in den Himmel, sehe das volle weiße Segel vor dem blauen Hintergrund im Wind wehen, spüre die Wellen. Und da weiß ich: Ich werde wieder segeln, irgendwann, irgendwo. Ich liebe die Freiheit auf dem Wasser. Eines Tages werde ich wieder in See stechen. Arihano Haiti hat mir Stefan genommen, aber nicht meine Träume.

Wellen brechen sich am Außenriff, die braunen Korallen sind direkt unter der Wasseroberfläche zu sehen. Leuchtend weiße Strände mit Pfahlbauten, Kokosnusspalmen wedeln im Wind. »Tod im Paradies«, so wurde in der Presse mit Stefans Ermordung getitelt. Begreifen kann ich dies selbst nach sechs Monaten noch nicht. Er kann nicht tot sein. Ich sehe sein Lachen, höre seine Stimme, er ist nur kurz weg und kommt bald wieder. Wird mich in seine Arme schließen, mich küssen. BAMM – und dann bin ich wieder in der Realität. Bin alleine. Höre Wörter wie »Tod«, »Waffe«, »Mörder«, »Vergewaltigung«. Die andere Welt ist schöner.

Am Sonntagabend, in der Nacht, bevor ich zur Rekonstruktion aufbrechen werde, lese ich alte SMS-Nachrichten von Stefan, die ich noch auf meinem Mobiltelefon gespeichert habe:

Hey Tahiti-Girl! Ich will ja auch an uns glauben und weiß, dass vieles super passt. Bitte zeige mir, dass es wieder Spaß macht, dich zu lieben. Ich werde das Meinige dafür tun. Liebe das Leben und mich so, wie ich bin. Süße Träume ...

Es ist eine Nachricht vom August 2010. Aus einer Zeit, als es in unserer Beziehung kriselte. Wir rauften uns wieder zusammen. »Tahiti-Girl« – das war seitdem mein Spitzname, entstanden aus der Vorfreude auf den Pazifik. Und nun wird unser Liebesleben durchleuchtet.

Montag, 23. April

Am Flughafen treffen sie nach und nach ein: der Richter, der Staatsanwalt, meine Anwältin. An meiner Seite befinden sich der unermüdliche SEK-Leiter, der die Tatwaffe in einem Spezialkoffer dabeihat, und Joseph. Mit den beiden bin ich zum Airport von Papeete gefahren.

Ich bin nervös. Es fehlt noch Arihano. Nachdem wir eingecheckt haben und durch die Sicherheitskontrolle sind, sehe ich vor der Maschine, die uns nach Nuku Hiva bringen soll, ein parkendes Polizeiauto.

Joseph sagt: »Ah, er ist schon im Flieger drin.«

Eine Fehleinschätzung, denn in diesem Moment wird die Tür des Polizeiwagens geöffnet – und Arihano steigt aus. Meine Knie wackeln, ich halte mich am Eincheckpult fest, das sich neben mir befindet. Danach setze ich meine Brille auf, denn ich will alles genau beobachten. Arihano wird von vier Polizisten in schwarzen Overalls und Stiefeln begleitet. Er hat Handschellen an und ist in Shorts und T-Shirt gekleidet. Vor sich hält er eine Tasche, mit seinen Fesseln kann er sie nicht anders halten. Sein Gesicht sehe ich nicht. Die fünf Männer stehen eine Ewigkeit auf dem Rollfeld, bis die Erlaubnis erteilt wird, dass sie einsteigen dürfen. Die ganze Zeit betrachte ich ihn, mit erhobenem Kopf. »Mutig«, sagen alle um mich herum.

Doch als es dann so weit ist und ich das Flugzeug betreten soll, denke ich, dass ich da nicht einsteigen kann. Ich kann dem mutmaßlichen Mörder von Stefan nicht so nah sein, nicht in diesem engen Raum einer Maschine, nicht über dreieinhalb Stunden. So lange dauert der Flug auf die Marquesas-Inseln. Mindestens.

Ich muss meine Beine schütteln, meine Hände, dann will ich es hinter mich bringen: Die Stufen der Gangway springe ich regelrecht hoch und atme schwer, als ich die Kabine betrete. In der Maschine erblicke ich nur seinen Hinterkopf, er sitzt in der linken Reihe vorne am Fenster, umgeben von den vier SEK-Leuten. Sie stellen sicher, dass er sich nicht zu mir umdrehen kann.

Mehrere Reihen hinter ihm soll ich mich setzen. Immer wieder schaue ich nach vorne. Ich kann meine Augen nicht von ihm abwenden. Ich will seine sehen.

Wir starten. Ich bin ganz ruhig. Denke, alles ist vollkommen normal, hier startet nur ein Flieger. Darin befinden sich zwar Gendarmen in Zivil und Uniform, ein Richter, ein Übersetzer, eine Anwältin und ein Staatsanwalt, aber es gibt ja auch noch die normalen Fluggäste. Also ist das ein normaler Flug.

Meine Anwältin, die neben mir ihren Platz hat, sagte, sie würde zum ersten Mal auf die Marquesas fliegen. Weiterhin erfahre ich von ihr, was ich schon vermutet habe: Laut Aussagen soll Arihano vom Dorf Hilfe bekommen haben. Es bleibt die Frage: War alles Absicht, alles von Anfang an geplant gewesen? Meine Anwältin erzählt schließlich, dass die Gefängnisse in Papeete überfüllt seien, die Toiletten ohne Sichtschutz, das Essen schrecklich, mit Würmern drinnen. Ich denke, das hat er verdient.

Nach fast vier Stunden landen wir auf Nuku Hiva. Als ich vor Arihano aussteige, frage ich mich, ob er mich beobachtet. Ich selbst hatte überlegt, ob ich zu ihm hinschauen soll. Dann hatte ich mich dagegen entschieden. Später, als er wieder in einem Polizeiauto sitzt, wird er von einem SEK-Mann verdeckt, damit er mich nicht anstarren kann.

Auf der Polizeistation in Taiohae wird Arihano sofort in eine Zelle geführt. Sie hat ein Fenster, aber zur Seite hin, wo ich es nicht sehen kann, eine weiße, schwere Tür, und sie wird mit zwei Schlössern verriegelt. Seine Schuhe musste er ausziehen, sie stehen davor, und auch seine Tasche, die er in der Hand hielt, hatte er dort abstellen müssen. Später frage ich die SEK-Männer, warum er Schuhe und Tasche nicht hat mit in die Zelle nehmen dürfen. »Aus Sicherheitsgründen«, teilt man mir mit.

Einer der lokalen Polizisten holt einen weißen Plastikteller und eine Gabel aus demselben Material aus einem Schrank. Auf den Teller stellt er eine Dose und legt ein paar trockene Kekse dazu. Das ist das Mittagessen von Arihano. Wir anderen gehen zum Hafen, um dort etwas zu essen. Ich habe tatsächlich Hunger und schaffe eine halbe Portion *Poisson cru*.

Am Nachmittag verhört der Richter einige Dorfbewohner von Hakau'i, während ich mit meiner Anwältin die wichtigsten Aussagen durchgehe. Wir sitzen in einem Bungalow, der auf dem Polizeigelände in Taiohae steht. In ihm soll ich auch übernachten. Der Chef des SEK und einer der Gendarmen haben den Bungalow daneben bezogen. Unser Blick wandert aufs Meer hinaus, die Türen sind sperrangelweit auf, und ein Tropenschauer bringt frische Luft. Auf Fotos, die sie mir dann zeigt, kann ich einen kleinen Haufen menschlicher Knochen erkennen. Mein Gehirn zieht keine Verbindungen zu Stefan. Schon am Abend zuvor hatte ich von dem SEK-Chef erfahren, dass man meine Schuhe gefunden hat. Seit Monaten hatte ich mich mit der Frage »Wo sind meine Schuhe?« herumgequält, und nun konnte er mir eine genaue Antwort geben. Sie lagen ein paar Meter voneinander entfernt, der SEK-Leiter vermochte sogar die GPS-Position zu benennen. Während ich die Bilder von meinen Schuhen betrachte, habe ich das Gefühl, dass sich langsam ein Kreis schließt, dass sich alle Puzzleteile nach und nach fügen.

Aber noch immer existiert kein Beweis, ob Stefan tatsächlich erschossen wurde. Bis jetzt gibt es dazu nur Arihanos Wort.

Dienstag, 24. April
Um sechs Uhr morgens fahren zwei Speedboote zur Hakatea-Bucht. In dem einen sitzen in kurzärmeligen weißen Hemden der Richter und der Staatsanwalt, der sich vor der Sonne mit einem Käppi und Sonnenbrille schützt, meine Anwältin, die sehr

leger gekleidet ist (schwarze Trainingshose, schwarzes Shirt und beigefarbene Turnschuhe), Arihano Haitis Anwalt, Joseph und ich. In dem anderen befinden sich die Polizisten und Arihano; die SEK-Männer tragen heute dunkle T-Shirts und Armeehosen im Tarndress. Ich sehe ihn erst am Strand, bei der Ankunft seines Bootes; die schwarzen Shorts enden weit über dem Knie, das schwarze Shirt hat keine Träger, die Füße stecken in weißen Socken und die wieder in fast weißen Plastiksandalen. Ich mache Fotos. Ich bin im Mindset von damals, hoch konzentriert, mit Beruhigungstabletten vollgestopft und will nur eins: die Wahrheit.

Sinn dieser Rekonstruierung ist es, Fotos und Filme zu machen, über das, was sich im Oktober 2011 hier abgespielt hat. Wo stand Arihano, als er Stefan erschossen hat? Wohin hat er gezielt? Ein örtlicher Polizist wird Stefans Rolle übernehmen, Arihano seinen eigenen Part.

Er trägt wieder Handschellen, dazu im Taillenbereich einen speziellen Gürtel, fast wie ein Klettergürtel. An diesem ist hinten eine Leine befestigt, die wiederum mit dem Fuß verbunden ist; das Ende dieses blauen Seils ist am Gürtel eines SEK-Mannes festgemacht. Flucht ausgeschlossen. Unsere Blicke treffen sich, seine Augen sagen aber nichts. Ich hatte gehofft, irgendeine Regung seinerseits wahrzunehmen, aber da ist nichts. Aber auch ich empfinde nichts, jetzt, wo ich ihm gegenüberstehe.

Der gesamte Trupp macht sich auf zur Feuerstelle. Es ist ein Fußmarsch von fast vierzig Minuten. Es ist heiß, jedem rinnt der Schweiß nur so herunter. Moskitos stechen uns, ein Anti-Moskito-Spray wird herumgereicht, die Stimmung ist konzentriert. An der Feuerstelle angelangt, warten wir auf den SEK-Chef, der als Letzter gegangen war. Er holt die mögliche Mordwaffe aus dem Spezialkoffer, packt sie aus, checkt, ob sie ungeladen ist. Anschließend reicht er sie dem Richter. Ich schaue Arihano an, er verzieht keine Miene. Die Feuerstelle ist nicht so »idyllisch« wie das letzte Mal, als ich hier war. Man hört keinen Wasserfall, der Bach ist ausgetrocknet, viel ist zugewachsen.

Die Natur zeigt, dass Zeit vergangen ist, sich Dinge ändern. Für mich nicht.

Die Gendarmen bereiten den Tatort jetzt so vor, wie sie ihn damals vorgefunden haben. Ein Kreis mit Steinen, der die Feuerstelle markiert, wird gebaut, Schnüre werden gezogen, wo die Wasserlinie war ...

Ich sehe und höre, wie Arihano die Szene der Vergewaltigung beschreibt. Stefan soll ihn am linken Fußknöchel vierzig Zentimeter hoch am Baum festgebunden haben. Arihano Haiti liegt jetzt auf dem Bauch, Hände auf dem Rücken gefesselt. Angeblich konnte er sich nicht wehren, als Stefan das alles mit ihm gemacht haben soll. Er ist ein Muskelprotz, wiegt hundert Kilogramm, ist 1,86 Zentimeter groß und hat viel Kraft. Viel mehr Kraft, als Stefan sie hatte. Nichts passt zusammen. Die Beweise sprechen gegen ihn. Trotzdem beharrt er auf dieser Version: Vergewaltigung. Er konnte sich befreien, sah die Waffe und feuerte einen Schuss in die Luft. Stefan soll zu der Zeit oben am Hang gestanden haben, zwei, drei Meter von Arihano entfernt, um Holz für das Feuer, das gegen Moskitos brannte, zu suchen. Arihano befreit sich von seinen Fesseln, greift zur Waffe und bedroht Stefan. Stefan will sich umdrehen und gehen, doch Arihano schießt ihm in den Kopf. Stefan rollt den Abhang hinunter, direkt ins Feuer. Arihano legt Holz nach, setzt sich drei Meter weiter weg hin und denkt nach. Er sagt immer wieder, dass er den Kopf mit einem Stück Holz weggeschlagen hat. Die Bewegung, die er dazu macht, erinnert mich an einen Golfschwung. Der Richter fragt nach Details zum Zustand des Kopfes. Ich bin nicht hier. Nur mein Körper ist anwesend. Zerstückelt will er Stefan nicht haben, behauptet Arihano Haiti. Die Knochen, die gefunden wurden, deuten auf Schnitte hin.

Alles, was er nachspielt, ist seine Version. Heute wird er nicht die Wahrheit sagen. Das spüre ich.

Danach begeben wir uns zu dem Ort, zu dem Baum, an den er mich gefesselt hatte. Eine Polizistin ist für wenige Minuten Heike Dorsch. Einmal nur spiele ich mich selbst, weil die Beamtin nicht weiß, wie sie sich verhalten soll. Ein Übersetzungsfehler. Noch einmal sehe ich in dunkle, große Augen, noch einmal in den auf mich zielenden Gewehrlauf – obwohl nicht Arihano Haiti mir gegenübersteht, sondern ein lokaler Polizist. Meine Augen müssen meine Angst widerspiegeln, denn sofort greift der Richter ein. Das ist auch gut so. In der Sekunde, in der ich diesen Gewehrlauf gesehe habe, war ich wieder in der schrecklichen Nacht. Der Flash hat nur kurz gedauert, aber für mich war es lang genug.

Als wir abends erschöpft und verschwitzt wieder im Speedboot sitzen, denke ich: Es ist vorbei. Die Rekonstruktion des Tathergangs, die für mich zu einem Ziel geworden war, ist vorbei. Nun ist es getan, und ich weiß auch nicht mehr als vorher. Um mich herum reden alle, lachen, für sie ist ein langer, anstrengender Arbeitstag zu Ende. Ich fühle mich unglaublich einsam. Abermals laufen Tränen mein Gesicht hinunter, während wir immer wieder ins Wellental krachen. Ich muss mich festhalten, damit ich nicht vom Sitz falle.

Ich glaube an den Kopfschuss, daran, dass Stefan nicht leiden musste. Ich glaube, es gab keine Vergewaltigung, ich glaube, es gab eine Art Kampf, und ich weiß, dass Stefan Angst hatte. Die exakte Todesursache will man aber noch ermitteln, in den Speziallabors in Frankreich werden dafür Untersuchungen vorgenommen. Fakt ist, dass Stefan tot war, bevor Arihano Haiti zu mir kam, zur *Baju*. Die Polizei ist sich sicher – wäre die *Aquamante* nicht in der Nähe gewesen, er wäre mir gefolgt und hätte mich getötet. Er selbst sagt, er habe mich beobachtet, wie ich zur Yacht schwamm.

»Heike!« Jemand ruft meinen Namen. Ich zucke zusammen. Es ist nur meine Anwältin. Sie will mich aus meinen schweren Gedanken herausholen. Es gelingt nicht. Ich reibe zwei grüne Limetten, die ich an einem Baum gepflückt habe, aneinander, rieche daran. Aber sofort schweife ich wieder zu dem ab, was ich gerade erlebt habe. Eigentlich hatte ich erwartet, dass Arihano Haiti sich bei mir entschuldigt. Er hat sich bei der Polizistin, einer Marquesanerin, entschuldigt, als er sie an den Baum fesselte. Das registriere ich auch später, als Arihano im Polizeiauto sitzt und die Beamtin ihm auf den Rücken klopft und etwas sagt. Ein Band, eine Zugehörigkeit – das strahlte dieser Moment in meinen Augen aus.

Zugleich war der Tag eine irritierene Erfahrung: Am Anfang der Rekonstruktion war ich noch darauf bedacht gewesen, ihm nicht zu nahe zu kommen. Doch nachdem ich ihm in die Augen geschaut und nichts darin entdeckt hatte – und ich selbst keine Wut, keinen Hass, keine Furcht empfand, konnte ich sogar an ihm vorbeigehen. Am Ende des Tages war es mir sogar egal gewesen, wo er gerade war. Immerhin, ich habe keine Angst mehr vor diesem Mann, der Stefan und mir einmal Pampelmusen schenkte.

Am Pier in Taiohae steht seine Familie. Sie mustert mich genauso wie ich sie. Arihano sieht exakt aus wie sein Vater. Unglaublich, die gleichen Gesichtszüge. Er und seine Schwester fragen sich wahrscheinlich: Wie sieht die Freundin eines Vergewaltigers aus? Man merkt ihnen an, dass sie Arihano glauben. Er ist ihr Kind, ihr Bruder – was erwarte ich? Es ist Kälte, die ich in ihren Blicken spüre: Sie haben mich verurteilt, für was auch immer.

Mittwoch, 25. April

In zwei Stunden werden wir uns auf den Weg machen, um zurück nach Tahiti zu fliegen. Ich setze mich auf einen Poller an der Mole im Hafen, vor mir das Meer, die Bucht von Taiohae, in der sechzehn Weltumsegler ankern. Jedes einzelne Boot habe ich gezählt.

Nie hatte ich Zeit gehabt, mich richtig von der *Baju* zu verabschieden. Die Schlüssel von unserem einstigen Zuhause habe ich mitgebracht, halte sie in meinen Händen. Ich will sie ins Meer werfen, um mich auf diese Weise von dem Katamaran loszusagen, von den siebzehn gemeinsam verbrachten Jahren mit Stefan. Ich schaffe es nicht. Ich kann nicht loslassen. Ich zittere am ganzen Körper, vor Schmerz, vor Trauer. Dann entdecke ich einen Fregattvogel, der über mir kreist. »Wunderschöne Tiere«, sagte Stefan jedes Mal, wenn wir einen sahen. »Diese Riesenspannweite der Flügel, so lang und so schmal, unverkennbar.« Ich sehe dem Vogel zu, so wie Stefan einem solchen immer zugesehen hat. Eine Ewigkeit. Stefan, wo bist du? Wie geht es dir? Denkst du manchmal an mich? Warum bist du gegangen, ohne dich zu verabschieden? Der Fregattvogel schwebt jetzt über der Bucht, kommt aber wieder zu mir zurück. Ich schaue auf meine Schlüssel in der Hand, schaue hinauf in den Himmel, und dann sehe ich sie: Freunde sind gekommen, nun fliegen sie zu viert im Kreis, fliegen hin und her in verschiedenen Formationen. Stefan war nie ein Mensch gewesen, der gern allein war.

Ich erhebe mich von dem Poller, umfasse die Schlüssel noch einmal fest – und überlasse sie dem Meer. Ich beobachte, wie sie in der großen blauen Tiefe verschwinden. Die vier Vögel fliegen gemeinsam hinaus aufs offene Meer. Ich weiß jetzt: Es geht ihm gut, wo immer er ist.

Donnerstag, 26. April
Von morgens neun bis abends neun Uhr haben wir die Gegenüberstellung im Büro des Richters im Gerichtsgebäude von Papeete; es geht um die Klärung von vielen Einzelfragen. Beide Anwälte, zwei Übersetzer (neben Joseph auch die Übersetzerin für Arihano, der von seinem Recht Gebrauch macht, nur Marquesanisch zu reden), vier SEK-Männer, Arihano, der Richter, eine Sekretärin und ich drängen sich in dem kleinen Büro. Am Ende des Tages mache ich das, was ich schon die ganze Zeit will: Ich sehe Arihano in die Augen. Aber nicht nur flüchtig. Ich lehne an der Tür des Büros, er sitzt auf dem Stuhl. Er hat gemerkt, dass ich seinen Blick suche. Er schaut zu mir, kann aber nie lange meinem Blick standhalten. Das Spiel wiederholt sich

ein paarmal. Ich entdecke jetzt viel Leid in seinen Augen. Mehr, als ich begreifen kann. In diesem Moment wird mir klar, dass in seinem Leben einiges schiefgelaufen sein muss. Ich sehe in seinen dunklen Augen, dass er versteht, was er angerichtet hat, dass es ihm leidtut, was passiert ist. Ich sehe, wie er begriffen hat, wie wichtig mir die Wahrheit ist, dass er sie aber wohl nie sagen wird. Aber den Wunsch, mich zu töten, den sehe ich nicht mehr. Er sagt, dass er meine Wut akzeptiert. Ich sage, ich würde mir wünschen, er würde die Wahrheit äußern, damit ich das Geschehen für mich abschließen kann. Arihanos Antwort: »Manchmal muss man auf dieser Erde lügen, damit einem jemand glaubt.«

Vielleicht lebt Arihano in seiner eigenen Welt, wie auch Stefan so oft in seiner Welt gelebt hat, und glaubt wirklich daran, dass Stefan ihn vergewaltigt hat.

Er sitzt weiter auf seinem Stuhl, bewacht von zwei SEK-Männern. Negative Gefühle? Nein. Sie rauben nur meine Energie, die ich brauchen werde, um weiterleben zu können. Ich fühle, dass ich eine Art Abschluss habe. Der »Fall« ist für mich abgeschlossen, für die Justiz fängt er erst an.

Arihano wird in Handschellen abgeführt. Er sagt, er wisse, dass er eine lange Strafe zu erwarten hat. Anscheinend hat er sich mit seinem Schicksal abgefunden. Er sagt auch, dass er sich bei Stefans Vater und bei mir entschuldigen wird.

Ich schüttele dem Richter die Hand und gehe allein in die Dunkelheit hinaus. Es ist 21.08 Uhr, und es sind keine Menschen mehr auf den Straßen von Papeete. Ich fühle mich merkwürdig erleichtert. Ich habe es hinter mich gebracht. Ich bin froh, diese Reise gemacht zu haben.

Samstag und Sonntag, 28. und 29. April

L.A.-Flughafen. In zwei Stunden geht wieder ein Flieger nach Papeete. Fast möchte ich zurück. Es fällt mir schwer, nach Frankfurt zu fliegen. Am liebsten würde ich einfach hier am Flughafen sitzen bleiben, wie in dem amerikanischen Film *Terminal*, in dem ein Mann mit einem ungültigen Pass auf dem New Yorker Airport strandet – dann muss ich keine Entscheidung für morgen treffen. Es kommt mir unendlich lange vor, dass ich an diesem Ort hörte, wie ein Marquesaner Ukulele spielte.

Der SEK-Leiter und Joseph hatten mich mit Blumenkränzen empfangen und mich mit Muschelketten verabschiedet. Wie sehr sie sich in den vergangenen zwei Wochen um mich gekümmert haben!

Vorgestern, nach der Gegenüberstellung im Büro des Richters, träumte ich zum ersten Mal von der Zukunft, von einem Haus mit vielen Zimmern und noch mehr jungen und lachenden Menschen; ich kannte keinen davon. Aber überall waren rote Südseeblumen. Stefan hätte es geliebt.

Ein Mönch in seiner orangefarbenen Kutte läuft an mir vorbei. Er erinnert mich an Asien. Bilder von Stefan erscheinen vor meinem inneren Auge, von unserer dort gemeinsam verbrachten Zeit. Wird es irgendwann Momente geben, die mich nicht an Stefan erinnern? Werde ich mich irgendwann einmal erinnern können, ohne zu weinen?

Dank

Daphne und Vries: Ihr habt mir in der schweren Zeit zur Seite gestanden, ihr habt mich keine Minute aus den Augen gelassen und alles für mich getan. Ich weiß nicht, wie ich mich jemals dafür bedanken kann.

Meiner Mutter, dass sie mich mit offenen Armen aufgenommen hat, meiner Schwester Bettina, dass sie mich überallhin mitgeschleift hat, auch wenn ich mal keine Lust hatte, meinem Bruder Thomas, der alles für mich macht. Und natürlich ihren beiden Familien.

Der Research Section der Gendarmerie in Französisch-Polynesien und der Gendarmerie Nationale – danke, dass ihr mir das Gefühl gegeben habt, dass die professionellen polizeilichen Untersuchungen weitergehen, auch als ich nicht mehr vor Ort war. Danke für eure Hilfe in allen organisatorischen Dingen, die eigentlich nicht zu eurem Job gehörten.

Einem Ethnologen, der nicht genannt werden möchte, nicht nur für deine stundenlangen Übersetzungen, viel mehr für deine Freundschaft.

Wolfgang Hausner – dafür, dass du uns gezeigt hast, dass man seine Träume leben kann, und für deine Mithilfe am Buch.

Meiner Anwältin – danke, dass du mich rechtlich vertrittst und für die Wahrheit kämpfst.

Meinen engsten Freunden, aufzuzählen brauche ich euch nicht, ihr wisst, wer gemeint ist – danke für euren Beistand, eure Aufmerksamkeit, euer Verständnis besonders in dieser schweren Phase meines Lebens.

Den vielen unerwarteten Freunden, von denen ich gar nicht wusste, dass ich euch habe – danke, dass ihr mir Mut macht, mir tröstende Worte spendet und immer ein offenes Ohr habt.

Allen, denen ich unterwegs, an Land und auf den Weltmeeren, begegnet bin und die Teil dieser Reisegeschichten sind. Jeder für sich hat mein Leben auf seine besondere Weise bereichert.

Regina Carstensen, für eine enge Zusammenarbeit und das gegenseitige Vertrauen, ohne dich wäre das Buch nie so geworden, wie es heute ist.

Allen Mitarbeitern im Piper Verlag dafür, dass ihr an mein Buch geglaubt habt.

Philip Laubach-Kiani, ohne dich wäre das Buch nie erschienen. Für deine begeisternde, nicht enden wollende Unterstützung in allen Angelegenheiten.

Glossar

Abdriften
Das seitliche Versetzen vom eigentlichen Kurs.

Ausklarieren
Ein Schiff vor dem Auslaufen bei der Zoll- beziehungsweise Hafenbehörde abfertigen; siehe auch → Einklarieren

Ausreffen
Die verkleinerte (= gereffte) Segelfläche wieder vergrößern.

Backbord
Bezeichnet, vom Heck zum Bug (in Fahrtrichtung) betrachtet, die linke Seite eines Segelboots; die Farbe des Positionslichts auf dieser Seite ist rot.

Bilge
Tiefster Punkt im Schiff. Auf der *Baju* wurde dieser als Stauraum genutzt. Bei einem Katamaran darf hier nie Wasser stehen, dies wäre ein Hinweis dafür, dass man ein Loch im Schiff hätte. Einige Einrumpfboote haben eine »nasse Bilge«, da wird das ganze Abwasser in die Bilge geleitet und später ins Meer.

Bimini
Festes Sonnendach, auf dem auf der *Baju* die drei Solarzellen angebracht waren.

Boje
Verankerter Schwimmkörper zum Festmachen von Fahrzeugen oder zur Markierung bestimmter Stellen. Eine Boje, die als Seezeichen dient, wird meist als Tonne bezeichnet.

Bug
Vorderster Teil eines Schiffes.

Dinghi
Kleines Beiboot mit Außenbordmotor, das uns an Land brachte, wenn wir ankerten. Unser Dinghi war aus Aluminium, vier Leute hatten darin bequem Platz.

Double-Ender
Eine spezielle Bootsform, die es ermöglicht, in beide Richtungen zu segeln.

Einklarieren
Ein Schiff nach dem Einlaufen in einem Hafen bei der Zoll- beziehungsweise Hafenbehörde abfertigen; siehe auch → Ausklarieren

Fahrtensegeln oder »Blauwassersegeln«
Eine Lebensform, die Segeln und Reisen verbindet. Man erkundet die Welt mit seinem Zuhause, dem eigenen Segelboot. Sie ist gekennzeichnet durch Langzeittörns auf großen Ozeanen. Die Törns werden individuell organisiert. Im Unterschied zu Regattayachten sind Fahrtenyachten mit mehr Wohnkomfort ausgestattet, wie z. B. Kühlschrank. Der Begriff »Blauwassersegeln« ist von der tiefblauen Farbe des Meeres auf den Ozeanen abgeleitet.

Fender
Polster, die man zum Schutz vor Nachbarfahrzeugen über Bord hängt.

Fieren oder Auffieren
Kontrolliertes Nachlassen einer Leine, sodass der Druck aus dem Segel genommern wird. Zieht man die Leine zu sich heran, nennt man das Dichtholen.

Gaffel
Ein Rundholz, das das viereckige Großsegel nach oben begrenzt. Das Segel ist mit seiner oberen Kante fest an der Gaffel angeschlagen. Die Gaffel wird mit dem Segel beim Setzten nach oben gezogen.

Genua

Sehr großes, den Mast weit überlappendes Vorsegel; auf der *Baju* war es siebzig Quadratmeter groß.

Genuabaum

Eine Stange aus Aluminium, die rund fünf Meter lang ist und an der die Unterkante (Unterliek) des Segels befestigt wird; die andere Seite des Baumes wird am Mast eingehängt. Wird auch Ausbaumen des Vorsegels genannt. Wir hatten nur einen Baum für die Genua und den Spinnaker an Bord.

Großsegel

Ist das am Mast gesetzte Segel; auf der *Baju* war es fünfzig Quadratmeter groß.

Heck

Hinterer Teil eines Boots.

Katamaran oder Kat

Doppelrumpfboot

Knoten

Bezeichnung für die Geschwindigkeit von Schiffen = Seemeile pro Stunde; 1 Knoten (kn) = 1,852 km/h = 0,514 m/sec

Koje

Schlafkammer auf einem Segelboot.

Kreuzen

Segeln im Zickzackkurs, weil das Ziel, das man anlaufen will, genau da liegt, wo der Wind herkommt, und man nicht gegen ihn segeln kann. Der Kurs selbst heißt: »hoch am Wind segeln«.

Längsseits

Auch: längsseits gehen; bedeutet, sich mit der Längsseite des eigenen Schiffs an die eines anderen zu legen oder am Steg mit der Längsseite festzumachen.

Logbuch

Schiffstagebuch

Mast

Das große, senkrecht aufragende Metallrohr auf einem Schiff (auf der *Baju* war es aus Aluminium). An ihm werden die Segel hochgezogen, wobei das obere Ende Masttopp heißt (bei der *Baju* war er achtzehn Meter lang, also fast zwanzig Meter über dem Wasser).

Mooring

Eine Kette zum Festmachen von Booten. Ihr unteres Ende ist in der Regel mit einem Betonklotz am Meeresgrund verankert. Am anderen Ende befindet sich eine Leine zum Fixieren der Boote (Belegleine) und eine Verlängerung (Pilotleine), die an Land belegt ist. Moorings findet man in Häfen, aber auch in Marine Schutzparks, damit der Anker keine Korallen zerstört.

Ree

Ausdruck, der beim Einleiten eines Wendemanövers verwendet wird.

Reffen

Segelfläche verkleinern; siehe auch → Ausreffen

Schwert

Holzkonstruktion, die bei der *Baju* auf beiden Seiten senkrecht ins Wasser gesteckt wird, um → Abdrift zu verhindern. Ein Katamaran hat zwei Schwerter, was ihm das → Kreuzen ermöglicht. Die Schwerter sind auf der *Baju* aus Holz, um im Notfall – bei Grundberührung oder Kollisionen – abbrechen zu können (dadurch beschädigen sie nicht den Rumpf).

Schwimmer

Ein Katamaran besteht aus zwei Schiffsrümpfen, den Schwimmern, um Formstabilität zu erzielen. Deswegen nennt man ein solches Boot auch *Multihull* (Mehrrumpfboot).

Seemeile

Eine Seemeile (sm) ist ein nautisches Längenmaß: 1 sm = 1,852 km.

Skipper
Verantwortlicher Führer einer Segelyacht.

Spinnaker
Leichtes Ballonsegel.

Squall
Böe, die schnell auftaucht und genauso schnell wieder verschwindet; bringt aber oft sehr viel Wind mit sich.

Stag
Drahtseil zur Verspannung und Stabilisierung des Mastes

Steuerbord
Bezeichnet, vom Heck zum Bug (in Fahrtrichtung) betrachtet, die rechte Seite eines Segelboots; die Farbe des Positionslichts auf dieser Seite ist grün.

Tacken
Englisch für → Kreuzen

Vorliek
Als »Lieken« werden die Ränder eines Segels bezeichnet. Sie werden nach ihrer Position benannt. Bei einem dreieckigen Segel: Vorliek (am Mast), Unterliek (unten) und Achterliek.

Vorsegel
Die Segel vor dem Mast; auf der *Baju* war es die große Genua.

Vorschiff
Der Bereich vor dem Mast.

Vorstag
Das → Stag (Drahtseil), das nach vorn läuft.

Wende, wenden
Manöver, bei dem das Boot mit dem Bug durch den Wind dreht. Bei dem Manöver Halse (halsen) geht das Schiff mit dem → Heck durch den Wind.

Winsch
Winde zum → Fieren und Dichtholen von Leinen oder Ketten (eine solche Kette wäre zum Beispiel die Ankerkette).

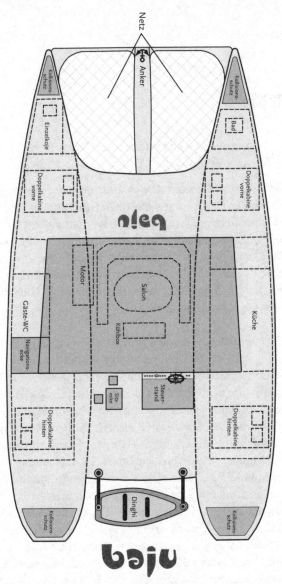

Baujahr: 2004
46 Fuß Aluminium Katamaran
Design: Owen Easton
14 Meter lang, 7 Meter breit

9 Tonnen schwer (Reisegewicht)
70 cm Tiefgang
70 qm Genua und 50 qm Großsegel

Nachwort

**Ein Auszug aus dem GQ-Artikel »Der letzte Törn
der Abenteurer« von James Vlahos**

*Sie trafen ihn im Paradies. Den gutaussehenden Einheimischen
mit dem hellen Lächeln und einem tiefen Geheimnis. Er versprach
ihnen etwas zu zeigen, was in keinem Reiseführer stand, eine au-
thentische Erfahrung auf einer entlegenen Insel. Was dann geschah, löste weltweites Entsetzen und Befremden aus.*

*James Vlahos ist in den Südpazifik gereist und hat nach Ant-
worten gesucht auf das, was an jenem Tag geschah. Seine Entde-
ckungen könnten alles erklären.*

Als die internationale Presse erfuhr, dass ein europäischer Weltumsegler auf einer Südseeinsel ums Leben gekommen war, zogen viele Reporter voreilige Schlüsse: »Urlaubshorror auf der
Kannibaleninsel«, titelte die *Bild*-Zeitung. Ähnliche Artikel erschienen in Zeitungen auf der ganzen Welt, von der *New York
Post* bis hin zum *New Zealand Herald*. Im Reportagestil, der
eher an das Jahr 1811 erinnerte, als an 2011, fasste die britische
Sun zusammen: »Befürchtet wird, dass der Abenteurer, der mit
seiner Freundin auf einer entlegenen Pazifikinsel gelandet war,
letzte Nacht von Einheimischen aufgegessen wurde.«

Chefankläger José Thorel bemühte sich, die Berichte abzutun.
»Die Kannibalen-Theorie hat in unseren Untersuchungen keinen Platz«, betonte er gegenüber der Presse. Dennoch lieferten
die Anschuldigungen den Französisch-Polynesiern den Beweis,
dass das Ausland an jahrhundertealten Stereotypen festhielt.
Aufgrund der europäischen Berichterstattung wurde ein Vor-

fall, der andernfalls als tragische Ausnahme gesehen worden wäre, zu einem Fall von Volksbeleidung und die Tat zum polynesischen Gegenstück des O.J.-Simpson-Falls. Wobei sich die Insulaner – geeint durch die Abwehr der Anfeindungen von außen – mit Arihano (trotz deutlicher Hinweise auf seine Schuld) solidarisch erklärten.

Diese Gefühle behinderten die Jagd auf Arihano, dessen Kunststück, nach der Tötung wochenlang auf freiem Fuß zu bleiben, nur teilweise dem gut 340 Quadratkilometer großen, verschachtelten Terrain der aus Schluchten und Bergen bestehenden Insel geschuldet war. Den Suchtrupps war klar, dass Arihano von den Insulanern geholfen wurde, dass ihm Essen gebracht und zuweilen auch Unterschlupf geboten wurde. Der Beistand wurde sicherlich auch dadurch bekräftigt, dass Arihano aus einer bekannten Familie kommt. Arihanos Vater Teua gehört zu den Wortführern der einflussreichen katholischen Kirche der Insel. Seine Cousine Pascale Haiti ist eine bekannte französisch-polynesische Politikerin und die Lebensgefährtin des fünfmaligen Präsidenten Gaston Flosse.

Auf einer Inselgruppe, wo das koloniale Dreiergespann aus Krankheiten, Waffen und Alkohol die Einwohnerzahl von 80 000 im achtzehnten Jahrhundert auf gerade einmal 2100 im zwanzigsten Jahrhundert dezimiert hatte, besaß der symbolische Wert des listigen Marquesas-Kriegers, der die meist französischen Gendarmen an der Nase herumführt, etwas zutiefst Befriedigendes. Gerüchte machten die Runde: Wie Arihano sich auf dem waldigen Toovii-Plateau in der Inselmitte versteckt und später in der Ödnis der Terre Déserte im entlegenen Nordwesten Guaven pflückt und Ziegenfallen baut. Wie er nachts über Pfade schleicht, die von den marquesischen Urahnen stammen. Wie er den Soldaten entwischt, als die ihn bereits im Visier haben. Und wie er in einen Fluss springt und durch ein Schilfrohr atmet, während ein Suchtrupp vorbeizieht. »Für viele wurde er zu einer Art Volkshelden, wie Robin Hood«, so einer der französisch-polynesischen Fremdenführer.

Den Suchtrupps gelang es nicht, Arihano zu fassen. Stattdessen stellte er sich nach sieben Wochen einfach der Polizei und erklärte, dass er keine Zukunft darin sähe, ein Leben lang auf der Flucht zu sein. Er gestand, Stefan getötet zu haben und nannte auch den Grund dafür, wobei diese Begründung für alle überraschend kam: Er habe Stefan in Notwehr erschossen, nachdem er von dem Deutschen vergewaltigt worden sei.

Donatien Le Vaillant, der im Rahmen des französischen Rechts die Leitung der Untersuchung übernahm, beauftragte die Gutachter, Stefans Privatleben nach Hinweisen auf Homosexualität oder vorangegangene Gewaltverbrechen zu durchleuchten. Sie fanden nichts. Im April 2012 bestellte Le Vaillant sogar Arihano, der auf Tahiti in Untersuchungshaft saß, und Heike, die nach Deutschland zurückgekehrt war, noch einmal nach Nuku Hiva, um das Verbrechen vor Ort zu rekonstruieren. (Der Prozess ist für Mitte 2014 anberaumt.) Und so kam es, dass Heike nur fünf Monate nach dem Tod ihres Freundes in Begleitung der Anwälte, einem Dutzend Kommandosoldaten, Le Vaillant und Arihano selbst noch einmal in den Urwald ging. »Da ist dieser Typ, der Stefan getötet hat und auch mich töten wollte, und wir marschieren hier durch die Gegend«, dachte sie.

Bei der Rekonstruktion gab Arihano an, dass Stefan die Jagd unterbrochen habe, um sich einen kleinen Wasserfall anzusehen. Derweil habe Arihano ein rauchendes Feuer gegen die Stechmücken gebaut. Stefan sei zurückgekommen und habe ihm Alkohol gegeben, und Arihano habe sich leicht benebelt gefühlt. Für die Rekonstruktion schlüpften zwei Gendarmen in die Rollen von Stefan und Arihano, um nachzustellen, was nach Angaben des Marquesaners im Anschluss geschah. Doch es war ihnen unmöglich, die von ihm beschriebenen Handlungsabläufe zu wiederholen.

Obwohl Stefan erheblich kleiner und leichter war, sei er irgendwie in der Lage gewesen, Arihano das Gewehr zu entreißen. Er habe Arihano an einen Baum gebunden – und zwar einhändig, ohne ein einziges Mal das Gewehr abzulegen. Dann habe Stefan den bewusstlosen Arihano vergewaltigt. Arihano sei wieder zu sich gekommen, habe sich befreit und das Gewehr ergriffen, das Stefan achtlos auf der Erde hatte liegen lassen. Aus Angst vor dem, was als nächstes passieren könnte, habe Arihano Stefan erschossen, der daraufhin zu Boden gestürzt und – praktischerweise – ins Lagerfeuer gerollt und verbrannt sei.

Was danach mit Heike geschah, so beteuerte Arihano weiter, habe mit Entführung oder Vergewaltigung nichts zu tun gehabt. Es sei einfach nur eine Fehlkommunikation gewesen. Aufgrund der Sprachbarriere habe er bloß schauspielerisch vermitteln wollen, was Stefan mit ihm gemacht hatte.

Heikes Anwältin, Marie Eftimie-Spitz, nennt Arihanos Darstellung »völlig unmöglich«. Sogar Arihanos Anwalt, Vincent Dubois, brachte seine Zweifel zum Ausdruck: »Ich weiß nicht, ob das, was er sagt, wirklich passiert ist.« Heike dagegen kann nachvollziehen, weshalb Arihano auf dieser Version beharren könnte: So steht er als Opfer da und die Ausländer als Feinde, eine alte und noch immer vorherrschende Anschauung, die durch die Kannibalismus-Berichterstattung der Medien wieder bestätigt worden war. »Das ist seine Geschichte, und das Dorf glaubt ihm«, sagt Heike.

Sieben Monate nach der Rekonstruktion bin ich nach Nuku Hiva geflogen, um mehr über Arihano zu erfahren – über Dinge, die Heike und Stefan nicht wissen konnten, als sie ihm zum ersten Mal begegneten. Polizei und Justizbeamte wollten sich zu dem Fall nicht äußern, aber ich hatte Glück, denn wie sich herausstellte, war Richard Deane, mein marquesischer Dolmetscher, in Taiohae in derselben Straße gegenüber von Arihano aufgewachsen und zählte zu seinen besten Freunden.

Deane stellte mir Arihanos Freunde, Nachbarn, Arbeitskollegen und Jagdkumpanen vor. Wir sprachen mit seinem Vater, Teua, und mit einer seiner Schwestern, Jessica. Arihano sei weder gewalttätig noch jähzornig, hieß es einhellig. Niemals hätte er wegen einer Lappalie einen Touristen getötet. Eine Frau namens Nadine, die Arihanos Vorgesetzte war, als er bei einem jährlichen Festival als Securitymann jobbte, sagte, er sei beim Schlichten von Prügeleien immer ruhig geblieben und habe nie zurückgeschlagen, wenn er selbst getroffen wurde. Genauso verächtlich reagierten die Freunde auf die Vorstellung, er könnte Stefan im Zuge eines geplanten Raubmords getötet haben – Arihano habe so gut wie keine materiellen Wünsche gehabt. Eine frühere Freundin sagte, sie habe Arihano damals öfters ihre Kreditkarte überlassen, doch er habe sich geweigert, sie zu benutzen. Wenn ihm andere Geld schuldeten, habe sie auf ihn einreden müssen, sein Geld zurückzufordern. »Wir sind sicher, da muss etwas vorgefallen sein. Vielleicht hat Stefan etwas falsch gemacht, denn Arihano ist ein guter Kerl«, sagte Deane.

Arihano hatte ein paar durchschnittliche Probleme, wie seine Freunde widerwillig zugaben. Er hatte sich immer schwer getan, Arbeit zu finden auf einer Insel mit hoher Arbeitslosigkeit. Auch seine Beziehungen liefen nicht rund. Das waren nun keine erschreckenden Enthüllungen, und dennoch hatten Timing und Eskalation seiner Probleme etwas Unheilvolles. 2010 folgte er seiner Freundin Hinarere Ruahe, mit der er seit fünf Jahren liiert war, nach Tahiti, wo sie eine Stelle als Krankenschwester angenommen hatte. Er selbst fand aber keine feste Arbeit. Dann kam Ruahe dahinter, dass Arihano sie betrog, und im April 2011 trennte sie sich von ihm. In jenem Sommer also, nur wenige Monate vor Stefans Tötung, war Arihano nach Nuku Hiva zurückgekehrt. Ruahe, die Arihano mehrmals als »Liebe seines Lebens« bezeichnet hatte, war nicht mehr da. Ohne Arbeit und ohne ihre finanzielle Unterstützung blieb ihm nichts anderes übrig, als zu seinem Vater zurückzuziehen.

Die Heimkehr könnte besonders traumatisch für ihn gewesen sein: Ruahe sagt, Arihano habe davon erzählt, dass er als Junge von seinem Vater geschlagen worden sei. Eine andere Bekannte der Haitis bestätigt, dass die Gewalt in der Familie ausgeprägt gewesen sein soll. (Mir gegenüber stritt Teua entschieden ab,

Arihano jemals geschlagen zu haben.) Der Vater könnte Arihanos Frustration darüber, dass er keine Arbeit hatte, auch noch verstärkt haben. Teua ist der marquesische Patriarch schlechthin – er hat sieben Kinder und einen begehrten Job als LKW-Fahrer für die Stadtregierung –, und Arihano fühlte sich immer unter Druck gesetzt, die traditionellen Erwartungen an den erstgeborenen Sohn zu erfüllen. »Es war ihm wichtig, dem Vater zu zeigen, was er alles konnte«, sagt Ruahe.

Richter Le Vaillant lehnte meinen Antrag ab, Arihano im Gefängnis interviewen zu dürfen. Doch Ruahe, die mit Arihano Kontakt gehalten hat, erklärte sich bereit, ihm eine Liste mit Fragen zu bringen. Seine Antworten waren knapp und gingen bezüglich des Verbrechens nicht ins Detail. Doch sie bestätigten noch einmal den Grundtenor – dass er sich trotz des vermeintlichen Inselparadieses niedergeschlagen und unfrei fühlte. »Ich bin nie stolz auf mein Leben gewesen. Ich hatte immer nur Probleme«, soll er zu Ruahe gesagt haben. Nachhaltig bedauert habe er, dass seine Eltern ihm als Teenager verboten hatten, zum Militär zu gehen, was ihn »in Verzweiflung gestürzt hat, denn hier [auf Nuku Hiva] zu bleiben hieß, keine gute Zukunft zu haben – und genau so war es auch.«

Insgesamt scheint Arihanos Vergangenheit auf ominöse Weise auf die Tat hinzudeuten. Aber nichts von dem, was ich gehört hatte, gab Aufschluss darüber, wodurch die Tötung ausgelöst worden sein konnte. Arihanos Bericht von seiner vermeintlichen Vergewaltigung rief bei Heike während der Rekonstruktion Unbehagen hervor. Sie hatte den Eindruck, dass er in Bezug auf Stefan zwar eindeutig log, die Geschichte aber nicht völlig an den Haaren herbeigezogen war. Für sie klang Arihanos Schilderung von Sex unter Männern authentisch, als hätte er damit einschlägige Erfahrungen.

Als Heike und Stefan auf Nuku Hiva waren, schauten sie stundenlang finster blickenden, kräftigen Männern zu, die Schreie ausstießen, auf Trommeln schlugen und die Enthauptung von

Feinden pantomimisch darstellten. Die Insulaner probten für eines ihrer traditionellen Kulturfeste, doch auch abseits dieser Tänze gaben sich die hiesigen Männer extrem machohaft, fuhren LKWs, gingen Jagen und Fischen, galoppierten mit Pferden den Strand entlang. Selbst der Beiname der Marquesaner huldigt dem Kriegererbe des Archipels und stellt die anhaltende Verehrung für Körperkraft unter Beweis: *Te Henua Enana*, Land der Männer.

Der schwergewichtige und tätowierte Arihano passte zweifellos ins Bild des modernen Kriegers, des *toa*, und Kerle wie er, hieß es, hätten auf keinen Fall etwas mit anderen Männern. Ich fragte Deane, ob sein Freund bisexuell sei. Mein Dolmetscher lächelte und sagte: »Nein.« Auch Ruahe sagte Nein. Arihanos Vater belächelte die Frage. »Nein«, sagte Teua, »wie kann er mit Männern ins Bett gehen, wenn ständig eine Frau vor der Tür steht und sagt: Dieses Baby ist von dir?«

Doch Sexualität auf Nuku Hiva ist – wie überall – kompliziert. Die Insel hat eine kleine Gemeinschaft von *rae rae* – Männern, die wie Frauen leben. Zusammen mit Deane besuchte ich einen von ihnen namens Romeo. Es lebten nur etwa fünfundzwanzig offen schwule Männer auf der Insel, erklärte Romeo, und noch viel mehr heimlich Schwule und Bisexuelle. Doch dass Arihano dazugehörte, glaubte er nicht. Ich unterhielt mich noch ein wenig mit ihm, und da ich das Gefühl hatte, nicht weiterzukommen, beschloss ich aufzubrechen. Da räusperte sich Romeo. »Sie sollten vielleicht mit meinen Freunden reden«, sagte er und nannte mir die Namen von zwei weiteren *rae rae* auf der Insel. »Gerade vor ein paar Wochen war ein Gendarm aus Tahiti hier und wollte wissen, warum Arihano ihre Nummern in seinem Telefon gespeichert hatte.«

Einer dieser beiden Freunde war ein *rae rae*, nennen wir ihn Teiki. Als Deane und ich ihn aufgespürt hatten, gab er offen zu, Arihano angerufen zu haben. Als ich nach dem Grund fragte, erwiderte er unverblümt: »Weil ich Sex mit ihm haben wollte.« Drei andere *rae rae* sagten, in ihren Kreisen sei bekannt gewesen, dass Arihano gelegentlich mit Männern auf der Insel schlief, mit Teiki und mindestens einem weiteren. Doch jenseits der *rae rae* hatte Arihano seine Bisexualität komplett verheimlicht. Sie war unvereinbar mit seinem Selbstbild des Machos, und Arihanos Vater, als konservatives Kirchenmitglied, hätte mit Sicherheit wenig davon gehalten. Oder wie eine Bekannte der Familie sagte: »Arihano hätte niemals gegenüber der Polizei oder seinem Vater zugeben können, dass er gern mit Männern ins Bett ging.«

Gut möglich, dass Sex bei dem Verbrechen eine Rolle spielte, aber welche genau, war mir unklar. Nach meiner Rückkehr in die USA trug ich die Fakten des Falls und die biografischen Details zu Arihano zusammen und schickte sie vier bekannten forensischen Psychologen, die sich auf Mord spezialisiert hatten. Von Arihanos eigenen Angaben abgesehen, führte ich keine möglichen Motive auf, stattdessen fragte ich die Fachleute, ob sie irgendwelche Theorien hätten. Einer wollte gar nicht spekulieren. Die anderen drei jedoch – Louis Schlesinger vom John Jay College of Criminal Justice in New York, J. Reid Meloy von der University of California, San Diego, und Duncan Cartwright von der University of KwaZulu-Natal in Südafrika – kamen alle unabhängig voneinander zu demselben, höchst wahrscheinlichen Schluss.

Zunächst einmal glaubte keiner von ihnen, dass Arihano die Wahrheit sagte. Ein Mann, der in Notwehr getötet hatte, hätte sich wohl eher an die Polizei gewandt, als dass er geflüchtet wäre. Sie verwarfen auch die meisten Standarderklärungen für Tötungsdelikte: Die Verteidigung hatte nicht ins Feld geführt, dass Arihano psychisch gestört oder in irgendeiner Form geisteskrank sei. Er hatte keine Vorgeschichte impulsiver Gewalttätigkeit, also war es kaum denkbar, dass die Tötung von einem Streit herrührte. Nichts deutete auf ein geplantes Verbrechen hin wie bei einem Raubmord. Und da sich Stefan und Arihano gerade erst kennengelernt hatten, passte der Fall auch nicht in das häufigste Handlungsmuster eines Mörders, der ein jahrelanges und zunehmend feindseliges Verhältnis zu seinem Opfer hat.

Was die Fachleute im Zusammenhang mit Stefans Tod jedoch feststellten, waren die klassischen Anzeichen einer sogenannten affektiven oder akuten kathathymen Tötung. In einem solchen Fall wird der Täter durch einen plötzlichen, intensiven Gefühlsausbruch zum Töten angetrieben.

»In der Interaktion zwischen Opfer und Täter ist irgendetwas, das den Täter psychisch durchdringt und auf ein unterschwelliges Gefühl der Unzulänglichkeit zugreift«, erklärt Schlesinger. »Der Konflikt geht ans Innerste der Persönlichkeit des Mörders und damit an die Probleme, mit denen er seit Jahren insgeheim kämpft.« Der häufigste Auslöser für kathathyme Tötungsdelikte wie dieses sei »ein akutes, plötzliches Gefühl der sexuellen Erniedrigung.«

Arihanos Aussage nach hatten er und Stefan die Jagd unterbrochen und am Wasserfall Halt gemacht. Dazu hatte Heike angemerkt, dass Stefan selten eine Gelegenheit ausließ zu baden, und zwar typischerweise nackt. Die forensischen Psychologen stellten die Vermutung auf, dass Arihano Stefans mögliche Nacktheit oder etwas anderes, das er getan oder gesagt hatte, als Flirtversuch missverstanden haben könnte. Die Annahme wäre seinerseits nicht vollkommen abwegig gewesen. Gegenüber der Utopie der freien Liebe, auf die die Europäer im achtzehnten Jahrhundert gestoßen zu sein glaubten, sind heute paradoxerweise nicht wenige Marquesaner überzeugt, dass es *die Ausländer* seien, die lüstern und promiskuitiv sind. Eine Vorstellung, die genährt wird durch eine Handvoll Sextouristen, die jedes Jahr auf der Insel auftaucht.

Die Amerikanerin Wynne Hedlesky bereiste nur wenige Monate vor Stefans Tod Nuku Hiva und berichtete, dass sie und ihr Mann das aggressive sexuelle Angebot eines Einheimischen hatten abwehren müssen. Die unaufgeforderte Aufmerksamkeit des Mannes ergab einen Sinn, als Hedlesky noch einmal über den Vorfall nachdachte. Inselbevölkerungen sind klein (auf Nuku Hiva leben 2966 Menschen) und die Männer sind knapp in der Überzahl, was die Partnersuche erschwert. »Wer in einer kleinen Gemeinde wie dieser Single und verzweifelt ist, dem erscheinen die Ausländer als ideale Zielscheibe«, sagt Hedlesky. »Was hat man zu verlieren bei einem Fremden, der die Insel in ein paar Tagen ohnehin wieder verlässt?«

Sollte Arihano diese Einstellung geteilt haben, könnte er einen Annäherungsversuch gemacht oder Stefan ein sexuelles Angebot unterbreitet haben – und war womöglich zurückgewiesen worden. »Geht man von seiner Homosexualität aus, hätte jede Form von Zurückweisung große Verärgerung und Scham in Arihano ausgelöst«, so Cartwright. Überwältigt von diesen Gefühlen, so die Theorie, hatte Arihano Stefan getötet.

Mord mag als eine unverhältnismäßige Reaktion auf einen Korb erscheinen, doch die Fachleute betonen, dass sexuell bedingte Scham zu den stärksten Auslösern von Gewalt zählt. Scham, die Arihano vielleicht empfunden hatte – wie man annehmen kann, da er seine Bisexualität verheimlichte –, liegt der Theorie vom kathathymen Tötungsdelikt zugrunde. Scham erklärt seinen mörderischen Zorn. Sie könnte auch ein Grund dafür sein, dass Arihano Heike danach sexuell belästigte – nämlich, um seine heterosexuelle Männlichkeit wieder geltend zu machen und »seine Zurückweisung durch Stefan zu rächen«, sagt Meloy. Scham könnte zudem erklären, weshalb Arihano zu seiner Verteidigung Sex ins Spiel brachte, anstatt irgendetwas Plausibleres zu nennen – aus Angst, dass die Wahrheit ans Licht kommen könnte, dachte er sich die gegensätzlichste Geschichte aus, die nur möglich war, so Schlesinger.

Die Neigung zur Scham ist obendrein wenig überraschend in Anbetracht von Arihanos Kindheit. »Es ist häufig der Fall, dass Männer mit einer Vorgeschichte des Missbrauchs sehr anfällig sind für Scham«, so Cartwright. Die jüngsten Ereignisse in Arihanos Leben, etwa arbeitslos zu sein und wieder zu Hause wohnen zu müssen, mögen sein Gefühl der Unzulänglichkeit verstärkt haben. Die Trennung von Ruahe, nur wenige Monate vor dem Verbrechen, »könnten ihn für weitere sexuelle Zurückweisungen sensibilisiert haben«, sagt Meloy.

Nachdem ich von den forensischen Psychologen Antwort erhalten hatte, telefonierte ich mit Heikes Anwältin, Marie Eftimie-Spitz. Sie war immer im Unklaren darüber gewesen, was die Tat ausgelöst haben könnte, und als ich ihr die Theorie von der kathathymen Tötung unterbreitete, platzte sie heraus: »Das ist es! Ich bin sicher, dass es genau so war!« Sie versprach, Arihano beim Prozess mit diesem neuen möglichen Motiv zu konfrontieren. Die Fachleute mahnten unterdessen zur Besonnenheit. Sie hätten lediglich eine Theorie in den Raum gestellt – die nicht nachgewiesen sei, wenn auch weitaus wahrscheinlicher als jede andere. »Es klingt glaubhaft«, sagte Schlesinger. »Diese plötzlichen Morde, bei denen das Opfer einfach so getötet wird, haben meist einen sexuellen Hintergrund.«

Heike sah Arihano zum letzten Mal im April 2012. Das war kurz nach der Rekonstruktion, und die beiden waren zu einer Befragung vor den Richter Le Vaillant am Gericht von Tahiti zitiert worden. Als ihr Le Vaillant die Gelegenheit dazu einräumte, sprach Heike Arihano an. »Hat Stefan noch irgendetwas gesagt, bevor du ihn getötet hast?«

Was sie hören wollte, war: »Stefan sagte, dass er dich liebt.« Doch Arihano erwiderte nur, Stefan sei stumm geblieben. Er habe gemerkt, dass Stefan in Todesangst war, weil er eine kleine Ader in seinem Hals hatte pulsieren sehen. Dieses intime Detail ließ Heike erschaudern. Sie kannte die Stelle, die tatsächlich immer dann zu pochen begann, wenn Stefan nervös war. »Das heißt, bevor Arihano ihn tötete, war er nah genug dran gewesen, um diese Stelle zu sehen, und er hatte sich ein paar Sekunden Zeit gelassen, bevor er schoss«, sagt Heike.

Auf mehr als dieses halbe Geständnis darf Heike wohl nicht hoffen. Arihano würde niemals verraten, ob er einen Annäherungsversuch an Stefan gemacht hatte, doch im Prinzip hatte er zugegeben, dass der Schuss kein Unfall war. Scham, dadurch entstanden, dass man seine wahren Neigungen verbirgt, ist wirksam genug, um einen Mord zu provozieren – und kann dazu führen, dass man sein Leben lang den wahren Grund dafür verheimlicht. »Ich glaube nicht, dass er jemals die Wahrheit sagen wird, denn dann könnte er nie wieder auf Nuku Hiva leben«, sagt Heike.

Arihano entschuldigte sich nicht direkt bei Heike. Doch während der Sitzung in Le Vaillants Gerichtssaal war der Hass, den sie in jener schrecklichen Nacht in seinen Augen sah, verschwunden. Schmerz und Reue waren an seine Stelle getreten. Arihano stand auf und wurde von einem Gendarm aus dem Saal geführt, und Heike blieb zurück, den Blick auf die geschlossene Tür gerichtet.

Das Reisen hat selbst für Menschen, die mit den besten Absichten den kulturellen Austausch suchen, etwas Trügerisches. Besucher glauben ein Paradies zu finden und sehen deshalb nichts anderes. Heike selbst ist das klar geworden, wenn auch erst, nachdem sie Stefan und jenes Leben, das das Paar noch Jahrzehnte weiterzuführen hoffte, verloren hatte. Nach dem Verbrechen kehrte Heike nach Deutschland zurück und schrieb »Blauwasserleben«. *National Geographic* veröffentlichte den Bildband »Der Traum vom Segeln. Ein Aussteigerleben« mit Fotos von der Reise. Heute lebt Heike in ihrem Heimatort Würzburg und arbeitet wieder. Sie nennt den Job »den Anfang eines neuen Lebens«, doch die Sesshaftigkeit fällt ihr nach wie vor schwer. »Es ist schon seltsam, jeden Tag acht Stunden im Büro zu sitzen, während draußen das Leben vorbeizieht«, sagt sie.

Noch immer liebt Heike das Reisen, und im Dezember 2013 verbrachte sie mehrere Wochen in Afrika, um das Land zu erkunden. Ihre Reisephilosophie ist die Gleiche geblieben, und sich nur in Gesellschaft anderer Touristen zu bewegen, klingt für sie genausowenig erfüllend wie vor ihrer Begegnung mit

Arihano. »Wenn ich irgendwo bin, unterhalte ich mich immer noch mit fremden Menschen«, sagt sie. Doch ihr Glaube an das, was sie erfahren kann, ist nicht mehr ganz so groß. Die Mauer zwischen Reisenden und Einheimischen wird man zwar ein wenig abtragen, aber wohl niemals ganz einreißen können. »Man denkt, man kennt einen Ort, wenn man ihn so lange bereist hat, aber in Wirklichkeit weiß man nichts«, sagt Heike.

James Vlahos, Februar 2014
(jamesvlahos@gmail.com)

»Sie lebten ihren Traum.«
Bunte

Heike Dorsch
Der Traum vom Segeln
Ein Aussteigerleben

Hardcover, 224 Seiten, 225 Fotos,
22,8 × 27,6 cm, € 29,99 (D)

www.nationalgeographic.de

Das Rauschen des Windes, das Flattern der Segel, das Plätschern der Wellen: Das Meer schenkt Heike Dorsch ihr größtes Glück – und nimmt es ihr wieder. Doch sie bewahrt sich eine Gewissheit: Träume sollte man verwirklichen. In leuchtenden Bildern hat sie den Zauber ihrer Reise eingefangen. Auszüge aus dem Logbuch sowie eine Knoten-, Fisch- und Sternbildkunde runden den Bildband ab. Eine Inspirationsquelle für alle, die selbst einmal Segel setzen wollen.